云南省普通高等学校（高职高专）十二五规划教材

刑事辩护原理与实务

主　编◎盛高璐

副主编◎杨荣智　杨金勤

撰稿人◎（以所写单元先后为序）

盛高璐　李巧灵　舒东保

杨荣智　甘　莉　马　云

杨金勤　杨国标　刘和毕

中国政法大学出版社

2012·北京

图书在版编目（CIP）数据

刑事辩护原理与实务 / 盛高璐主编． 一北京：中国政法大学出版社，2012.6
ISBN 978-7-5620-4352-2

Ⅰ.刑…Ⅱ.盛… Ⅲ.刑事诉讼－辩护制度－教材 Ⅳ.D915.35

中国版本图书馆CIP数据核字(2012)第128717号

出版发行	中国政法大学出版社	
经　　销	全国各地新华书店	
承　　印	北京华正印刷有限公司	

720mm×960mm 　　16开本 　　18印张 　　310千字
2012年7月第1版 　　2012年7月第1次印刷
ISBN 978-7-5620-4352-2/D·4312
定　价:29.00元

社　　址	北京市海淀区西土城路25号	
电　　话	(010)58908435(编辑部) 　　58908325(发行部) 　　58908334(邮购部)	
通信地址	北京100088信箱8034分箱 　　邮政编码 100088	
电子信箱	fada.jc@sohu.com(编辑部)	
网　　址	http://www.cuplpress.com 　　(网络实名:中国政法大学出版社)	

编 写 说 明

　　《刑事辩护原理与实务》是法律实务专业的专业核心技能课。为满足高职教育法律类专业教学改革的需要，编写组依据法律实务专业人才培养目标和《刑事辩护原理与实务》课程标准，坚持遵循高职教育强调理论传授以"必需、够用"为度，突出岗位专业技能培养的要求，结合高职高专法律实务专业"以工作岗位为中心进行课程建设，注重岗位专业技能培养"这一教学需要，以基层法律服务的整个工作过程为导向，以培养基层法律服务工作者的专业技能为落脚点，设计了突出基层法律服务工作岗位技能系统性、实用性和可操作性的课程内容与体系。该教材编写体例融合了刑事辩护"教、学、做"的"工学结合"情境，按照《律师办理刑事案件规范》所规范的刑事案件办理程序、工作流程设置单元内容，按照学习项目从简单到复杂、专业能力从低级到高级的要求来设计教学过程，以真实、典型案例为任务载体对应学习内容，全面培养和训练基层法律服务工作者的刑事辩护与代理能力，充分体现了理论必需性、职业针对性的高职教育理念。

　　本教材内容分为九个学习单元：第一单元介绍刑事辩护制度的基本理论与刑事辩护活动密切相关的知识内容；第二～五单元主要介绍刑事辩护与代理从侦查阶段一直到二审结束的整个过程的流程及内容；第六单元是介绍刑事法律援助的相关内容；第七～九单元是从总体上介绍刑事辩护及代理过程中的策略技巧、证据审查与运用，以及职业风险防范。各学习单元以典型的真实案例为载体，导入该单元的学习内容，学习内容以工作过程为导向，以职业岗位能力为目标，设计学习情境，明确模拟训练的要求和步骤，旨在培养和训练基层法律服务工作者的刑事辩护与代理能力，以达到各单元所确立的学习目标。

　　本教材由主编盛高璐拟定编写提纲和编定体例，副主编杨荣智及部分参编同志参与了编写计划的确定，最后由主编盛高璐、副主编杨荣智统稿和定稿。具体编定分式如下：

　　盛高璐（云南司法警官职业学院法学副教授）　　第一单元

　　李巧灵（云南司法警官职业学院法学讲师）　　　第二单元

　　舒东保（云南司法警官职业学院法学讲师）　　　第三单元

　　杨荣智（云南司法警官职业学院法学副教授）　　第四单元

甘　莉（云南司法警官职业学院法学讲师）　　　　第五单元

马　云（云南司法警官职业学院法学讲师）　　　　第六单元

杨金勤（云南省勤业律师事务所高级律师）　　　　第七单元

杨国标（云南司法警官职业学院法学副教授）　　　第八单元

刘和毕（云南省勤业律师事务所律师）　　　　　　第九单元

　　编写过程中，编写组参阅借鉴了同仁们大量的图书资料内容，同时得到学院李卫东书记、姜家雄院长及勤业律师事务所领导的大力支持，在此一并表示感谢。本教材所涉及的法律、法规，均为最新的内容，包括修订后的《刑事诉讼法》内容。但由于水平有限，书中难免有不足和疏漏之处，还望广大师生不吝斧正，以便进一步修订完善。

本书编写组

2012 年 6 月

目录 CONTENTS

第一单元 刑事辩护制度概述

学习目标：

- 了解刑事辩护的概念、作用、刑事辩护制度的历史沿革和国际发展趋势；
- 掌握辩护权的特征与内容、刑事辩护的种类；
- 明确辩护人及其范围；
- 掌握辩护人的诉讼权利与义务、辩护人的地位和责任；
- 理解刑事辩护制度的理论基础和刑事辩护制度的诉讼价值。

导入案例

2003 年 3 月，16 岁的湖南省衡南县少女阳某，随父母在广东打工时遇到一自称李某的老乡，因其年幼没有身份证不好找工作，被李某以帮助其找工作为由带到了云南。3 月 23 日，到云南大理后，李某把阳某送到大理火车站旁的一家旅馆后就离开了，过了不久，房间里来了个男人，对阳某实施了强奸，并且殴打她，阳某哭着乞求男子让她回家，男子说，回家可以，但要帮他带点东西去广州。男子把两包一大一小的物品用塑料胶纸贴身绑在了阳某的腰上。男子交给阳某去广州的火车票和 200 元路费，并把她送到火车站后离去（上述23 日发生的事情，阳某在侦查机关的讯问中多次提到）。2003 年 3 月 24 日，阳某在昆明火车站进站口被执勤人员从其腰部查获海洛因 2 包，共计净重 166 克。25 日被昆明铁路公安处刑事拘留。阳某被告知，绑在其身上的东西是毒品海洛因。因阳某怀孕 22 周，4 月 15 日，变更强制措施为取保候审，阳某回到广东，在韶关做了人流以后，留在韶关打工。后来一直与侦查机关没有任何联系。

直到 2010 年，阳某得知自己在网上被通缉了，才于 6 月 2 日主动到昆明火车站派出所投案自首。

公诉意见和理由：

起诉书指控：2003 年 3 月 24 日 21 时 40 分，被告人阳某携带毒品，持当日 1166 次昆明至广州的旅客列车车票，从昆明火车站进站乘车，在进站口被执勤人员从其腰部查获海洛因 2 包，共计净重 166 克。

公诉机关认为，被告人阳某明知是毒品仍予以运输，其行为已经触犯《中华人民共和国刑法》第 347 条第 2 款第 1 项的规定，犯罪事实清楚，证据确实充分，应当以运输毒品罪追究其刑事责任。

辩护意见和理由：

1. 被告人阳某系被逼迫运输毒品。从 2003 年侦查机关对阳某盘问笔录和讯问笔录中可以证明，阳某在被盘问、讯问中的供述和辩解非常明确：被以帮助找工作为名骗到大理，被强暴，被殴打，被把"不是什么好东西"的东西绑在腰部，被一直送到火车站进站。

由于侦查机关的失误，阳某被逼迫运输毒品的可能性就无法排除，其后果必然导致公诉机关认定阳某自愿运输毒品不具有唯一性。因此，辩护人认为，应当认定阳某系被逼迫而运输毒品。

2. 阳某系未成年人，其认知能力有限，取保候审届满未归案系无知而非有意逃避惩罚。

判决结果和理由：

2010 年 11 月 29 日，昆明铁路运输中级人民法院（2010）昆铁中刑初字第 158 号判决书依照《中华人民共和国刑法》第 347 条第 2 款 1 项，第 17 条第 1、3 款，第 67、52、53、64 条以及《最高人民法院关于审理未成年人刑事案件具体应用法律若干问题的解释》第 15 条、《最高人民法院关于适用财产刑若干问题的规定》第 1 条、第 2 条第 2 款、第 5 条之规定，判决如下：

（1）被告人阳某犯运输毒品罪，判处有期徒刑 4 年，并处罚金人民币 8000 元。

（2）查获的毒品海洛因 166 克，予以没收。

本案二次开庭，第一次开庭时，公诉人提出 7~9 年的量刑建议，第二次开庭公诉人改变了量刑建议为 4~6 年，最终合议庭对阳某量刑 4 年。

一、刑事辩护制度概述

（一）刑事辩护制度概述

1. 刑事辩护制度的概念

刑事辩护制度，就是指在刑事诉讼中确保犯罪嫌疑人、被告人行使辩护权的制度。具体地说，就是为了保证犯罪嫌疑人、被告人的辩护权得以充分实现，而由国家法律规定的关于辩护权的内容、行使方式、保障措施以及与此相适应的体系等一系列法律规程或准则的总称。

刑事辩护制度是刑事诉讼制度的重要组成部分，它是辩护原则在法律上的具体化和保障，其核心和实质是贯彻辩护原则，保障被告人的辩护权。因此从

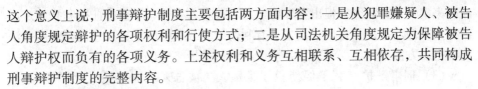

这个意义上说，刑事辩护制度主要包括两方面内容：一是从犯罪嫌疑人、被告人角度规定辩护的各项权利和行使方式；二是从司法机关角度规定为保障被告人辩护权而负有的各项义务。上述权利和义务互相联系、互相依存，共同构成刑事辩护制度的完整内容。

2. 刑事辩护的概念

刑事辩护是指犯罪嫌疑人、被告人及其辩护人根据事实和法律反驳指控，证明犯罪嫌疑人、被告人无罪、罪轻或者减轻、免除其刑事责任，以保护其合法权益的一种诉讼行为。其实质是给刑事被追诉者一个为自己说话的机会，使之能够以主体身份对刑事诉讼程序进行"富有意义的"、"有效的"参与。通过刑事辩护，行使辩护权，从而对法官最后裁判的形成发挥有利于自己的影响和作用。

这里的"事实和法律"，可以理解为刑事实体意义上的事实和法律与刑事程序意义上的事实和法律。因此刑事辩护既包括实体性辩护，也包括程序性辩护，即辩护依据的"事实"，一般是控诉方所掌握的事实，辩护方只是对同样的事实作有利于被告人的解释。这种情况，可以使我们对辩护人的职责之一——提出有利于被告人的"意见"的重要性有更深的理解。而辩护依据的"法律"，既包括实体性规定，也包括程序性规定。

3. 刑事辩护的作用

刑事辩护在实现司法公正、维护社会稳定、保障公民人权等方面具有不可替代的重要作用。它能够促进和保障司法公正的实现，遏制无限扩张的公权对犯罪嫌疑人、被告人以及其他公民可能造成的侵害，从而实现司法公正、维护社会稳定。

（1）刑事辩护有利于保障犯罪嫌疑人、被告人的合法权益。在刑事诉讼中，犯罪嫌疑人、被告人正处于被追诉的地位，其人身自由受到限制，不能全面深入地了解案情，也无法收集到有利于自己的证据材料，又大多缺乏法律知识，不知道自己享有那些诉讼权利，应当如何行使这些权利。因此，大多数犯罪嫌疑人、被告人不能正确运用法律为自己辩护，以维护自己的合法权益。而辩护律师既有法律知识，又享有广泛的诉讼权利，再加上丰富的辩护经验和娴熟的诉讼技巧，能够帮助犯罪嫌疑人、被告人正确行使辩护权，有效地保障其合法权益，维护其基本人权。

（2）刑事辩护有利于促进和保障司法公正的实现。建立完善的辩护制度，有利于司法机关查清事实，正确处理案件，做到兼听则明，防止办案人员主观片面，以避免冤假错案的发生，最终作出公正的裁判，从而化解社会矛盾，促进社会和谐。在刑事诉讼中，公安机关和检察机关作为侦查和控诉的一方，代表国家实行追诉职能，提出犯罪嫌疑人、被告人有罪、罪重的证据和指控。而辩护人则针对指控，提出对被告人有利的无罪或罪轻的证据和意见，最后由法庭根据双方提出的证据和事实，居中裁判，并最终实现司法的公正。

（3）刑事辩护有利于促使犯罪嫌疑人、被告人认罪服法。犯罪嫌疑人、被告人对自己的监护人或者自己或家属委托的律师，一般都比较容易产生信任感，容易接受其意见。因此，辩护人在刑事诉讼中，既应当根据案情为犯罪嫌疑人、被告人辩护，同时也应对犯罪嫌疑人、被告人进行法制宣传教育。对有罪者，应说服其主动坦白交待；或大胆检举揭发其他犯罪，争取宽大处理；或使他们对自己的罪行有较深刻的认识，认罪服法。对无罪者，应教育其依法力争，以维护自己的合法权益。所以，刑事辩护不仅有利于犯罪嫌疑人、被告人的教育改造工作，实现刑罚的目的；而且对于维护社会秩序、促进社会和谐亦有重要意义。

（二）刑事辩护制度的内容

1. 刑事辩护权

（1）刑事辩护权的概念及特征。辩护权是犯罪嫌疑人、被告人及其辩护人依法享有的针对犯罪嫌疑人、被告人的侦查和控诉进行防御的诉讼权利。它与犯罪嫌疑人、被告人被控告的诉讼地位紧密相连，是犯罪嫌疑人、被告人在刑事诉讼中享有的最基本、最核心的诉讼权利。它是刑事辩护制度得以产生形成的基础，不承认犯罪嫌疑人、被告人的辩护权就不可能有刑事辩护制度。

辩护权具有以下几个特征：

第一，专属性。辩护权专属于被指控人，辩护人协助被指控人行使辩护权。辩护权的获得基于被指控人在刑事诉讼中所处的当事人地位，未经犯罪嫌疑人、被告人同意，或因特殊原因经法院指定，任何人都不享有辩护权。律师只有在接受委托或法院指定的条件，才能取得辩护人资格，依法享有辩护权。但在诉讼过程中，律师享有独立的诉讼地位，不受犯罪嫌疑人、被告人的意志所左右。

第二，帮助性。辩护人取得资格，享有辩护权，主要是帮助犯罪嫌疑人、被告人行使辩护权，从事实和法律方面提供帮助为犯罪嫌疑人、被告人辩护。在审判过程中，如果被告人对辩护人不满意，要求更换或拒绝，应当尊重其意愿，在法律规定的范围内予以考虑。

第三，保障性。辩护权是基于犯罪嫌疑人、被告人在刑事诉讼中处于被控地位而由法律赋予的一项法定权利，其主旨是对抗控诉方的指控、抵销其控诉效果，保护被指控人的合法利益。行使辩护权是被指控人进行自我保护的一种手段。司法机关有义务保障犯罪嫌疑人、被告人辩护权的行使，同时有责任认真考虑犯罪嫌疑人、被告人及其辩护人在依法辩护中所提出的材料和意见，以提高办案质量，防止主观片面，维护犯罪嫌疑人、被告人的合法权益。

第四，阶段性。犯罪嫌疑人、被告人在整个诉讼过程中，都有权为自己辩护。自侦查机关第一次讯问犯罪嫌疑人或者对犯罪嫌疑人采取强制措施开始，直至审查起诉阶段和审判阶段，被告人除自行辩护外，都可以委托辩护人为其辩护。

第五，任意性。辩护权作为一项权利存在，被指控人可以自由选择为自己辩护或者放弃为自己辩护，也可以委托他人行使。不能因为犯罪嫌疑人、被告人沉默或辩解、反驳，而说成是态度不好、狡辩等，应尊重犯罪嫌疑人、被告人的选择。

（2）刑事辩护权的内容。根据我国刑事诉讼法的规定，犯罪嫌疑人、被告人的辩护权有广泛的内容：①有权知道被控告的内容，并提出无罪、罪轻的辩解。在侦查、起诉、审判各诉讼阶段，都有权委托律师或自己自行辩护，就无罪或罪轻进行辩解，对证据提出自己的意见。②有权阅读讯问或法庭笔录，对遗漏或差错之处，可以提出补充和改正。在侦查和起诉阶段，有权要求书写供词。③有权在侦查期间请求辩护律师提供法律帮助，由辩护律师代理申诉、控告、申请变更强制措施，向侦查机关了解涉嫌的罪名和有关情况，提出意见。④在法庭上被告人及其辩护人有同公诉人、被害人互相辩论的平等权利，在法庭辩论终结后被告人还有最后陈述的权利。⑤有权对司法机关的处理决定提出异议。对人民检察院作出的不起诉的决定不服，犯罪嫌疑人有权提出申诉；对地方各级法院第一审的判决或裁定，被告人有权在法定期限内提起上诉。

从以上内容可看出我国法律对犯罪嫌疑人、被告人的辩护权的保护是切实周密的，这对正确处理刑事案件，完成刑事诉讼任务，维护社会主义民主与法制，维护公民的人权和合法权益具有重要意义。

2. 刑事辩护的种类

（1）自行辩护。自行辩护是犯罪嫌疑人、被告人行使辩护权的最主要方式，它是指犯罪嫌疑人、被告人根据事实和法律，自己提出自己无罪、罪轻或者减轻、免除其刑事责任的材料和意见，维护自己的合法权益。这种辩护贯穿于整个刑事诉讼过程始终。犯罪嫌疑人、被告人一旦进入刑事诉讼程序，随时都可以为自己辩护。自行辩护有两个特点：①犯罪嫌疑人、被告人进行自行辩护不受时间的限制，在刑事诉讼侦查阶段、审查起诉阶段和审判阶段，随时都可以进行。②自行辩护不需要经过批准。

犯罪嫌疑人、被告人的自行辩护权具体体现在：

第一，在侦查阶段，犯罪嫌疑人有权知道被指控的罪行以及用作证据的鉴定结论，可以提出申请补充鉴定或者重新鉴定；有权提出无罪、罪轻的辩解；有权阅读讯问笔录，对遗漏或差错之处，可以提出补充或改正；有权要求书写供词；在被侦查机关第一次讯问或被采取强制措施后，有权委托辩护律师，为其提供法律帮助代理申诉、控告；被羁押后，有权申请取保候审等。

第二，在检察院审查起诉阶段，犯罪嫌疑人有权委托辩护人。依法行使法律赋予的法定权利，向检察院提出自己对案件的看法和意见。

第三，在法庭审理阶段，被告人自行辩护的内容包括申请审判、公诉人员、书记员以及鉴定人员、翻译人员回避；申请对证人、鉴定人的发问；辨认物证，参与质证；申请通知新的证人到庭，调取新的物证、重新鉴定或者勘验；提出辩解，参与辩论，辩论终结作最后陈述。自诉案件的被告人有权对自诉人提出反诉。一审判决后，被告人有权在法定期限内提起上诉，提出自己无罪、罪轻的辩解事实和理由等。

（2）委托辩护。委托辩护是指犯罪嫌疑人、被告人及其法定代理人与有资格充当辩护人的公民订立委托协议，使其参与诉讼为被告人辩护的方式。

自侦查机关第一次讯问犯罪嫌疑人或者对犯罪嫌疑人采取强制措施的时候，犯罪嫌疑人就有权委托辩护人。犯罪嫌疑人、被告人是否委托他人辩护，由其自行决定。根据我国《刑事诉讼法》第32条的规定，犯罪嫌疑人、被告人可以委托律师，人民团体或者犯罪嫌疑人、被告人所在单位推荐的人，以及犯罪嫌疑人、被告人的监护人、亲友担任辩护人。

（3）指定辩护。指定辩护是指在法律规定的特定情况下，公安机关、人民检察院、人民法院应当通知法律援助机构指派律师为没有委托辩护人的犯罪嫌疑人、被告人进行辩护的方式。在指定辩护法律关系中，指定主体是法律援助机构，对象是承担法律援助义务的律师。

根据《刑事诉讼法》的规定，指定辩护分为任意指定辩护和强制指定辩护。

第一，强制指定辩护。据我国《刑事诉讼法》第34条的规定，为了充分保障犯罪嫌疑人、被告人的辩护权利，对于下列案件，如果犯罪嫌疑人、被告人没有委托辩护人的，人民法院应当通知法律援助机构为其指派律师提供辩护：①犯罪嫌疑人、被告人是聋、哑、盲人，或者是尚未完全丧失辨认或者控制自己行为能力的精神病人的；②犯罪嫌疑人、被告人是未成年人的；③犯罪嫌疑人、被告人可能被判处无期徒刑、死刑的。

第二，任意指定辩护。根据《刑事诉讼法》第34条的规定，犯罪嫌疑人、被告人因经济困难或者其他原因没有委托辩护人的，本人及其近亲属可以向法律援助机构提出申请。对符合法律援助条件的，法律援助机构应当指派律师为其提供辩护。根据最高人民法院的司法解释，对人民法院根据案情认为确需律师辩护、符合下列条件的犯罪嫌疑人、被告人，法律援助机构或者司法行政机关应于接受人民法院指定辩护3日内，指派承担法律援助义务的律师为其提供辩护：①本人确无经济来源，其家庭经济状况无法查明的；②本人确无经济来源，其家属经多次劝说仍不愿为其承担辩护律师费用的；③共同犯罪案件中，其他被告已委托辩护人，而该被告没有委托辩护人的；④外国籍被告人没有委托辩护人的；⑤案件有重大社会影响的；⑥人民法院认为起诉意见和移送的案件证据材料有问题，有可能影响法院正确定罪量刑的。

3. 辩护人及其范围

（1）辩护人的概念及特征。所谓辩护人是指在刑事诉讼中受犯罪嫌疑人、被告人委托或经法律援助机构指派，根据事实和法律，帮助犯罪嫌疑人、被告人行使辩护权，依法维护犯罪嫌疑人、被告人合法权益的诉讼参与人。根据我国法律规定，在刑事诉讼中，辩护人的诉讼地位是独立的诉讼参与人，享有一定的权利，承担一定的义务。辩护人制度的设立弥补了犯罪嫌疑人、被告人辩护能力的缺陷；弥补了国家司法人员对犯罪嫌疑人、被告人诉讼权利保障的不足；促进了诉讼公正的实现，并在社会中发挥着示范功能，促进法制宣传教育。

我国的刑事诉讼辩护人有如下特征：①辩护人参加诉讼、进行辩护的权利源自犯罪嫌疑人、被告人的委托或法律援助机构的指派；②辩护人与犯罪嫌疑人、被告人是刑事诉讼辩护职能的承担主体，在刑事诉讼中与控方主张相对立；③辩护人参加诉讼的宗旨是协助犯罪嫌疑人、被告人行使辩护权，依事实和法律维护犯罪嫌疑人、被告人的合法权益；④辩护人是具有独立地位的、不附属于犯罪嫌疑人、被告人的诉讼参与人。

（2）辩护人的范围。根据我国《刑事诉讼法》的规定，在侦查机关第一次讯问犯罪嫌疑人或者对犯罪嫌疑人采取强制措施起，犯罪嫌疑人、被告人除自己进行辩护外，还可以委托律师及其他辩护人进行辩护。但是正在被执行刑罚或者依法被剥夺、限制人身自由的人不得担任辩护人。具体而言，辩护人的范围包括：①律师。包括专职、兼职律师以及特邀律师。②人民团体或者犯罪嫌疑人、被告人所在单位推荐的人。由人民团体或者犯罪嫌疑人、被告人所在单位推荐的公民，只要经被告人同意，即可担任辩护人。③犯罪嫌疑人、被告人的监护人、亲友。除涉及国家机密或个人隐私的案件外，被告人的监护人、亲友，只要与本案无直接牵连，不是本案的证人或其他诉讼参与人，一般可以担任辩护人。

同时,《刑事诉讼法》第32条第2款及相关司法解释对辩护人的资格也作了限制性规定,即下列人员不得被委托担任辩护人:①被宣告缓刑和刑罚尚未执行完毕的人;②依法被剥夺、限制人身自由的人;③无行为能力人或者限制行为能力人;④人民法院、人民检察院、公安机关、国家安全机关、监狱的现职工作人员;⑤本院的人民陪审员;⑥与本案审理结果有利害关系的人;⑦外国人或无国籍人。上述第④、⑤、⑥、⑦项规定的人员,如果是被告人的近亲属或者监护人,由被告人委托担任辩护人的,人民法院可以准许。

另外,根据有关规定和司法实践,参与诉讼的本案件的其他诉讼参与人不得同时充当本案辩护人;与被告人犯罪活动有牵连的人,不能充当辩护人,因为这种人充当辩护人会给案件的查明带来困难。

4. 辩护人的诉讼权利和义务

(1)辩护人的诉讼权利。

第一,独立的辩护权。所谓独立的辩护权,是指律师以自己对事实的认可和对法律的理解为基础行使辩护权。律师独立进行辩护,不受人民法院、人民检察院、公安机关和其他团体、个人的非法干涉和限制。辩护律师的辩护言论不受非法追究。在法庭上,审判人员不得询问律师的年龄、住址、出身及历史背境等,更不得无故找茬。辩护律师发现审判人员、检察人员、侦查人员侵犯律师应有的诉讼权利时,有权向有关部门提出控告。

第二,与犯罪嫌疑人、被告人会见、通信权。根据《刑事诉讼法》第37条的规定,辩护律师可以同在押的犯罪嫌疑人、被告人会见和通信。其他辩护人经人民法院、人民检察院许可,也可以同在押的犯罪嫌疑人、被告人会见和通信。辩护律师有权凭律师执业证书、律师事务所证明和委托书或法律援助公函要求会见犯罪嫌疑人、被告人,看守所应当及时安排会见,至迟不得超过48小时。危害国家安全犯罪、恐怖活动犯罪、特别重大贿赂犯罪,在侦查期间辩护人会见在押的犯罪嫌疑人,应当经侦查机关许可。辩护律师会见在押的犯罪嫌疑人、被告人,可以了解案件有关情况,提供法律咨询等;自案件移送审查起诉之日起,可以向犯罪嫌疑人、被告人核实有关证据。辩护律师会见犯罪嫌疑人、被告人时不被监听,以免影响其充分行使辩护权。

第三,阅卷权。根据《刑事诉讼法》第38条的规定,辩护律师自人民检察院对案件审查起诉之日起,可以查阅、摘抄、复制本案的案卷材料。其他辩护人经人民法院、人民检察院许可,也可以查阅、摘抄、复制上述材料。

第四,调取证据权。根据《刑事诉讼法》第39条的规定,辩护人认为在侦查、审查起诉期间公安机关、人民检察院收集的证明犯罪嫌疑人、被告人无罪或者罪轻的证据材料未提交的,有权申请人民检察院、人民法院调取。本法

第41条还规定，辩护律师经证人或者其他有关单位和个人同意，可以向他们收集与本案有关的材料，也可以申请人民检察院、人民法院收集、调取证据，或者申请人民法院通知证人出庭作证。

第五，通知获得权。根据《刑事诉讼法》第182条的规定，辩护律师有权至迟在开庭3日前获得人民法院以通知形式发出的出庭通知，以保证给予辩护律师适当的出庭准备。若因案情复杂、开庭时间过急，辩护律师有权申请延期审理，人民法院应当在不影响法定结案的时间内予以考虑。案件开庭审理后，如果延期继续审理，在再次开庭前，人民法院应再次通知辩护律师。由于律师不是刑事诉讼主体，因此人民法院只能用出庭通知书而不能采用传票传唤辩护律师。

第六，法律文书获得权。根据《刑事诉讼法》第182条的规定，人民法院决定开庭审判后，应当将起诉书副本至迟在开庭10日以前送达被告人及其辩护人，使辩护律师及时了解被告人受指控的全部犯罪事实和证据；《刑事诉讼法》第196条第2款规定：当庭宣告判决的，应当在5日以内将判决书送达当事人及其辩护人、诉讼代理人，定期宣告判决的，应当在宣告后立即送达，以使辩护律师了解整个案件情况及人民法院对辩护律师辩护意见的采纳情况。若人民检察院提出抗诉，应将抗诉书副本送至辩护律师手中。凡有辩护律师参与的刑事案件，制作文书时应将其姓名及律师执业单位列入。

第七，法庭调查和辩论权。法庭辩论是辩护律师行使辩护职能，帮助被告人行使辩护权的关键环节，是律师开展辩护工作的核心，其他调查取证、会见等准备工作都是为这一环节服务的。根据《刑事诉讼法》第186、187、189、192、193、212条的规定，在法庭调查阶段，辩护人在公诉人讯问被告人后经审判长许可，可以向被告发问，可以对证人、鉴定人发问；法庭审理中，辩护人有权申请通知新的证人到庭，调取新的物证，重新鉴定或者勘验，有权对当庭宣读的证言笔录、鉴定结论等证据材料发表否定意见；可以申请法庭通知有专门知识的人出庭，就鉴定人作出的鉴定提出意见；在法庭辩论阶段，辩护人可以对证据和案件情况发表意见并且可以和控方展开辩论，辩论意见不受审判人员、控诉方的干涉和限制。

第八，提交证据权。辩护律师有权向司法机关提交对犯罪嫌疑人、被告人有利的物证、书证和其他形式的证据，有权申请重新鉴定或勘验，有权申请通知新的证人出庭作证，调取新的物证。但是提交的证据必须是经过合法途径取得。

第九，拒绝辩护权。根据《律师法》第32条第2款的规定，辩护律师发现犯罪嫌疑人、被告人利用律师提供的服务从事违法活动或者拒绝如实陈述案情，影响律师正确履行辩护职责时，有权拒绝为其辩护。

第十，其他权利。辩护律师除上述权利外，还享有其他诉讼权利，比如，经被告人同意的上诉权、反诉权、申诉权、了解案情权、代为申请解除或变更强制措施权、代为申请取保候审权、代为申请回避权等。

（2）辩护人的诉讼义务。辩护律师在依法享有一定诉讼权利的同时，还应承担相应的诉讼义务，以便使其在刑事诉讼过程中能正确履行辩护职责，发挥辩护律师应有的作用。根据《刑事诉讼法》、《律师法》及律师职业道德和执业纪律规范的相关规定，辩护律师的诉讼义务可以归纳为以下几点：

第一，忠于事实和法律的义务。《律师法》第40条规定，辩护律师在履行辩护职责时，不得故意提供虚假证据或者威胁、利诱他人提供虚假证据，妨碍对方当事人合法取得证据。忠于事实和法律是辩护律师的首要义务，是衡量辩护律师辩护成功与否的重要标志。《刑事诉讼法》第42条规定，辩护人不得帮助犯罪嫌疑人、被告人隐匿、毁灭、伪造证据或者串供，不得威胁、引诱证人作伪证以及进行其他干扰司法机关诉讼活动的行为。这就要求律师进行辩护时，严格遵守以事实为依据，以法律为准绳的辩护原则，不得歪曲事实、曲解法律以欺骗人民法院。

第二，维护犯罪嫌疑人、被告人合法权益的义务。辩护律师接受犯罪嫌疑人、被告人委托后，应当以其合法权益为重，一切活动都应从维护委托人合法权益的角度出发，诚实守信，严密审慎，尽职尽责，努力收集对委托人有利的证据材料，尽量提出论证维护合法权益的材料和意见，而不能无故拖延，敷衍搪塞，更不能无正当理由拒绝辩护。尽职尽责维护犯罪嫌疑人、被告人合法权益，既是辩护律师的法定义务，又是辩护律师应遵守的职业道德。

第三，遵守法庭规则的义务。根据《律师法》第40条之规定，律师不得扰乱法庭秩序，干扰诉讼活动的正常进行。因此辩护律师应遵守以下法庭规则：按人民法院通知的开庭时间、地点准时到庭参与诉讼，不得无故拖延；服从法庭指挥，遵守法庭纪律和制度，按法庭要求的期限提交法律文书；尊重审判人员、公诉人及其他诉讼参与人；不得随意打断他人讲话，不得大声喧哗，更不得恶意讽刺挖苦对方。

第四，严守秘密的义务。根据《律师法》第38条规定，辩护律师应当严守在执业活动中知悉的国家秘密、当事人的商业秘密和个人隐私。所谓严守秘密就是指保卫、守护和不泄露秘密。辩护律师应有保密观念，采取保密措施，保证秘密不被他人知悉。

第五，法律援助的义务。承办法律援助案件是律师的法定义务。律师必须按照国家规定承担法律援助义务，尽职尽责，为受援人提供法律服务。辩护律师不得拒绝或疏怠应承担的法律援助义务，对调查证据、提交法律文书、出庭辩护等各个环节的工作都要尽职尽责。

第六，宣传法制的义务。辩护律师的法制宣传义务表现在两个方面：一是对犯罪嫌疑人、被告人进行法制宣传教育，让其如实陈述案情，配合司法机关查明案件真相；二是通过庭审活动对广大群众进行法制宣传教育，帮助公民提高法律意识、增强法制观念、明辨是非，达到预防犯罪、减少犯罪的目的。

（3）辩护人不得进行的行为。根据规定，辩护律师和其他辩护人不得干扰司法活动正常进行的行为。主要有以下几种：

第一，不得帮助犯罪嫌疑人、被告人隐匿、毁灭、伪造证据或者串供。这里说的证据，是指刑事诉讼法当中规定的物证、书证、证人证言、被害人陈述、犯罪嫌疑人和被告人的供述和辩解、鉴定意见、勘验、检查、辨认、侦查实验等笔录、视听资料、电子数据等。除此之外，这些证据还应该是与案件有关的证据，即对于证明犯罪嫌疑人、被告人是否有罪，罪重、罪轻等案件事实问题具有证明意义的证据。这里说的串供，主要是指犯罪嫌疑人、被告人之间编造虚假的事实，或者隐藏犯罪证据，以逃避司法机关的追究，相互交换、传递供述情况，或者相互订立攻守同盟，统一口径，以对付司法机关的行为。辩护人帮助犯罪嫌疑人、被告人串供，显然是严重违背法律职责、破坏司法机关追究犯罪活动的行为，应当予以禁止。

第二，不得威胁、引诱证人改变证言或者作伪证。证人证言是刑事诉讼当中的一个重要证据种类，证人能否客观反映自己所知的真实情况，对于证明案件事实是十分重要的，这就要求证人作证必须以事实为根据，不得掺杂个人好恶和推测，并且前后应当一致，不出现自相矛盾。在有的情况下，证人作证因记忆不清，可能会出现前后作证内容不一致或矛盾的情况，有的后一次作证对前一次作证会作一些改变或修正，这属于正常情况。但如果明知不符合事实或故意编造虚假内容去改变原来符合事实的证言，是法律不允许的。刑事诉讼法对辩护人使用威胁、引诱手段以使证人改变原先所作的符合事实的证言作了禁止性规定，是很有必要的。这里应注意的是，只有故意以虚假的内容去改变原先符合事实的证言，才属于法律规定的这种情况，如果改变后的证言是符合事实的，则说明原先的证言存在问题，不属于法律规定的这种情况。

第三，其他干扰司法机关诉讼活动的行为。辩护人除不得有以上两项干扰司法机关诉讼活动的行为外，可能还会有其他一些干扰司法机关诉讼活动的情况，比如辩护人在法庭审理案件过程中哄闹法庭，严重扰乱了法庭秩序，使用非法的方法调查取证，等等，都是辩护人不得进行的行为。

根据刑事诉讼法的规定，辩护人有上述几类行为的，应当依法追究法律责任。就是说对上述几种行为，法律规定了什么责任，就应当追究什么责任，构成犯罪的，依法追究刑事责任，以此才能体现出法律规定的禁止性行为的约束力。在修改时，为了体现刑事诉讼法的上述规定，刑法规定了几种涉及辩护人的犯罪行为。

总之，辩护人在履行辩护职责时，一方面，应当充分行使法律赋予自己的权利，另一方面，要坚持严守事实和法律的原则，遵守职业道德，才能更好地完成刑事诉讼法所赋予的任务。

5. 辩护人的诉讼地位和责任

（1）辩护人的诉讼地位。在我国，辩护人不是完全的刑事诉讼主体，但却是具有独立诉讼地位的诉讼参与人。

辩护人之所以不是完全的诉讼主体，是因为：①辩护人在法律上不承担案件的处理结果。辩护人作为嫌疑人、被告人的帮助者执行着辩护职能，在一定程度上能影响审判进程和结果，然而他与案件的最终处理结果无法律上的利害关系，嫌疑人、被告人有罪无罪、罪轻罪重的结果均对之不产生法律上的关系，这是他与被告人最大的区别。正是基于此，法律才没有赋予辩护人上诉权、反诉权、最后陈述权等被告人享有的诉讼权利。②辩护人对能否参加刑事诉讼没有决定权。在特定案件中，检察、审判机关和犯罪嫌疑人、被告人是必须参加诉讼的，而辩护人只有基于犯罪嫌疑人、被告人委托或法院指定才能参与诉讼，同时辩护人能否继续参加诉讼也不由自己决定而是受犯罪嫌疑人、被告人意志约束。一旦犯罪嫌疑人、被告人拒绝其继续辩护，他即失去辩护人资格，必须退出刑事程序。由此可见，辩护人只是附属于被告一方，为犯罪嫌疑人、被告人提供法律帮助的人，而非独立的刑事诉讼主体。

辩护人具有独立的诉讼地位表现在：①辩护人执行的是特定的刑事诉讼基本职能。在诉讼中，辩护人与被告人同为辩护一方，依法执行辩护职能，与控诉职能、审判职能交织，共同推进刑事诉讼，而其他诉讼参与人虽有特定目的参与诉讼，但不执行刑事诉讼基本职能。②辩护人享有大多数当事人享有的诉讼权利。为便于辩护人更好地执行辩护职能，法律赋予了辩护人广泛的权利。如证据主张、收集权、证据调查权、参加法庭审理权、辩论权、经被告人同意享有的上诉权等。辩护人的这些权利除作为刑事诉讼主体的控诉、审判机关及犯罪嫌疑人、被告人外，很少为其他诉讼参与人享有。③辩护人独立于犯罪嫌疑人、被告人意志以外，以自己的意志开展辩护活动。犯罪嫌疑人、被告人与辩护人之间是基于委托合同产生的特殊委托关系，在诉讼中，辩护人根据自己对法律的理解，对犯罪嫌疑人、被告人被指控事实的把握，斟酌辩护方式、理由、意见，对犯罪嫌疑人、被告人否认的事实，辩护人觉得有理有据的，可以不提出辩护意见。所以，辩护人只能以事实为根据，以法律为准绳，维护犯罪嫌疑人、被告人的合法权益而非全部利益。如犯罪嫌疑人、被告人要求辩护人为其作悖离事实、曲解法律的辩护时，辩护人可以拒绝接受委托。在辩护人接受委托后，如发现犯罪嫌疑人、被告人不如实陈述案情，应说服犯罪嫌疑人、被告人改正。犯罪嫌疑人、被告人坚持不改的，辩护人有权拒绝继续辩护，解除委托。

（2）辩护人的责任。一般认为，辩护人最基本的责任，是通过维护犯罪嫌疑人、被告人的合法权益来实现司法公正和体现司法公正。我国《刑事诉讼法》第35条对辩护人的责任作了具体规定："辩护人的责任是根据事实和法律，提出犯罪嫌疑人、被告人无罪、罪轻或者减轻、免除其刑事责任的材料和意见，维护犯罪嫌疑人、被告人的诉讼权利和其他合法权益。"

据此，辩护人的责任主要有以下两个方面：①根据事实和法律，提出证明犯罪嫌疑人、被告人无罪、罪轻、免除其刑事责任的材料和意见，为被告人、犯罪嫌疑人进行辩护。辩护人进行辩护，必须遵循以事实为根据、以法律为准绳的原则，针对控诉方指控的事实，提出有利于犯罪嫌疑人、被告人的材料和意见，证明其无罪或者罪轻、或者减轻、免除刑事责任。辩护人在任何情况下都不能站在控诉方的立场上对犯罪嫌疑人、被告人进行控诉，任何有损于犯罪嫌疑人、被告人利益的行为，都是违背辩护职能的。但辩护人在辩护过程中不得歪曲和捏造事实、曲解法律，为犯罪嫌疑人和被告人开脱罪责，包庇犯罪。②维护犯罪嫌疑人、被告人的各项诉讼权利以及人身、财产和其他各项权利。犯罪嫌疑人、被告人在刑事诉讼中依法享有广泛的诉讼权利和其他权利。如果这些权利受到非法剥夺或侵犯，辩护人应依法要求给予制止和纠正，直至向有关单位提出控告。

二、刑事辩护制度的历史沿革

（一）外国刑事辩护的历史沿革

1. 古罗马时期形成刑事辩护制度的历史雏形

外国刑事辩护制度的产生，可以追溯到公元前4~5世纪的雅典共和国时期。当时王者执行官审理案件时，允许被告人进行答辩、申辩。公元前594年梭伦担任雅典执政官后，进行了著名的"梭伦改革"，设立了具有民主特色的陪审法庭。一些刑事和民事案件经执政官初审后，送往陪审法庭，"公民未经陪审法庭判决不得处死"。当时，"诉讼程序公开进行，双方当事人可以进行辩论"。[1]

---

〔1〕［苏］康·格·费多罗夫：《外国国家和法律制度史》，叶长良、曾宪义译，中国人民大学出版社1985年版，第26页。

在公元前4~6世纪的罗马奴隶制共和国时期，由于交通便利和民主共和等自然因素与政治因素的影响，简单商品经济十分繁荣，贸易往来频繁，贸易程式繁杂，加之罗马法律纷繁琐碎，不为一般人所熟悉，因此"代理人"、"代言人"在罗马共和国开始出现并逐渐发展。随着法律的演进，职业法学家的兴起，辩护制度逐渐为法律所承认。《十二铜表法》正式规定了法庭上辩护人进行辩护的条文。如其中第1表第7条规定："若（当事人双方）不能和解，则（他们）应在午前到市场或会议场进行诉讼。出庭双方应依次申辩（自己案件）。"古罗马实行控告式的诉讼模式，被告人与原告人处于平等地位，享有同等的权利，承担同等的义务。审理案件的程序通常是由原告提出控诉的理由和证据，再由被告提出反驳理由和证据，然后由法官作出裁决。被告人拥有辩护权，可为自己的利益从事诉讼防御。审判采取对质、言词、公开的方式，被告人可以提出反证，证明自己无罪。被告人还可以请精通辩术的辩护人（orator）为自己辩护。[1]法官居中裁判。辩护权的存在以及代言人、辩护人等的出现，标志着早期刑事辩护制度已基本形成。公元1世纪，罗马进入帝国时期以后，原来实行的诉讼代理和辩论的原则，逐渐发展成为律师（advocates）辩护制度。由于古罗马法学的发达，辩护人多为熟谙法律者甚至法学家，这就大大促进了古罗马刑事辩护制度的发展，使古罗马成为当时世界上刑事辩护最发达的国家。

古罗马刑事辩护制度是古代司法民主产生和发展的产物，它为以后辩护制度的进一步完善提供了可贵的历史雏形。

2. 中世纪刑事辩护制度的萎缩

在中世纪的欧洲，因基督教权威的恶性膨胀，使得世俗统治之外存在着一个平行甚至高于它的神权统治。由于早期基督教的不宽容和独断，设立了宗教裁判所惩治异端，并实行"神罚"。在裁判所中虽容许被告人辩护，但其辩护已沦为对审判官的有罪或罪重观点的补遗，而非依事实和法律予以驳击，因此在裁判所中的辩护是徒有虚名的。在中世纪欧洲世俗政权方面，控告式诉讼制度逐渐衰退，纠问式诉讼制度则蓬勃发展。伴随着纠问式诉讼而来的是刑事辩护制度的萎缩乃至消亡。"随着纠问制的确立，控告（Accusatio）所引发的范围广泛的辩论失去了一切存在理由，因此，辩护也变得不那么至关重要。"[2]纠问式诉讼模式在本质上蔑视人的基本权利，几乎剥夺被告人的所有权利，将

---

〔1〕［意］桑德罗·斯奇巴尼选编：《司法管辖权·审判·诉讼》，黄风译，中国政法大学出版社1992年版，第42页。

〔2〕［意］朱塞佩·格罗索：《罗马法史》，黄风译，中国政法大学出版社1994年版，第372页。

其置于诉讼客体和司法处置对象的地位，没有采取控诉、辩护和审判三种诉讼职能相互区分的机制，因为控诉与审判职能由同一司法机构承担，被告人只拥有极少的辩护机会，辩护作为一种职能事实上并不存在。因此，刑事被告人在中世纪的欧洲没有真正的辩护权，即使在某些情况下有，也因为法官的预断而难以发挥作用。

3. 资产阶级革命后刑事辩护制度的普遍建立与发展

在资产阶级革命前夕，一批著名的启蒙思想家如英国的李尔本、洛克，法国的狄德罗、伏尔泰、孟德斯鸠等人，提出"天赋人权"、"主权在民"、"法律面前人人平等"的响亮革命口号，在诉讼中他们主张用辩论式诉讼模式取代纠问式诉讼模式，赋予被告人辩护权，在审判中实现辩护原则。英国平均主义派首领李尔本（1613～1657 年）在《人民约法》和《英国根本法和自由》等著作中主张"诉讼必须采用公开、直接和辩论的形式，被告人除享有自行辩护权外，还享有请他人为其辩护的权利"等。法国启蒙思想家孟德斯鸠在其所著《论法的精神》一书中指出："一个人，即使最卑微的人民的生命也应受到尊重。……国家控诉他的时候，也必定要给他一切可能的手段为自己辩护。"[1]

资产阶级革命成功后，英法等主要资本主义国家均在立法中肯定了刑事诉讼的辩论原则，赋予了刑事被告人自己辩护和延请他人辩护的权利。英国1679 年的《人身保护法》首先肯定了被告人的辩护权。该法明确规定了诉讼中的辩论原则，承认被告人有权获得辩护，从而确定了刑事被告人在刑事诉讼中的主体地位。美国1776 年 6 月 12 日通过的《弗吉尼亚权利法案》规定了"在所有判处死刑或刑罚的诉讼中，被告有权要求知道他被控罪的原因和性质，有权与控诉者及证人相质，有权提出于己有利的证据。"1791 年美国《宪法修正案》第 6 条规定，在一切刑事诉讼中，被告人应享受"准予与对方的证人对质……并受律师辩护之助"等权利。1808 年拿破仑时期的《刑事诉讼法典》对辩论作了更为详尽、周密的规定，使刑事辩护系统化、规范化起来。1877 年 2 月 1 日颁布的《德意志帝国刑事诉讼法典》规定了与法国大致相同的"辩论原则"。日本1880 年制定的《治罪法》正式规定了刑事辩护制度。

随着各国经济的发展和政治民主进程的推进，各国立法普遍确认了被指控人获得律师帮助的权利，刑事辩护制度得以普遍建立和发展。第二次世界大战时期，一些实行军国主义的国家，如德国、意大利、日本等，实行法西斯统

---

〔1〕〔法〕孟德斯鸠：《论法的精神》（上册），张雁深译，商务印书馆1961 年版，第75 页。

治，任意践踏法制，破坏原来刑事诉讼法中规定的民主原则，刑事辩护制度的发展因此遭受到重大挫折。"二战"结束以后，各国适应新的形势需要，纷纷修改或重新制定刑事诉讼法典。基于对法西斯主义的深刻反思，各国在刑事诉讼立法中对国家权力的制约和对公民权利的保障给予了极大的重视，刑事辩护制度得以恢复和进一步向前发展。许多国家将被指控人有权获得辩护作为一项宪法原则加以规定，然后在刑事诉讼法中予以具体规范和保障。

（二）中国刑事辩护的历史沿革

1. 中国古代刑事辩护制度的雏形

在我国奴隶社会的刑事诉讼中，虽然出现过类似今天的辩护人，但从当时刑事诉讼的总体状况来看，刑事诉讼带有明显的纠问特征，被告人在诉讼中的地位较为低下，只是一个被追究刑事责任的客体，一个被拷问的对象和供词的提供者，不能自行辩护，更谈不上请他人为自己辩护。尽管史料中有一鳞半爪的有关"辩护"的记载，但很难说在当时被告人享有辩护权，也没能形成像古罗马那样的刑事辩护制度。中国古代曾有律师萌芽——讼师制度。春秋时期的郑国大夫邓析就是当时一位著名的讼师。邓析曾经聚众讲学，传授法律知识和诉讼方法。据《吕氏春秋·离谓》载："与民有讼者约，大狱一衣，小狱襦袴，民之献衣襦袴而学讼者，不可胜数。"这种讼师制度为以后的历代法律所确认，发展为社会上一些文人专门为他人写状子及其他文书的营生，民间称为"刀笔先生"。如京剧《四进士》中的宋世杰为他人写状子，以及明代文人徐文长为他人打官司出谋划策，就是典型的反映。这些"刀笔先生"并不一定都熟悉法律知识，仅凭着读书识字的优势来维持生计。从活动形式上看，类似现代律师的咨询代书活动，但从实质上讲，有着很大区别。这是因为一则"刀笔先生"不是法律方面的专家；二则这些人活动不受法律的约束，其作用仅限于为参加诉讼者代写状子和出谋划策，而不能出庭辩护和代理诉讼。

从公元前475年至公元1840年长达2000余年的中国封建社会中，司法权与行政权合一，在刑事诉讼中推行纠问式诉讼。特别是宋代中叶以后，要求州、县长官必须亲自审案。法庭审理的程序大体上是先问原告，后问被告，再问证人，并常常使用拷打手段。因此，中国封建社会历史上的刑事诉讼基本上也是没有刑事辩护制度的。

2. 中国近代刑事辩护制度的确立

我国现代意义上的辩护制度是清末从西方引进和移植的。

鸦片战争使中国长期闭关锁国的国门被英国的坚船利炮打开，先后有英、法、美、俄、德、日等19个国家通过不平等条约在中国取得领事裁判权。领事裁判权的存在标志着中国晚清的司法体制走上了半殖民化的道路，同时，也将西方各国实施的刑事辩护制度引入中国，从而在客观上促进了中国社会对刑事辩护制度的了解和认识，刺激了这一制度在中国的产生。各国领事法庭在审理刑事案件时，均允许被告人聘请律师出庭为其辩护。至19世纪60年代末、70年代初，在根据1869年4月生效的《洋泾浜设官会审章程》而确立的中外会审公廨中，对于会审案件的审理，也逐渐引进律师辩护制度。至19世纪70年代，会审公廨在审理中外国民混合案件时，已明确涉诉当事人，无论是原告还是被告，无论是外国国民还是中国国民，都可以聘请律师出庭辩护或作为诉讼代理。[1]

受西方先进的法律思想及法律制度的影响，一些有识之士逐渐认识到了中国传统司法制度的弊病。光绪二十七年（1901年），洋务派刘坤一、张之洞联名所奏的《江楚会奏变法三摺》中，提出了关于司法改革的9条意见，这些意见对于改善被告人在刑事诉讼中的地位具有积极意义。1902年，沈家本受命主持修订大清律例。他认为设置辩护制度"是为刑事诉讼上防御或不当之攻击，以保护被告人者也"。1906年，在沈家本主持制订出《大清刑事民事诉讼法》（草案），其中规定了律师参与诉讼的内容，赋予当事人聘请律师辩护的权利。但未及颁布，清朝政府就被推翻了。虽然该法律未颁行，但毕竟是中国立法史上第一次以法律形式规定了律师参与诉讼，担任辩护人和代理人的法律，为程序法与实体法分离的开端。

民国元年，以孙中山为首的南京临时政府曾起草了律师法草案，这是第一部有关律师制度的成文法草案。后因临时政府很快被迫解散而未公布。1912年，北洋军阀政府制订公布了《律师暂行章程》和《律师登录暂行章程》。两个单行律师立法的出现，是我国律师制度的开端，中国从此有了正式的律师制度。到北洋军阀政府垮台，全国律师约有3000人，大都集中于上海、南京、天津、武汉等大城市。国民党执政后，为了建立所谓的"法统"，在律师制度方面，曾在1927年公布了《律师章程》，1941年制定了《律师法》。这两部法律，奠定了国民党律师制度的基础，也是现在台湾地区律师制度的渊源。

近代中国的刑事辩护制度产生和生存于中国的半殖民地半封建社会，它在司法实践中所能发挥的作用十分有限。在南京国民政府时期，国民党实行独裁统治，政治案件秘密审判，刑讯逼供大量采用，被告人的人权保障往往成了一句空话。而且，由于受到历史传统的深重影响，民国时期有关律师的立法还屡屡规定：律师不得以主动、积极的态度执行职务；即使是在法律允许的职责范

---

〔1〕 费成康：《中国租界史》，上海社会科学出版社1991年版，第146页。

围内，也必须以消极、被动的态度履行职责，否则要受到惩处。但是，应当看到，刑事辩护制度和律师制度在国家法律中得到明文确立，说明刑事司法制度民主化已成为不可阻挡的历史潮流。刑事辩护制度与中国传统的政治制度、司法制度格格不入，也与传统的道德、法律观念大相径庭。从这一角度上说，近代刑事辩护制度的建立在中国刑事司法制度发展史上具有划时代的意义。

3. 新中国刑事辩护制度的建立与发展

在新民主主义革命时期，各地的红色政权就开始推行刑事辩护制度。1932年6月，中央工农民主政府颁布的《裁判部暂行组织及裁判条例》第24条规定："被告人为本身的利益，可派代表出庭辩护，但须得到法庭的许可。"1936年，延安颁布的《川陕省革命法庭条例草案》规定："工农劳动民众以自己的志愿，经过革命法庭的许可，可以委托一个或几个辩护人，为自己辩护，必须是劳动者有公民权的人有资格当选辩护人。"革命根据地立法明确规定被告人在刑事诉讼中享有辩护权；被告人可以聘请辩护人协助辩护，前提是须得到法庭的许可；辩护人必须是有公民权的劳动者，剥削分子不具备辩护人资格。这标志着人民司法中刑事辩护制度的初步确立。抗日战争和解放战争时期，刑事辩护制度有进一步发展。1944年3月公布的《晋冀鲁豫边区太岳区暂行司法制度》规定："人民在法庭有自由辩论权，审问人员不许任意限制。"1944年10月颁布的《苏中区处理诉讼案件暂行条例》规定："原被告于审讯时，得呈准延聘代理人或辩护人出庭……审讯员于审讯中，应给予充分时间，由原、被告作言词辩论，被告有最后陈述权。"陕甘宁边区的司法机关在审理案件时，除被告人自己辩护外，还允许请其亲属或聘请具有法律知识的人出庭为其辩护。人民团体也可以派人出庭为本单位的被告人担任辩护人。1946年1月颁布的《晋察冀边区行政委员会关于人民法庭工作的指示》规定："审判员根据起诉书审讯被告，审查人证、物证，并允许被告自己或被告的代表辩护和提出反证。审判员根据被告提出之控诉与辩护及证据加以研究，然后确定罪状是否成立。"上述立法表明，在抗日战争和解放战争时期，各革命根据地和解放区的司法机关对保护被告人的诉讼权利十分重视，辩护制度有了新的发展。但由于战争环境的限制，各根据地尚未建立律师制度，因此，辩护人未能由律师担任。革命根据地和解放战争时期刑事辩护制度的形成、发展，为新中国成立以后刑事辩护制度的建立提供了丰富的经验，奠定了良好的基础。1949年2月，中共中央发布了《关于废除国民党的六法全书与确定解放区的司法原则的指示》，废除了伪法统，摧毁了旧法制，并为建国后的社会主义法制建设指明了方向。

1950年12月，中央人民政府司法部发布《关于取缔黑律师及讼棍事件的通报》，明令取缔国民政府时期的律师组织和律师活动，因此在 1949～1954 年间，律师制度基本上是被否定的。1954 年新中国第一部《宪法》规定"被告人有权获得辩护"，同年颁布的《人民法院组织法》具体规定："被告人除自己行使辩护权外，可以委托律师为他辩护。"从立法上对辩护制度予以肯定，我国新的律师制度才得以真正建立。1957 年下半年开始由于极左思潮的影响导致原本并不健全的辩护制度在这一时期奄奄一息。十年文革时期，公检法被砸烂，辩护制度更是在群众运动的闹声中彻底销声匿迹。

　　党的十一届三中全会后，随着经济体制改革和民主建设的推进，我国辩护制度开始恢复并在实践中不断发展完善。1978 年《宪法》重新确立了我国法制中的刑事辩护制度。1979 年的《刑事诉讼法》明确规定了我国的辩护制度，确立了辩护制度的基本原则和地位，并对辩护作出了专章规定。其后又通过大量司法解释、批复、通知等文件进一步明确和具体化，增强了辩护的可操作性。我国的刑事辩护制度亦从此日趋成熟。1996 年 3 月，全国人民代表大会总结刑事诉讼的实践经验对原《刑事诉讼法》进行了修改，其中对辩护制度作出了重大变革，进一步扩大了犯罪嫌疑人的辩护权，提前辩护人和辩护律师介入诉讼的时间，明确了辩护人的诉讼资格，扩大了指定辩护的范围，扩大了律师和其他辩护人的诉讼权利。1996 年 5 月，我国颁布了《律师法》，对律师的执业条件、律师事务所、律师的业务、执业律师的权利和义务、法律援助、律师协会、律师的法律责任等作了系统规定。《律师法》的颁布是我国律师制度发展的里程碑，对于保障律师依法执行业务，规范律师的行为，维护法律的正确实施，维护当事人的合法权益，具有重大的意义。改革后的中国刑事辩护制度扩充了被指控人实际上所拥有的辩护权，加强了对被指控人辩护权的保障，刑事辩护制度进入了一个新的历史发展时期。

　　（三）刑事辩护制度的发展趋势

　　1. 扩充辩护权

　　"二战"以后，随着国际性人权保障运动的蓬勃发展，各国相继开展了刑事司法改革运动，其中的重要内容之一就是加强民主、加强刑事诉讼中的人权保障，刑事辩护制度也因此循着扩大和保障被指控人辩护权的方向向前发展。辩护权的扩充主要体现在以下两个方面：

　　（1）律师辩护从审判走向侦查。辩护人参与刑事诉讼的时间愈早，参与的范围愈广泛，被指控人所获得的法律协助也就越及时和有效，刑事辩护制度的作用也就发挥得越充分。正如有的学者所言："在诉讼发展史上，伴随着刑事诉讼活动向审判前的伸展，各国辩护权均经历了一个从审判阶段向审前程序延伸的坎坷历程。"[1]据考证,早在古罗马弹劾式诉讼中,被告人就享有辩护权,但此时的辩护完全局限在刑事审判活动中。在资产阶级刑事诉讼制度建立的早期,律师为被告人的辩护只停留在审判阶段,在审判前的诉讼程序中,律师根本无权介入。后来随着审前程序的不断发展,一方面,侦讯机关"在追诉犯罪、维护社会公众利益的神圣外衣下"权力不断扩张,伸展到社会生活的方方面面;另一方面,社会公众清醒地意识到,甚至已经切身感受到国家授予侦讯机关追诉犯罪的权力可能被滥用或者已经在滥用,威胁到他们正常的生存和生活条件。于是,律师对于被追诉者的辩护逐渐从审判程序走向侦查程序。

法国是大陆法系国家的代表,也是纠问式诉讼的原产地之一。律师辩护从审判程序走向审前程序在其诉讼发展史上留下了清晰的轨迹。1808 年 12 月 16日的"拿破仑法典"即《重罪审理法典》规定,在审判法庭之前的整个诉讼阶段采取纠问式诉讼制度,即对犯罪进行查证、确认以及对棘手案件的预审,仍然采用书面形式,秘密进行,不实行对审,并且在此过程中不准许律师给予当事人协助;同时在法庭审理中则采取控诉式诉讼程序,法庭辩论公开进行,由被告人及其辩护律师与指控方展开言词形式的对席辩论。[2]法国《重罪审理法典》颁行之后,随着国内政治形势的变化和在个人自由与对社会的必要保护两方面观念此消彼涨的影响下,不断进行着修改和变化。1897 年 12 月 8日的法律对预审进行了较彻底的改革,确认被告人自第一次至预审法官前到案开始即可得到诉讼辅佐人的协助。预审程序虽仍然是书面程序,秘密进行,不对席审理,但是,程序的进行受到监督,预审不再是在被追诉人不知情的情况下进行。受到追诉的人的诉讼辅佐人可以按照规定接触诉讼案卷中的所有材料,可以提出建议,在对质时,可以要求向证人提出问题等。[3]

美国的刑事辩护制度在当今世界最为发达,其律师辩护也经历了从审判程序走向侦查程序的发展之路。早在 1791 年联邦宪法第六修正案就明文规定:"在一切刑事案中,被告享有……律师帮助他辩护的权利"。但该权利的实现即律师为被告人的辩护只是表现在庭审中,而不是在审前程序中尤其是对犯罪嫌疑人的讯问程序中。[4]1958 年,最高法院在评估 Crooker 诉加利福尼亚州和

---

〔1〕 宋英辉、吴宏耀:《刑事审判前程序研究》,中国政法大学出版社 2002 年版,第 371 页。

〔2〕 [法]卡斯东·斯特法尼等:《法国刑事诉讼法精义》(上),罗结珍译,中国政法大学出版社 1999 年版,第 88 页。

〔3〕 [法]卡斯东·斯特法尼等:《法国刑事诉讼法精义》(上),罗结珍译,中国政法大学出版社 1999 年版,第 92 页。

〔4〕 李义冠:《美国刑事审判制度》,法律出版社 1999 年版,第 59 页。

Cicenia 诉 Lagay 两起杀人案中，指出警方在对犯罪嫌疑人进行讯问时，驳回允许其聘请律师进行咨询的具体请求并不违反宪法。[1]进入 20 世纪 60 年代以后，美国最高法院在"Massiah 诉美国"和"Escobedo 诉伊利诺州"两案中，第一次确立了在警方侦查或讯问过程中，犯罪嫌疑人有权获得律师帮助的权利。此后不久，通过米兰达判例，最高法院进一步确立了包括犯罪嫌疑人在警方讯问时有权获得律师帮助和有权保持沉默的权利并应向其事前告知的米兰达规则，使被控者在审判中获得律师帮助的权利正式延伸至侦查中。[2]

日本刑事诉讼的历史也是辩护权不断扩大，进而律师辩护从审判程序走向侦查程序的过程。日本明治 13 年（1880 年）的《治罪法》创立了辩护人制度，但只有在审判被告人时才可以委托辩护人，并且辩护人会见被告人时，必须有见证人在场，不得单独会见。大正 11 年（1922 年）施行的大正《刑事诉讼法》则规定，在起诉后预审阶段被告人就可以委托辩护人，在审判开始后不得禁止被告人与辩护人会见。昭和 23 年（1948 年）施行的现行《刑事诉讼法》是在美国的直接影响下，推行司法改革的产物，其中明确规定起诉前的犯罪嫌疑人也可以委托辩护人，并且享有与辩护人会见的权利。[3]

律师辩护从审判走向侦查，法国、美国、日本走过的道路如此，其他法治发达的国家也是如此。这不是历史的偶然而是历史的必然。审前程序中的犯罪嫌疑人获得律师帮助权的根据源于两个方面的要求：①与犯罪嫌疑人享有辩护权相连，该项权利的直接目的是为了保障犯罪嫌疑人辩护权的有效行使和切实兑现。因为在刑事诉讼活动的审前程序中，被追诉人的自行辩护具有很大的局限性。从被追诉人方面来看，他们往往缺乏专门的法律知识和素养，又由于与案件有着直接的利害关系，并且常常被追诉机关采取了强制措施，在精神上陷于恐惧、绝望、愤怒，同时又无法全面深入地了解案情，收集有利于自己的证据材料，而这一切都可以通过律师的帮助获得有效地弥补。从诉讼程序方面来看，随着诉讼法的发展，诉讼程序日益显露出越来越明显的技术化、专门化倾向，为此就需要熟悉法律并有实务经验的专家——律师参与到刑事诉讼中，以保障被追诉人的权利。②与审前程序自身的特点有关，该项权利肩负着平衡国家追诉权、保持审前程序诉讼构造的社会功能。现代社会不同于传统社会的一个突出特点是，犯罪现象日渐突出且愈演愈烈，已经严重威胁到社会自身的生存状态，为此，国家不得不在审前程序中赋予追诉机关积极主动且可以灵活运

〔1〕 江礼华、〔加〕杨诚主编：《外国刑事诉讼制度探微》，法律出版社 2000 年版，第 65 页。

〔2〕 江礼华、〔加〕杨诚主编：《外国刑事诉讼制度探微》，法律出版社 2000 年版，第 68 页。

〔3〕 〔日〕田口守一：《刑事诉讼法》，刘迪等译，法律出版社 2000 年版，第 89 页。

用的强制性权力，由此必然伴生追诉人员恣意使用权力的危险性，为了防止过于强大的追诉机关滥用权力压制被追诉人，必须在审前程序中引入平衡追诉机关与被追诉人两者严重失衡的社会力量——律师，他们的参与对追诉机关是一种监督和制衡，不仅强化了作为弱者的被追诉人的地位，而且将维护诉讼程序的公正性，维护公共利益和法制的有序运行。[1]

（2）建立、健全法律援助制度。由于西方国家法律繁多，程序复杂，诉讼当事人离开律师的帮助寸步难行，而聘请律师的费用相当昂贵，致使贫穷的被告人实际上丧失了辩护权，社会舆论对此也不断谴责。有鉴于此，各国采取了建立、健全法律援助制度的做法，以保障被指控人的辩护权。起初，法律援助是由律师个人自愿从事的慈善行为，后来发展为由政府提供财政资助的国家行动。"二战"以后，一些发达国家随着经济的高速增长逐渐健全了社会福利保障体系，法律援助逐渐演变为公民的"社会福利"权。尽管近些年来一些国家由于经济不景气，庞大的法律援助支出日益成为政府沉重的财政负担，但没有一个国家停止对法律援助的财政资助。

一些国家在宪法中规定了刑事被告人获得法律援助的权利。如意大利宪法第24条规定："每个人均可按司法程序来保护自己的权利和合法利益。在诉讼的任何阶段和任何情况下，辩护均为不可破坏之权利。贫穷者有在任何法院起诉和答辩之可能性，应由特别制度保证之。"日本宪法第37条第3款规定："刑事被告人，不论在任何场合都可以聘请有资格的辩护人。被告人自己不能聘请辩护人的，由国家提供辩护人。"法律援助制度自建立以来，其援助范围呈逐渐扩大的趋势。

英国是法律援助制度建立最早的国家之一。从13世纪以来，在民事诉讼和刑事诉讼等方面的法律援助制度，就已经以各种形式存在。20世纪中叶建立了比较完备的法律援助制度。目前，在英格兰，经治安法院审理的案件的60%，刑事法院审理案件的90%的被告人都能得到法律援助；在苏格兰，重罪案件的被告人99%能得到法律援助，在轻罪案件中，申请法律援助的被告人中的80%～90%都可得到法律援助。

德国1964年的刑事诉讼法典规定在重要或困难程序中，被告人必须获得律师的辩护帮助，当被告人未自行委托辩护时，即应为其指定辩护人。1994年的法典又进一步补充规定：为被害人指派了律师时，审判长应当依申请或依职权指定一名辩护人。再审程序中，也可以指定辩护人。

---

〔1〕 宋英辉、吴宏耀：《刑事审判前程序研究》，中国政法大学出版社2002年版，第378～382页。

日本在刑事诉讼法中确立了国家为贫穷被告人选定辩护人的制度。不过，国选辩护人在侦查阶段不介入，在审判阶段才参加诉讼，从而削弱了国选辩护人的作用。目前，日本律师界正在为国选辩护人制度扩大到侦查阶段而努力。

　　2. 辩护权之限制——值得注意的动向

　　随着犯罪率的上升，特别是暴力犯罪、有组织犯罪、恐怖犯罪的猖獗，智能型犯罪的激增，许多国家加强了同犯罪作斗争的力度。表现在刑事辩护制度方面，出现了对被指控人的辩护权及相关权利予以一定程度限制的新动向。

　　（1）特殊案件中限制甚至排除辩护人的参与。德国在70年代，为有效打击恐怖分子的犯罪活动，规定在此类案件中，被指控人及其辩护人之间的来往书信均需经法官审查，以避免双方非法沟通，或被指控人为了拖延诉讼而在审判时不到庭受讯。1994年新修订的德国刑事诉讼法典又增加规定：基于一定的事实如辩护人有重大嫌疑滥用与限制自由的，被指控人之间的往来实施犯罪行为或者严重危害监狱安全、实施了庇护、匿藏罪犯或者赃物行为以及辩护人参加诉讼将会危害国家安全时，可以排除辩护人参加诉讼。

　　（2）开始考虑对沉默权予以限制。沉默权是与辩护权密切相关的一项诉讼权利，世界各国刑事诉讼法比较普遍地规定了被指控人的沉默权。英国是最早规定被指控人享有沉默权的国家，但是，从本世纪70年代起，在英国开始有了限制沉默权的争论。1994年英国在《刑事审判和公共秩序法》中规定了对沉默权的四项限制性规则。1976年新加坡在刑事诉讼法修正案中也作了对沉默权的限制性规定。

　　3. 刑事辩护标准的国际化

　　为有效推动国际间刑事司法领域的合作，促进各国不断改进刑事司法制度，联合国在总结各国刑事司法制度改革经验的基础上，通过制定一系列国际性文件，确立了关于刑事司法方面的原则和标准。从联合国刑事司法标准的内容看，除极少数涉及被害人在刑事司法中的人权保障外，绝大部分都是关于刑事追诉者在刑事司法中所享有的权利保障的标准。这些标准大体包括以下内容：

　　（1）被指控人享有自行辩护权和选任律师协助辩护权。1966年联合国大会通过的《公民权利和政治权利国际公约》（以下简称《公约》）第14条规定：……在判定对他提出的任何刑事指控时，人人完全平等地有资格享受以下的最低限度的保证：……（乙）有相当时间和便利准备他的辩护并与他自己选择的律师联络；……（丁）出庭受审并亲自替自己辩护或经由他自己所选择的法律援助进行辩护；如果他没有法律援助，要通知他享有这种权利；在司法利益有此需要的案件中，为他指定法律援助，而在他没有足够能力偿付法律援助的案件中，不要他自己付费。联合国大会 1988 年 12 月第 43/173 号决议通过的《保护所有遭受任何形式拘留或监禁的人的原则》（以下简称《基本原则》）第 1 条规定：所有遭受任何形式拘留或监禁的人均应获得人道待遇和尊重其固有人格尊严的待遇。第 11 条第 1 款规定：被拘留人应有权为自己辩护或依法由律师协助辩护。

（2）各国应制定保障被指控人辩护权的程序和机制。根据《基本原则》第 2 条规定，各国政府应确保向在其境内并受其管辖的所有的人，不加任何区分，诸如基于种族、肤色、民族、性别、语言、宗教、政治或其他见解、原国籍或社会出身、财产、出生、经济或其他身份地位等方面的歧视，提供关于平等有效地获得律师协助的迅捷有效的程序和机制。

（3）指定律师及对穷人进行法律援助。《公约》中作了对被指控人进行法律援助的规定。《基本原则》第 17 条第 2 款规定：被拘留人如未自行选择法律顾问，则在司法利益有此需要的一切情况下，应有权获得由司法当局或其他当局指派的法律顾问，如无充分的支付能力，则无须支付。1985 年第七届联合国预防犯罪和罪犯待遇大会所通过的《发展和国际经济新秩序环境中预防犯罪和刑事司法的指导原则》第 27 条要求各国最大限度尽可能提供法律援助，在没有这类机制的地方建立提供法律援助和保护基本人权的适当机制。

（4）被指控人选任律师的时间。《公约》规定：被指控人应有"相当时间和便利"准备他的辩护并与他自己选择的律师联络。《基本原则》第 15 条规定：被拘留人或被监禁人与外界，特别是与其家属或律师的联络，"不应被剥夺数日以上"；第 17 条规定：主管当局应在被拘留人被捕后"及时告知"其有获得法律顾问协助的权利。第 10 条规定：各国政府还应确保由主管当局"迅速告知"遭到逮捕的人被逮捕的理由及对他提出的任何控告。上述规定的意义在于它使律师尽早介入刑事诉讼，刑事诉讼启动之时，就是被指控人行使获得律师帮助权之时。律师尽早参与刑事诉讼，能够有效防止刑讯逼供等非法行为的发生，及时收集有关证据，切实保障被指控人的合法权益。

（5）被指控人与律师联络、会见权。1957 年 7 月 31 日第 663（XXIY）号决议通过的《囚犯待遇最低限度标准规则》规定：未经审讯的囚犯可以会见律师，警察或监所官员对于囚犯与律师间的会谈，可用目光监视，但不得在可以听见谈话的距离以内。《基本原则》第 18 条规定：被拘留人或被监禁人应有权与其法律顾问联络和磋商；应允许被拘留人或被监禁人有充分的时间和便利条件与其法律顾问进行磋商；除司法当局或其他当局为维持安全和良好秩序认为必要并在法律或合法条例具体规定的特别情况外，不得中止或限制被拘留人或被监禁人接受其法律顾问来访和在既不被搁延又不受检举以及在充分保密的情形下与其法律顾问联络的权利；被拘留人或被监禁人与其法律顾问的会见可在执法人员视线范围内但听觉范围外进行；被拘留人或被监禁人与其法律顾问之间的联络不得用作对被拘留人或被监禁人不利的证据，除非这种联络与继续进行或图谋进行的罪行有关。

（6）对被指控人获得律师的有效辩护之保障。《基本原则》从以下几个方面规定了保障被指控人获得律师有效辩护的措施：①律师的资格和培训。《基本原则》要求：各国政府、律师专业组织和教育机构应确保律师受过适当教育和培训，具有对律师的理想和道德义务以及对国内法和国际法所公认的人权和基本自由的认识。②律师的义务和责任。《基本原则》规定：律师应随时随地保持其作为司法工作重要代理人这一职业的荣誉和尊严，努力维护受到本国法律和国际法承认的人权和基本自由，并在任何时候都根据法律和公认的准则以及律师的职业道德，自由和勤奋地采取行动。律师应以一切适当的方法帮助委托人，并采取法律行动保护他们的利益，律师应始终真诚地尊重其委托人的利益。在刑事诉讼中，律师作为被指控人的保护者，必须坚持使用法律允许的一切手段、方法和法律知识，尽可能把被指控人的利益反映到诉讼中去，律师不能对被指控人采取不利的行动。同时应当遵守其职业道德，不能帮助被指控人隐匿、毁灭、伪造证据或者串供、威胁、引诱证人改变证言或者作伪证，不能采取完全背离客观事实和违背法律基本精神的方式来维护被指控人的利益。③律师的执业权利。《基本原则》赋予律师民事和刑事豁免权，保障律师的阅卷权，确立律师保守职务秘密原则。④保障律师履行辩护职责的措施。《基本原则》规定：保障律师执业的独立性及律师的人身安全，发挥律师专业组织的作用，对律师的纪律诉讼应当依公正程序进行。

刑事辩护标准的国际化，既反映了国际社会对刑事辩护制度的高度重视，也反映了国际社会在刑事辩护制度方面已形成了相当多的共识。虽然各种文化和社会模式是有区别的，但在差异的背后存在着某种基本的一致性。实现和维护法治是各国所追求的共同目标，联合国所制定的人权规范和标准，代表着国际社会公认的评估各国刑事司法体系的司法原则，它们有助于国际法治概念的形成。联合国文件中所确立的"保障被指控人获得律师帮助的平等、及时和有效"的原则以及关于刑事辩护制度的具体标准，对于各国发展和完善本国刑事辩护制度具有普遍的指导意义。

三、刑事辩护制度的理论

（一）刑事辩护制度的理论基础

任何制度都需要理论基础的支撑，如果概念和制度的理论基础定位不对，将影响整个制度的运行和定位。作为现代刑事诉讼中的一项基本法律制度，刑事辩护制度的生成有其深刻的理论基础。

1. 程序主体性理论

刑事诉讼是国家追诉犯罪、惩罚犯罪的活动。享有追诉权的国家专门机关是刑事诉讼中的当然主体。程序主体性理论旨在强调刑事诉讼中的追诉对象——被指控人在诉讼过程中与控诉机关、审判机关拥有同等的程序主体地位。

程序主体性理论的生成与发展基于"尊重人的尊严"这一思想，强调把人自身作为一种独立、自治的目的，而非被他人乃至社会用来实现某种外在目标的手段，强调其具有人格尊严，并在与他人交往中具有人格上的平等性和独立性。[1]该理论为被追诉者享有辩护权提供了强有力的理论说明：①它强调尊重人的主体性，即意味着尊重一个人与他人交往时的平等性和其自身活动的目的性。被追诉人也是有尊严的个体，其尊严应当得到尊重。在刑事诉讼中应保障被指控人在程序上的基本人权，以便使其能够积极参与诉讼活动、有效地维护自己的实体权益。正如康德所认为的人性里有天生的尊严，每个人是独立的，任何人都无权把别人当作达到主观目的的手段，每个人总是把自己当作目的。[2]任何法律权力的行使也不能使受影响的人丧失了自我尊重的人格。[3]即使在刑事诉讼中被追诉人也不能被当作客体予以对待，而是有尊严的主体。②程序主体性理论说明了主体间地位的平等性。不管是国家机关还是公民个人，在刑事诉讼过程中，权利义务平等，任何机关和个人不得超越法律之外，把自己的意志强加于他人或机关。当然，这种平等只限于程序上的平等，而且只有在诉讼程序中才能取得这种平等。程序平等的一个基本要求就是可以互相交涉、辩论和说服，程序参与各方都可以对程序的结果施加相当的影响。被告人的辩护权是体现其与司法机关享有平等地位的最重要的方面。③被指控人的基本人权应得到国家立法和司法的有效保障。在刑事诉讼中，被指控人不仅享有基本人权，并且国家应保障其基本人权得到充分、有效的行使，以便使其程序主体地位得以稳固和加强。在刑事诉讼中，在赋予被指控人辩护权的同时建立辩护人制度，大大加强了被指控人的程序主体地位。④程序主体性理论还揭示了主体本身享有权利和承担义务的一致性。这是主体间地位平等性的必然结果。因为一定诉讼主体的权利必然以其他诉讼主体承担义务为条件。所以，如

〔1〕 陈瑞华：《刑事审判原理论》，北京大学出版社 1997 年版，第 221 页。

〔2〕 ［美］埃德加·博登海默：《法理学——法律哲学和方法》，张智仁译，上海人民出版社 1992 年版，第 69 页。

〔3〕 转引自张文显：《二十世纪西方法哲学思潮研究》，法律出版社 1996 年版，第 162 页。

果某一主体的权利义务不一致，就会造成主体间地位的不平等。由于司法机关包括拥有中立地位的法院在本质上都是针对被告人的刑事责任问题而进行诉讼活动的，拥有起诉、审判的权利，相应的犯罪嫌疑人、被告人就应当拥有辩护的权利。

由此可见，辩护权的存在是被指控人被视为程序主体的最低要求，允许辩护人协助被指控人行使辩护权则是为了巩固其程序主体地位。辩护制度的建立实为程序主体性理论的具体体现与要求。

程序主体性理论的确立是民主观念在刑事诉讼领域渗透的结果，反过来，这一理论及由此而确立的保障被指控人各项诉讼权利的制度又极大地推动了诉讼的民主化进程。在现代各国刑事诉讼中，被指控人的程序主体地位均得到立法的承认，尽管在程度和方式上有所不同。在我国，占主流的意识形态已不再将被指控人视为纯粹的程序客体，被指控人是程序主体的观念正在被逐步确立，这表现在刑事诉讼法所规定的被指控人的各项权利正日益受到尊重。

2. 无罪推定原则

刑事辩护制度存在的另一理论基础即"无罪推定原则"。无罪推定原则是一项为现代法治国家普遍承认和确立的刑事诉讼原则。这一原则在现代刑事诉讼中占有极其重要的地位。

最早在理论上提出无罪推定原则的是意大利法学家贝卡利亚。他认为："在法官判决之前，一个人是不能被称为罪犯的，只要还不能断定他已经侵犯了给予他公共保护的契约，社会就不能取消对他的公共保护。"[1]无罪推定经历了一个由政治思想到宪法原则，再到刑事司法活动准则的演变过程，它的精神实质就是刑事被追诉者在未经法律规定的程序判决有罪之前，应当被假定为无罪之人。对之应作以下理解：①被告人的罪行须经依法证明才能确定。因此在证明责任的分担上由追诉方承担举证责任，被追诉者本身没有证明自己有罪的义务。如果追诉方提不出足够的证据，被告人就会因为未被证实有罪而成为（在法律上）无罪的人，无论他事实上是否实施犯罪行为。②只有根据法院做出的生效有罪裁判，才能对被告人定罪量刑，这里面有两层意思：一是只有专属行使国家审判权的法院才有权代表国家对被告人的刑事责任问题做出裁判，其他任何机构和个人无权对被告人定罪科刑；二是法院的有罪裁判必须经过合法正当的法律程序做出。③基于无罪推定原则，被告人在诉讼过程中应享有必要的程序保障或辩护权利。这虽然不是无罪推定原则本身的内容，但却是它的

---

〔1〕　〔意〕贝卡利亚：《论犯罪与刑罚》，黄风译，中国大百科全书出版社1993年版，第31页。

必然要求与体现。

由此看来，被追诉人拥有辩护权是其享有无罪推定待遇的必然要求和结果。该原则为被指控人享有辩护权提供了理论上的依据，并保障其辩护权的真正实现。

无罪推定原则是人权保障思潮在刑事司法中的体现，它与罪刑法定原则一脉相通，共同构成现代刑事法律制度的基石。无罪推定原则的核心在于保障被指控人的合法权益。在现代刑事诉讼中，无罪推定既是被指控人宪法性权利的重要组成部分，同时，它又成为被指控人获得其他法定程序保障的理论前提。

3. 对立统一规律

对立统一规律即矛盾规律，是马克思主义唯物辩证法的根本规律。它认为世界上的一切现象和过程内部都包含着两个相互关联又相互排斥的方面，这两个方面既对立又统一，它们的斗争和统一推动事物的运动和发展。对立统一规律是我国建立刑事辩护制度的理论基础。刑事诉讼活动的基本内容是查明已经发生的客观存在的案件事实，在此基础上正确适用法律，惩罚犯罪分子、保障无辜的人不受刑事追究。在刑事诉讼中要达到真理性的认识，就必须在对立双方的矛盾运动——控辩对抗的过程中求得实现。因此，赋予被指控人辩护权，创立刑事辩护制度就是对立统一规律的必然要求。

追究犯罪是一个复杂的过程，是控、辩相互斗争的过程。对立统一规律要求在刑事诉讼中控辩双方同时存在、相互斗争，在尊重事实和法律的基础上统一起来。控辩双方相互争辩有利于暴露案件中的疑点，有助于发现事实真相；审判者倾听控辩双方的意见，有利于克服偏见，形成正确裁决。此外，刑事辩护制度的设置将刑事诉讼中的矛盾制度化，从而有利于案件真相的发现，有利于冲突的妥善解决。对于一种诉讼制度来说，诉讼程序的参与者如果完全缺乏立场上的对立性和竞争性，就会使讨论变得钝滞，问题的不同方面无法充分反映，从而影响决定的全面性、正确性。刑事辩护制度的建立使得刑事诉讼中所要解决的问题能以对话、辩论的形式处理，容许控辩双方相互攻击，这使得社会矛盾有机会在浓缩的、受到控制的条件下显露出来，有助于使程序参与者对案件的认识在直接的碰撞砥砺中逐步升华，最后达到问题的解决。

(二) 刑事辩护制度的诉讼价值

价值通常是指客体能够满足主体某种需要的积极意义或有用性。事物的价值性体现出事物作为客体对主体的生存和发展的肯定关系或者否定关系。法律价值作为社会价值系统中的子系统，它是指"在人（主体）与法（客体）的关系中体现出来的法律的积极意义或有用性"。一般认为，秩序、自由、正义、效率等是法律制度的基本价值。刑事辩护制度是刑事诉讼制度的重要组成部分，它的价值是指这一制度在刑事诉讼中具有的功能和能够起到的作用。刑事辩护制度的诉讼价值问题是我们对刑事辩护制度进行理论研究时无法回避的问题。对刑事辩护制度价值的正确认识，有助于这一制度在立法上得到进一步的完善、在司法实践中得到正确有效的执行。尤其在我国，刑事辩护制度的建立和发展经历了曲折的历程，这与人们对刑事辩护制度的价值缺乏正确认识是分不开的。修改后的刑事辩护制度在执行过程中遇到了不少障碍和阻力，这与人们对刑事辩护制度的价值缺乏深刻了解也有着直接的关系。可见，对刑事辩护制度的价值问题进行全面、深入的探讨具有很强的现实意义。

1. 刑事辩护制度与实体正义的实现

刑事诉讼中所追求的实体正义包括案件事实真相的发现和对实体法的正确适用两方面的内容，其中发现真相是正确适用实体法的前提。

刑事辩护制度对于发现真实，实现实体正义发挥着积极作用。

（1）从收集证据的过程看，刑事辩护制度的作用表现在：①增强收集证据的全面性。尽管法律要求追诉机关对有利于和不利于被指控人的证据一并予以收集，但由于追诉机关在追诉中所扮演的角色和所承担的诉讼职能所决定，他更多的关注指控的成功，而偏向于对被指控人有罪证据的收集。被告方从防范的角度出发，可以自行收集一些对自己有用的证据，也可提供一定的线索，引起追诉机关对案件疑点的注意，补充收集有利于被指控人的证据。②保障收集证据真实性。在侦查、起诉阶段，辩护人介入诉讼，可对追诉机关收集证据的活动起到监督作用。如讯问犯罪嫌疑人时，律师在场，可防止追诉机关采用刑讯、引诱、欺骗等非法手段收集证据。保障犯罪嫌疑人供述的自愿性，而这种自愿性又在一定程度上保障了供述的真实性、可靠性。

（2）从法官审查判断证据过程看，刑事辩护制度的意义在于：①有利于提示客观真相。在庭审中，为了证明犯罪事实的存在及被告人的罪责，检察官提出和展现证据。同时被告人及其辩护人则提出反证，进行对质。在此过程中，随着证据逐渐增加，证据之间的关系也逐渐明朗，需要被弄清的事实本身也呈现出一种渐渐上升的清晰性与明确性。②有利于抑制法官的片面性和随意性。现代证据制度给法官自由地评价证据和认定事实的空间。法官在公开场合，直接听取控辩双方的辩论，有利于形成正确的内心确信。同时，控辩双方在法庭上对证据进行质疑、检验。这样，证据积累到何种状态，通过证据而形成的待证事实的明白性、清晰性达到了何种程度都可以为控辩双方了解和认识，从而大大增强了事实认定的透明度和公开性。这样，有利于防止法官的认识出现片面性和随意性而背离客观真实。

但是刑事辩护制度以维护被指控人的合法利益为立足点，被指控人及其辩护人在诉讼过程中的直接目标指向是获得有利于自己的裁判，他们感兴趣的往往是获胜而非揭示真实。美国哈佛大学教授艾伦·德肖微茨指出："'胜利'是大部分刑事诉讼的当事人的唯一目的，就像职业运动员一样。刑事被告还有他们的律师，当然不需要什么正义；他们要的是开释或尽可能短的刑期。"〔1〕因此，刑事辩护制度可能存在妨碍实体真实发现的消极作用。从侦查阶段看，追诉机关为了查清谁是犯罪嫌疑人及其主要犯罪事实，以便收集尽可能多的证据而被赋予较大自主权。如他们可以对犯罪嫌疑人采取强制措施，可以采取搜查、扣押等侦查手段。此时若辩护人介入并赋予其与侦查机关对等权利，就可能使侦查活动难以正常展开，使案件事实无法查清。再者，如果侦查人员讯问犯罪嫌疑人时，允许辩护人在场，会大大减轻犯罪嫌疑人的心理压力，不利于真正有罪的犯罪嫌疑人如实陈述案情。此外，犯罪嫌疑人还可能利用与辩护人之间的往来进行串通、销毁有关证据。

因此，被指控人的辩护权若过分扩张，则会构成追诉机关查明案件真相的一种障碍而影响对犯罪的有效追究。从审判阶段看，被告方辩护权的充分行使也并非只具有协助法官弄清案件真相的积极作用。艾伦·德肖微茨指出："被告辩护律师，特别是在为确实有罪的被告辩护时，他的工作就是用一切合法手段来隐瞒'全部事实'。对被告辩护律师来说，如果证据是用非法手段取得的，或该证据带有偏见，损害委托人的利益，那么他不仅应当反对而且必须反对法庭认可该证据，尽管该证据是完全真实的。"〔2〕在刑事审判中，被告为了胜诉可能重塑证据并使用辩护技巧来阻碍案件真相的揭露，从而使真正有罪的被告人逃脱法律制裁。

刑事诉讼的理想结果是在发现事实真相的基础上做到不枉不纵，使有罪者受到定罪和适当的处罚，使无辜者免受追究并尽快洗清嫌疑。刑事辩护制度就像一把双刃剑，从有利于被指控人的角度出发，它在发现有利于被指控人的事实真相，特别是确保有罪判决的可靠性，防止罪及无辜方面，有着积极作用。然而，对于揭露不利于被指控人的事实真相，打击犯罪而言，有时可能起到妨碍作用。

2. 刑事辩护制度与程序正义之实现

司法正义包括实体正义与程序正义。正如美国学者所言："司法正义——不管是社会主义，资本主义或是其他任何种类的，都不仅仅是目的，而且还是一种程序；为了使这一程序公正地实行，所有被指控犯罪的人都必须有为自己

〔1〕〔美〕艾伦·德肖微茨，《最好的辩护》，唐交东译，法律出版社1994年版，第5页。
〔2〕〔美〕艾伦·德肖微茨：《最好的辩护》，唐交东译，法律出版社1994年版，第8页。

辩护的权利。"[1]程序正义要求诉讼手段、诉讼方式具有正当性，诉讼参与人在诉讼过程中受到公平的对待。在刑事司法中，对于实现程序正义而言，刑事辩护制度是一项不可缺少的制度。它在实现程序正义中的作用突出表现为：

（1）有助于刑事诉讼中形成合理的诉讼结构。控、辩、审三种诉讼职能的分离，裁判者中立，控辩双方平等对抗，是现代刑事诉讼中的基本格局，也是刑事司法体现程序正义的重要方面。刑事辩护制度的建立，是诉讼过程中被告方与控诉方拥有平等地位的基础，也是审判者相对中立的重要条件。

（2）使被指控人能积极参与诉讼过程。被指控人是刑事诉讼的中心人物，如何对待被指控人是诉讼程序公正与否的重要标志。公正的诉讼程序应当确保被指控人的合法权益受到尊重，应尽可能阻止对受错误追诉的被指控人定罪。刑事辩护制度的建立使被指控人有机会反对控诉方的指控，并可对证据提出质疑并申诉自己一方的理由。被指控人对诉讼过程的积极参与，使其享有部分的程序控制权从而能够富有成效地影响诉讼结局，真正成为诉讼的主体，而非司法官吏任意摆布的被追诉者和处罚者。辩护制度是被指控人保护自己的合法权益的最重要的形式。

（3）是对国家权力的一种监督和制约。程序正义的核心内容是对被指控人的个人权利加以保护，而对于国家权力加以制约。控、审分离是国家权力的内部制衡，而刑事辩护制度则是对国家权力的外部制约。刑事辩护制度的存在意味着每个被指控人都可以向政府提出异议，决定一个被指控人是否应被认定有罪，是否应受到惩罚，政府必须提供证据，而被指控人应享有公平的辩护机会，这是程序正义的基本要求。

3. 刑事辩护制度与诉讼效率之提高

刑事辩护制度的设置对于提高诉讼效率而言有着积极和消极两方面的影响。从其积极影响看，被指控人辩护权的充分行使，可减少冤假错案发生，这样单位时间内完成的有用工作量就会提高。从其消极影响看，被指控人对辩护权的行使构成刑事追诉活动顺利进行的障碍。如警察讯问犯罪嫌疑人之前必须告知他有获得律师帮助的权利，在犯罪嫌疑人与律师联系之前，必须中止对犯罪嫌疑人的讯问。这在一定程度上会妨碍追诉机关对刑事犯罪的有效追究，从而影响办案的效率。一般来说，被指控人的辩护权若过分扩张将会从总体上妨碍诉讼效率的提高。在本质上，刑事司法是国家围绕追究、惩处犯罪者而展开的活动，整个诉讼进程贯穿着国家专门机关和犯罪者之间追究与反追究的斗

---

[1] ［美］艾伦·德肖微茨：《最好的辩护》，唐交东译，法律出版社1994年版，第483页。

争。如果过分强调平等对抗，真正的犯罪者必然会利用辩护权抵御法律追究，使本来维护被指控人正当权益的手段变成被指控人庇护罪行、逃避罪责的工具，追究机关也会因手脚受约束，权力有限而难以迅速查清案件真相、查获犯罪者。

学习情境

【实训项目】

高某（16 岁）因抢劫罪被公安机关抓获，在侦查期间，高某提出委托一名律师的请求，并且要求与律师会见。侦查人员答复说，公诉案件的犯罪嫌疑人只有在案件移送审查起诉之日起才能委托辩护人，侦查阶段不能委托律师。此案经公安机关侦查终结后，移送人民检察院审查起诉。人民检察院在收到移送审查起诉案件材料后的第 6 天，告知高某有权委托辩护人。高某说自己是未成年人，根据法律规定，应当由国家为他提供律师，因此要求人民检察院为他指定一名律师，人民检察院拒绝了高某的这一要求。后市人民检察院向市中级人民法院提起公诉。市人民法院在开庭前 10 天将起诉书副本送达高某，发现他还没有委托辩护人，于是指定该市一名承担法律援助义务的律师董某为高某辩护。在法庭开庭审理过程中，高某以董某对案情不熟，纯属应付为由，拒绝董某继续为其辩护。市中级人民法院劝说无效，同意高某在没有律师辩护的情况下接受审判，并作出了一审判决。

问：

（1）高某在侦查阶段是否有权委托律师并与律师会见？侦查人员的说法是否正确？

（2）人民检察院在审查起诉阶段是否有义务为高某指定辩护人？

（3）市中级人民法院在审判阶段为高某指定辩护律师，是否正确？

（4）高某在拒绝人民法院指定的律师为其辩护后，法院在高某没有律师的情况下进行审判是否合法？

思考与练习

1. 简述刑事辩护的概念和作用。

2. 辩护权的内容有哪些？

3. 简述刑事辩护的种类。

4. 简述辩护人的范围。

5. 试述辩护人的诉讼权利、义务。

6. 试述辩护人的地位和责任。

附：相关法条

《中华人民共和国刑事诉讼法》

第十一条 人民法院审判案件，除本法另有规定的以外，一律公开进行。被告人有权获得辩护，人民法院有义务保证被告人获得辩护。

第三十二条 犯罪嫌疑人、被告人除自己行使辩护权以外，还可以委托一至二人作为辩护人。下列的人可以被委托为辩护人：

（一）律师；

（二）人民团体或者犯罪嫌疑人、被告人所在单位推荐的人；

（三）犯罪嫌疑人、被告人的监护人、亲友。

正在被执行刑罚或者依法被剥夺、限制人身自由的人，不得担任辩护人。

第三十三条 犯罪嫌疑人自被侦查机关第一次讯问或者采取强制措施之日起，有权委托辩护人；在侦查期间，只能委托律师作为辩护人。被告人有权随时委托辩护人。

侦查机关在第一次讯问犯罪嫌疑人或者对犯罪嫌疑人采取强制措施的时候，应当告知犯罪嫌疑人有权委托辩护人。人民检察院自收到移送审查起诉的案件材料之日起三日以内，应当告知犯罪嫌疑人有权委托辩护人。人民法院自受理案件之日起三日以内，应当告知被告人有权委托辩护人。犯罪嫌疑人、被告人在押期间要求委托辩护人的，人民法院、人民检察院和公安机关应当及时转达其要求。

犯罪嫌疑人、被告人在押的，也可以由其监护人、近亲属代为委托辩护人。

辩护人接受犯罪嫌疑人、被告人委托后，应当及时告知办理案件的机关。

第三十四条 犯罪嫌疑人、被告人因经济困难或者其他原因没有委托辩护人的，本人及其近亲属可以向法律援助机构提出申请。对符合法律援助条件的，法律援助机构应当指派律师为其提供辩护。

犯罪嫌疑人、被告人是盲、聋、哑人，或者是尚未完全丧失辨认或者控制自己行为能力的精神病人，没有委托辩护人的，人民法院、人民检察院和公安机关应当通知法律援助机构指派律师为其提供辩护。

犯罪嫌疑人、被告人可能被判处无期徒刑、死刑，没有委托辩护人的，人民法院、人民检察院和公安机关应当通知法律援助机构指派律师为其提供辩护。

第三十五条　辩护人的责任是根据事实和法律，提出犯罪嫌疑人、被告人无罪、罪轻或者减轻、免除其刑事责任的材料和意见，维护犯罪嫌疑人、被告人的诉讼权利和其他合法权益。

第三十六条　辩护律师在侦查期间可以为犯罪嫌疑人提供法律帮助；代理申诉、控告；申请变更强制措施；向侦查机关了解犯罪嫌疑人涉嫌的罪名和案件有关情况，提出意见。

第三十七条　辩护律师可以同在押的犯罪嫌疑人、被告人会见和通信。其他辩护人经人民法院、人民检察院许可，也可以同在押的犯罪嫌疑人、被告人会见和通信。

辩护律师持律师执业证书、律师事务所证明和委托书或者法律援助公函要求会见在押的犯罪嫌疑人、被告人的，看守所应当及时安排会见，至迟不得超过四十八小时。

危害国家安全犯罪、恐怖活动犯罪、特别重大贿赂犯罪案件，在侦查期间辩护律师会见在押的犯罪嫌疑人，应当经侦查机关许可。上述案件，侦查机关应当事先通知看守所。

辩护律师会见在押的犯罪嫌疑人、被告人，可以了解案件有关情况，提供法律咨询等；自案件移送审查起诉之日起，可以向犯罪嫌疑人、被告人核实有关证据。辩护律师会见犯罪嫌疑人、被告人时不被监听。

辩护律师同被监视居住的犯罪嫌疑人、被告人会见、通信，适用第一款、第三款、第四款的规定。

第三十八条　辩护律师自人民检察院对案件审查起诉之日起，可以查阅、摘抄、复制本案的案卷材料。其他辩护人经人民法院、人民检察院许可，也可以查阅、摘抄、复制上述材料。

第三十九条　辩护人认为在侦查、审查起诉期间公安机关、人民检察院收集的证明犯罪嫌疑人、被告人无罪或者罪轻的证据材料未提交的，有权申请人民检察院、人民法院调取。

第四十条　辩护人收集的有关犯罪嫌疑人不在犯罪现场、未达到刑事责任年龄、属于依法不负刑事责任的精神病人的证据，应当及时告知公安机关、人民检察院。

第四十一条　辩护律师经证人或者其他有关单位和个人同意，可以向他们收集与本案有关的材料，也可以申请人民检察院、人民法院收集、调取证据，或者申请人民法院通知证人出庭作证。

辩护律师经人民检察院或者人民法院许可，并且经被害人或者其近亲属、被害人提供的证人同意，可以向他们收集与本案有关的材料。

第四十二条　辩护人或者其他任何人，不得帮助犯罪嫌疑人、被告人隐匿、毁灭、伪造证据或者串供，不得威胁、引诱证人作伪证以及进行其他干扰司法机关诉讼活动的行为。

违反前款规定的，应当依法追究法律责任，辩护人涉嫌犯罪的，应当由办理辩护人所承办案件的侦查机关以外的侦查机关办理。辩护人是律师的，应当及时通知其所在的律师事务所或者所属的律师协会。

第一百八十二条　人民法院决定开庭审判后，应当确定合议庭的组成人员，将人民检察院的起诉书副本至迟在开庭十日以前送达被告人及其辩护人。

在开庭以前，审判人员可以召集公诉人、当事人和辩护人、诉讼代理人，对回避、出庭证人名单、非法证据排除等与审判相关的问题，了解情况，听取意见。

人民法院确定开庭日期后，应当将开庭的时间、地点通知人民检察院，传唤当事人，通知辩护人、诉讼代理人、证人、鉴定人和翻译人员，传票和通知书至迟在开庭三日以前送达。公开审判的案件，应当在开庭三日以前先期公布案由、被告人姓名、开庭时间和地点。

上述活动情形应当写入笔录，由审判人员和书记员签名。

第一百八十六条　公诉人在法庭上宣读起诉书后，被告人、被害人可以就起诉书指控的犯罪进行陈述，公诉人可以讯问被告人。

被害人、附带民事诉讼的原告人和辩护人、诉讼代理人，经审判长许可，可以向被告人发问。

审判人员可以讯问被告人。

第一百八十七条　公诉人、当事人或者辩护人、诉讼代理人对证人证言有异议，且该证人证言对案件定罪量刑有重大影响，人民法院认为证人有必要出庭作证的，证人应当出庭作证。

人民警察就其执行职务时目击的犯罪情况作为证人出庭作证，适用前款规定。

公诉人、当事人或者辩护人、诉讼代理人对鉴定意见有异议，人民法院认为鉴定人有必要出庭的，鉴定人应当出庭作证。经人民法院通知，鉴定人拒不出庭作证的，鉴定意见不得作为定案的根据。

第一百八十九条　证人作证，审判人员应当告知他要如实地提供证言和有意作伪证或者隐匿罪证要负的法律责任。公诉人、当事人和辩护人、诉讼代理

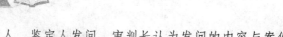

人经审判长许可，可以对证人、鉴定人发问。审判长认为发问的内容与案件无关的时候，应当制止。

审判人员可以询问证人、鉴定人。

第一百九十二条　法庭审理过程中，当事人和辩护人、诉讼代理人有权申请通知新的证人到庭，调取新的物证，申请重新鉴定或者勘验。

公诉人、当事人和辩护人、诉讼代理人可以申请法庭通知有专门知识的人出庭，就鉴定人作出的鉴定意见提出意见。

法庭对于上述申请，应当作出是否同意的决定。

第二款规定的有专门知识的人出庭，适用鉴定人的有关规定。

第一百九十三条　法庭审理过程中，对与定罪、量刑有关的事实、证据都应当进行调查、辩论。

经审判长许可，公诉人、当事人和辩护人、诉讼代理人可以对证据和案件情况发表意见并且可以互相辩论。

审判长在宣布辩论终结后，被告人有最后陈述的权利。

第一百九十六条　宣告判决，一律公开进行。

当庭宣告判决的，应当在五日以内将判决书送达当事人和提起公诉的人民检察院；定期宣告判决的，应当在宣告后立即将判决书送达当事人和提起公诉的人民检察院。判决书应当同时送达辩护人、诉讼代理人。

第二百一十二条　适用简易程序审理案件，经审判人员许可，被告人及其辩护人可以同公诉人、自诉人及其诉讼代理人互相辩论。

《中华人民共和国律师法》

第三十条　律师担任诉讼法律事务代理人或者非诉讼法律事务代理人的，应当在受委托的权限内，维护委托人的合法权益。

第三十二条　委托人可以拒绝已委托的律师为其继续辩护或者代理，同时可以另行委托律师担任辩护人或者代理人。

律师接受委托后，无正当理由的，不得拒绝辩护或者代理。但是，委托事项违法、委托人利用律师提供的服务从事违法活动或者委托人故意隐瞒与案件有关的重要事实的，律师有权拒绝辩护或者代理。

第三十六条　律师担任诉讼代理人或者辩护人的，其辩论或者辩护的权利依法受到保障。

第四十条　律师在执业活动中不得有下列行为：

（一）私自接受委托、收取费用，接受委托人的财物或者其他利益；

（二）利用提供法律服务的便利牟取当事人争议的权益；

（三）接受对方当事人的财物或者其他利益，与对方当事人或者第三人恶意串通，侵害委托人的权益；

（四）违反规定会见法官、检察官、仲裁员以及其他有关工作人员；

（五）向法官、检察官、仲裁员以及其他有关工作人员行贿，介绍贿赂或者指使、诱导当事人行贿，或者以其他不正当方式影响法官、检察官、仲裁员以及其他有关工作人员依法办理案件；

（六）故意提供虚假证据或者威胁、利诱他人提供虚假证据，妨碍对方当事人合法取得证据；

（七）煽动、教唆当事人采取扰乱公共秩序、危害公共安全等非法手段解决争议；

（八）扰乱法庭、仲裁庭秩序，干扰诉讼、仲裁活动的正常进行。

第二单元　侦查阶段的辩护

学习目标：
- 律师介入侦查程序的依据、重要性及其在侦查阶段的诉讼权利；
- 律师在侦查阶段的主要工作。

导入案例

2007年3月19日，张昂（男，31岁）因盗窃电动摩托车（价值4000元）被县公安局拘传。讯问过程中，张昂除承认盗窃两辆摩托车的事实外，还供认入室盗窃手提电脑一台（价值5000元）的犯罪事实，公安人员当即到犯罪嫌疑人家中查获了他所交代的赃物。经公安人员进一步讯问，发现张昂还有涉嫌故意伤害的犯罪事实。侦查人员根据现有犯罪事实，提请检察院批准逮捕后，将张昂羁押于看守所。张昂之妻接到张昂被逮捕的通知后，来到中勤律师事务所委托律师，中勤律师事务所指派王律师担任本案律师。

一、律师介入侦查程序

（一）侦查对犯罪嫌疑人的法律后果

《刑事诉讼法》第106条第1项规定："'侦查'是指公安机关、人民检察院在办理案件过程中，依照法律进行的专门调查工作和有关的强制性措施。"这一规定明确了侦查机关在刑事案件立案后、起诉前收集证据、查明案情，为是否提出起诉意见作准备，是刑事诉讼活动的一个重要阶段。

为了保障刑事诉讼顺利进行，犯罪嫌疑人一旦进入侦查机关立案阶段，就必须服从和服务于侦查机关的全面侦查工作，权利就必然受到限制甚至剥夺。一般来说，犯罪嫌疑人在侦查阶段受到影响的权利包括两个方面：人身权利和财产权利。

1. 人身权利

在刑事案件侦查中，为了保障有效地同犯罪行为作斗争，防止犯罪嫌疑人串供、隐匿、毁损或者伪造证据，防止犯罪嫌疑人继续危害社会，防止犯罪嫌疑人发生自杀、逃跑，及时揭露、证实犯罪，侦查机关有权采取强制措施，适时限制或者剥夺犯罪嫌疑人的人身自由。限制或者剥夺犯罪嫌疑人人身自由的措施有：

（1）拘传。拘传是指侦查机关对未被羁押的犯罪嫌疑人采取的，强制其在一定时间内到指定地点接受讯问的强制方法。在司法实践中，拘传适用的对象是未被羁押的犯罪嫌疑人，侦查机关通常采用拘传票的方式强制犯罪嫌疑人到指定地点接受讯问。其强制力仅仅限于通知犯罪嫌疑人接受拘传到讯问完毕这段时间，待讯问完毕后，强制性解除，拘传的效力自行消灭。每次拘传的时间不得超过 12 小时。

（2）取保候审。在侦查阶段，取保候审是指侦查机关责令犯罪嫌疑人提出保证人或者交纳保证金，保证犯罪嫌疑人随叫随到的一种强制方法。取保候审是限制而非剥夺犯罪嫌疑人的人身自由，其功能在于保证犯罪嫌疑人不逃避或者不妨碍侦查，并保证随传随到。当犯罪嫌疑人通过提供保证人的方式取保候审时，侦查机关应对保证人的条件进行严格审查，如果采取交纳保证金的方式，应当告知犯罪嫌疑人保证金的数额以及缴纳的时间、地点和方法。对同一犯罪嫌疑人采用取保候审，不得同时使用既缴纳保证金又提供保证人的方法，两者只能是选择关系。对流窜作案、犯罪集团的主犯、惯犯、累犯等可能继续危害社会的犯罪嫌疑人不得适用取保候审。取保候审的期限最长不得超过 12 个月。

（3）监视居住。在侦查阶段，监视居住是指侦查机关对犯罪嫌疑人采取的，命令其不得离开法定或者指定的区域，并对其活动予以监视和控制的强制方法。监视居住不是羁押犯罪嫌疑人，其并没有失去人身自由，应当给予被监视居住人一个生活、工作和学习的空间。对于符合监视居住条件的犯罪嫌疑人可以采取监视居住。另外，对于符合取保候审条件的犯罪嫌疑人，如果不能提出保证人，也不缴纳保证金的，也可以监视居住。监视居住的最长期限不得超过 6 个月。

（4）拘留。拘留是指侦查机关在紧急情况下，对现行犯或者重大嫌疑分子采取的短期剥夺其人身自由的强制方法。侦查机关处在同犯罪作斗争的第一线，经常遇到紧急情况需要及时剥夺现行犯或重大嫌疑分子的人身自由，因此，刑事诉讼法赋予侦查机关拘留犯罪嫌疑人的权利，便于他们处置工作中遇到的突发事件与紧急情况。拘留后，应当立即将被拘留人送看守所羁押，至迟不得超过 24 小时，公安机关对于被拘留的人，应当在拘留后的 24 小时以内进行讯问。鉴于拘留是在紧急情况下采取的强制措施，待紧急情况消除后，就应依法变更这种强制措施。拘留犯罪嫌疑人的期限较短，一般为 10 天，最长不超过 37 天。

（5）逮捕。侦查阶段的逮捕是指由检察院批准或者决定，由公安机关执行，依法剥夺犯罪嫌疑人人身自由的强制手段。逮捕是通过对犯罪嫌疑人予以关押的方式完全剥夺其人身自由。由于逮捕是一种最严厉的强制措施，而且羁押期限较长，侦查机关在使用逮捕这一强制措施时要严格把握其适用条件。

（6）人身检查。人身检查是指侦查机关为了确定被害人、犯罪嫌疑人的某些特征、伤害情况或生理状态，依法对其身体进行的检查。进行人身检查，必须由侦查人员进行，必要时邀请法医或者医师参加。如果犯罪嫌疑人拒绝检查，侦查人员认为必要时可以强制检查，检查妇女的身体，应当由女工作人员或者医师进行。

2. 财产权利

在刑事诉讼中，侦查机关根据业务需要，可以依照法律有关规定，采取有效的方法和手段制约犯罪嫌疑人的财产权利。常用的手段有：

（1）查封、扣押。查封、扣押是指侦查机关在侦查活动中，依法强行封存或者扣留犯罪嫌疑人所持有的与案件有关的财物的行为。查封、扣押是侦查人员保全诉讼证据的有效方式。对于可以用以证明犯罪嫌疑人有罪或者无罪的各种财物，应当予以查封、扣押，与案件无关的财物，不得查封、扣押。

（2）搜查。搜查是侦查人员为了搜集证据、查获犯罪而对犯罪嫌疑人以及可能隐藏罪犯或者犯罪证据的身体、财物、住处和其他有关的场所进行搜索检查的一种侦查活动。搜查是侦查机关同犯罪嫌疑人作斗争的重要手段，对收集犯罪证据，查获犯罪嫌疑人，防止犯罪嫌疑人转移、毁灭或者伪造证据有重要的意义。

搜查只能由侦查人员进行，必须向被搜查人出示搜查证。

（二）律师介入侦查程序的重要性

侦查程序是刑事诉讼的起始阶段，是刑事诉讼的重要环节。在侦查阶段，侦查机关及其工作人员的主要任务就是收集证据，查明案情，查获犯罪嫌疑人，预防和减少犯罪。侦查任务完成的程度直接影响着公诉和审判的质量，对于准确、及时地实现国家刑罚权，保障无辜的人不受追究都具有重大意义。在侦查阶段，当犯罪嫌疑人人身权利受到限制时，法律援助显得尤为重要，因此，辩护律师介入侦查程序，具有十分重要的意义，具体体现在以下三个方面：

（1）辩护律师介入侦查程序，可以更加熟悉案情，为辩护作充分的准备。辩护律师从接受委托开始，经过会见、查阅卷宗材料、调查核实有关证据，掌握案情，提出辩护意见，需要大量的准备工作。律师只有提前介入刑事诉讼活动中，才能保证有充足的时间和机会会见犯罪嫌疑人，调查取证，了解案情。第十一届全国人民代表大会第五次会议通过《刑事诉讼法》修正案之前，辩护人只能在人民检察院审查起诉之日起才能介入。辩护人仓促介入刑事诉讼弊端较多，主要表现为：①使侦查、起诉阶段的犯罪嫌疑人或者被告人的辩护权不同程度的流于形式；②辩护人在审查起诉阶段才参加诉讼，不利于反映犯罪嫌疑人的自我辩护意见和证据，影响案件的公正审理；③鉴于原《刑事诉讼法》规定法院开庭 7 日前将起诉书副本送达被告人，告之其有权委托辩护人，或为其指定辩护人，而且对适用速审审判程序的被告人，还不受 7 天时间的限制，导致辩护律师没有充足的时间进行辩护前的准备工作，缺乏足够的时间会见当事人、查阅案卷材料和了解案情，更不可能有充足的时间调查取证和研究案情，因此，也就不能最大限度地为当事人提供法律服务。导致律师因缺乏对案件的充分了解和缺乏相应的证据而使辩护程序流于形式。

现行《刑事诉讼法》规定了犯罪嫌疑人在侦查阶段就有聘请律师的权利，律师可以提前介入，为犯罪嫌疑人提供必要的法律援助。这样就能保证律师有充足的时间了解案情，调查收集证据，会见案件当事人，使律师能够切实履行好辩护职责，为审查起诉和审判阶段提供高质量的辩护打下坚实的基础。

（2）扩大了律师在刑事辩护案件中的执业时间和空间，规范了律师与侦查机关的制约关系。律师在侦查阶段介入刑事诉讼，使律师在刑事诉讼中的地位大大提高，同时规范了律师与侦查机关的工作关系。具体体现在：①律师有权在侦查阶段介入，为犯罪嫌疑人提供法律帮助，代理申诉、控告、取保候审以及了解涉嫌的罪名和其他与案件有关的情况；作为侦查机关有义务保障律师依法执业，并有义务提供相应的便利条件。会见不涉及国家秘密案件的犯罪嫌疑人不需要经过侦查机关批准，侦查机关应当在法律规定的时间内安排会见。如果侦查机关有侵犯律师执业权利或其他合法权益的情形发生，律师有权向有关机关反映或控告。律师会见犯罪嫌疑人或代为申请取保候审没有被批准的，可以再次向侦查机关提出申请，侦查机关应当在法定时间内作出批准或不批准的决定；②律师会见犯罪嫌疑人的时间、地点由侦查机关确定且必须履行法定的手续。律师应当遵守监管场所的规定，保守案件秘密。对于涉及国家秘密的案件，律师会见犯罪嫌疑人必须获得侦查机关的批准，并且要严格遵守会见的有关法律规定，在场办案人员有权进行劝阻或暂停会见，并将有关情况通知律师管理部门。

（3）《刑事诉讼法》保障犯罪嫌疑人、被告人在刑事诉讼各个阶段都具有知情权、辩护权、人格尊严和人身安全等合法权益，但犯罪嫌疑人一般缺乏必要的法律知识，且在案件侦查过程中被采取强制措施，对案件侦查中所享有的诉讼权利大多不了解，对于犯罪性质、犯罪成立要件以及可能判处的刑罚甚至一无所知，难以行使自我辩护权以及申诉和控告权。因此，为维护犯罪嫌疑人的合法权益，保障犯罪嫌疑人在侦查阶段充分享受法律赋予的权利，律师在侦查阶段介入诉讼程序，以帮助犯罪嫌疑人依法行使自己的合法权益。

（三）律师介入侦查程序的依据

律师介入刑事诉讼的时间，各国的法律规定不尽相同，但一般都是在侦查阶段便可参加诉讼，如英、美、法、日、德等国的刑事诉讼法都规定，律师可以参与刑事诉讼的全过程。在我国，根据1979年《刑事诉讼法》规定，律师在人民法院确定开庭后，经被告人委托或由人民法院指定为辩护人后，才介入诉讼为被告人辩护。1996年3月第八届全国人大第四次会议对我国刑事诉讼法作了重大修改，将律师介入刑事诉讼的时间提前到侦查阶段。犯罪嫌疑人在被侦查机关第一次讯问后或者采取强制措施之日起，可以聘请律师为其提供法律咨询，代理申诉、控告。2012年3月14日第十一届全国人民代表大会第五次会议审议通过《刑事诉讼法》修正案，规定了犯罪嫌疑人在被侦查机关第一次讯问后或者采取强制措施之日起，有权委托律师作为辩护人，辩护律师在侦查期间可以为犯罪嫌疑人提供法律帮助，代理申诉、控告，可以向侦查机关了解犯罪嫌疑人涉嫌的罪名和案件有关的情况。犯罪嫌疑人被逮捕的，辩护律师可以为其申请取保候审。可以会见在押的犯罪嫌疑人，向犯罪嫌疑人了解与案件有关的情况。这就从法律上确认了辩护律师有权在侦查阶段介入刑事诉讼程序，并为犯罪嫌疑人提供法律帮助，标志着我国刑事辩护制度的发展有了实质性突破。1996年5月15日第八届全国人大第十九次会议通过的《律师法》规定，律师的业务之一就是接受刑事案件犯罪嫌疑人的聘请，为其提供法律咨询，代理申诉、控告或者申请取保候审。1998年5月14日公安部第35号令公布了《公安机关办理刑事案件程序规定》，以专章的形式规定了律师参与刑事诉讼，明确规定公安机关应当依法保障律师的执业活动，保障律师在侦查阶段依法从事下列业务：①向公安机关了解犯罪嫌疑人涉嫌的罪名；②会见犯罪嫌疑人，向其了解有关案件的情况；③为犯罪嫌疑人提供法律咨询，代理申诉、控告；④为被逮捕的犯罪嫌疑人申请取保候审。

为了进一步明确律师在刑事侦查阶段的操作程序，2000年2月中华全国律师协会修定的《律师办理刑事案件规范》，规定了律师在侦查阶段为犯罪嫌疑人提供法律帮助的步骤和工作范围，使律师的工作更具有可操作性。

（四）律师在侦查阶段的诉讼权利

权利是进行一切诉讼活动的前提。根据《刑事诉讼法》的有关规定，律师在侦查阶段享有相应的诉讼权利。

1. 罪名了解权

罪名是犯罪的名称，是对犯罪本质特征或主要特征的高度概括，正确规定和使用罪名，对于准确区分罪与非罪、此罪与彼罪的界限，具有重要意义。在司法实践中，侦查机关收集犯罪嫌疑人有罪证据或者罪重的证据，总是围绕犯罪嫌疑人涉嫌罪名开展侦查工作，只要存在犯罪嫌疑人，就必然存在其涉嫌罪名。

2. 会见通信权

在侦查阶段，除了危害国家安全犯罪案件、恐怖活动犯罪案件、重大贿赂犯罪的共同犯罪案件秘密的案件，辩护律师会见犯罪嫌疑人时，应当经侦查机关许可，在其他情况下，律师提出会见犯罪嫌疑人的，看守所应当及时安排会见，至迟不得超过48小时，并且规定了辩护律师会见犯罪嫌疑人时不被监听。与犯罪嫌疑人会见，是律师在侦查程序中享有的最基本、最重要的权利，才能更好履行提供法律帮助、代理申诉、控告等法定职责。会见犯罪嫌疑人是辩护律师介入刑事辩护的实质性开始，是履行辩护职责的关键。

3. 有关案情了解权

案件情况包括案件本身的情况和案件侦查情况。案件本身情况是指案件发生的时间、地点、起因、经过、结果及案件发生的方式、手段等客观情况。案件侦查程序情况是指犯罪嫌疑人何时被采取强制措施及在侦查过程中合法权益保障情况。即哪些情况与案件有关，哪些情况与案件无关，凡是辩护律师认为与案件有关的情况都有权利向犯罪嫌疑人了解。

4. 提供法律咨询权

提供法律咨询权是指律师在会见犯罪嫌疑人时，有权就犯罪嫌疑人提出的法律事务的咨询做出解答和说明。提供法律咨询既可以在会见时当场提供，也可以在必要时出具意见书。

5. 代理申诉、控告权

犯罪嫌疑人有权向有关机关申辩，有权对侦查机关或侦查机关工作人员的违法侵权行为进行控告。律师对此有权代理。

6. 取保候审申请权

对在押的犯罪嫌疑人，符合取保候审条件的，律师可以以自己的名义向侦查机关申请取保候审。但犯罪嫌疑人应缴纳一定数量的保证金或提出保证人。

7. 解除强制措施申请权

当侦查机关对犯罪嫌疑人采取的强制措施超过法定期限时，律师可以以自己的名义向侦查机关提出申请，要求解除对犯罪嫌疑人的强制措施。

（五）侦查阶段律师介入刑事诉讼的程序及应注意的问题

1. 侦查阶段律师介入刑事诉讼的程序

犯罪嫌疑人可以自己委托辩护律师，也可以由其法定代理人或者近亲属代为委托，辩护人接受委托后，应当及时告知办理案件的司法机关。对于犯罪嫌疑人因经济困难、犯罪嫌疑人是盲聋哑人、犯罪嫌疑人可能被判处无期徒刑、死刑而没有委托辩护人的，本人及其近亲属可以向法律援助机构提出申请，对于符合法律援助条件的，法律援助机构应当指派律师为其提供辩护。犯罪嫌疑人委托辩护律师的请求可以书面提出，也可以口头提出。口头提出的，侦查机关应当制作笔录，由犯罪嫌疑人签名、按指印。在押的犯罪嫌疑人委托辩护律师的，看守所应当及时将其请求转达办理案件的侦查机关，侦查机关应当及时向其所委托的人员或者受托人员所在的律师事务所转达该项委托意向，由律师接受委托或者律师事务所指派律师接受委托。

2. 侦查阶段律师介入刑事诉讼应注意的问题

在侦查阶段，律师为犯罪嫌疑人提供法律帮助，应当注意以下问题：辩护律师会见在押的犯罪嫌疑人，应当携带律师执业证书、律师事务所证明和委托书或者法律援助公函。律师会见犯罪嫌疑人时，应当征询其是否同意本人担当本案辩护律师。如果表示同意，应让其在授权委托书上签字确认，如不同意，应记录在案并让其签字确认。律师会见犯罪嫌疑人，应当遵守羁押场所依法作出的有关规定，不得为犯罪嫌疑人传递物品、信函，不得将通信工具借其使用，不得进行其他违反法律规定的活动。律师会见完毕后，应与羁押场所办理犯罪嫌疑人交接手续。律师会见犯罪嫌疑人应制作会见笔录，并交犯罪嫌疑人确认内容无误后，由犯罪嫌疑人在笔录上签名。律师会见犯罪嫌疑人，可以进行录音、录像、拍照等，但事前应征得犯罪嫌疑人同意。律师可根据案件情况和需要，决定会见犯罪嫌疑人的时间和次数。律师会见犯罪嫌疑人不受外界非法干涉。律师会见在押的犯罪嫌疑人需要聘请翻译人员的，应当经侦查机关准许。

二、律师在侦查阶段的主要工作

（一）接受委托

辩护律师在侦查阶段介入刑事诉讼，为犯罪嫌疑人提供法律帮助，代理申诉、控告，申请取保候审，应当先行与犯罪嫌疑人建立委托关系，履行相应的法律手续。一般来讲，犯罪嫌疑人聘请律师可以采用三种方式：①尚未被羁押的犯罪嫌疑人自己与律师办理委托手续。②由在押犯罪嫌疑人指定的人与律师办理委托手续。③未成年人或者盲、聋、哑人的法定代理人或者近亲属与律师办理委托协议。第②、③种情况下，律师在第一次会见犯罪嫌疑人时应征求其意见，如果同意就让其在委托书上补充签名，以最终确定委托关系。

与犯罪嫌疑人建立委托关系应履行的法律手续包括两方面：①签订委托协议。委托协议是律师事务所与委托人共同签订的，确立委托关系的书面法律文书，是律师参与刑事诉讼活动的合法有效证件，是律师维护犯罪嫌疑人合法权益的依据；②授权委托书。授权委托书是委托人签署的，授权律师在刑事诉讼活动中代为履行职责的法律文书，是律师在刑事诉讼过程中从事职能活动的依据。授权委托书一式两份，一份交侦查机关，一份由案件承办律师存档。为犯罪嫌疑人提供法律帮助的委托协议和授权委托书具体格式如下：

刑事案件法律帮助、辩护委托合同

（　　）×刑字第　　　号

甲方：

乙方：××××律师事务所

甲方因_____涉嫌_____一案，根据《中华人民共和国刑事诉讼法》和《中华人民共和国律师法》等有关法律的规定，聘请乙方律师提供法律帮助、辩护或代理。

甲、乙双方本着诚实信用原则，经充分协商，订立本合同，共同信守。

第一条　委托事项

乙方接受甲方委托，委派律师在_____涉嫌_____一案中，在_____阶段（侦查和审查起诉、一审、二审、申诉），为_____（犯罪嫌疑人、被告人、被害人、自诉人）提供_____（法律帮助、辩护或代理）。

第二条　乙方的义务

1. 乙方律师接受犯罪嫌疑人或被告人一方的委托后，应根据案件的进展情况，在不同阶段根据法律规定以及办案机关的安排，分别完成以下工作（因乙方律师所不能控制的原因无法完成或无法及时完成的除外）：

（1）侦查阶段

① 向侦查机关了解犯罪嫌疑人涉嫌的罪名；

② 会见在押的犯罪嫌疑人，向犯罪嫌疑人了解有关案件情况；

③ 为犯罪嫌疑人提供法律帮助、代理申诉、控告；

④ 犯罪嫌疑人被逮捕的，如符合《中华人民共和国刑事诉讼法》第65条或第79条第2款之规定，可以为其申请取保候审。

（2）审查起诉阶段

① 查阅、了解本案的诉讼文书、技术性鉴定材料；

② 会见在押的犯罪嫌疑人；

③ 如果犯罪嫌疑人有《中华人民共和国刑事诉讼法》第15条规定的情形的，应当在人民检察院听取意见时，向人民检察院反映意见。

（3）一审或二审阶段

① 查阅、了解人民检察院向人民法院移送的主要证据复印件和相关材料；

② 会见被告人，了解其本人对指控的意见以及对案情的叙述；

③ 按时出庭，依法为被告人进行辩护；如二审不开庭审理的，应当按时提交书面辩护意见；

④ 按照《中华人民共和国刑事诉讼法》第41条的规定收集、调取证据。

（4）申诉阶段

① 查阅终审人民法院的卷宗，了解案件有关情况；

② 代为提出申诉。

2. 律师接受被害人或自诉人一方的委托后，应及时按照《中华人民共和国刑事诉讼法》和《中华人民共和国律师法》的有关规定完成工作。

3. 乙方委派＿＿＿＿＿律师提供法律帮助、辩护或代理，甲方同意上述律师可以指派其他业务助理配合完成辅助工作，但乙方更换律师应取得甲方认可。

4. 乙方律师应当恪守执业纪律，勤勉、尽责地完成本合同第一条所列委托事项，尽最大努力维护当事人的合法权益。

第三条　甲方的义务

1. 甲方应当真实、详尽和及时地向乙方律师叙述案情，提供与委托事项有关的证据、文件及其他事实材料。

2. 甲方应当积极、主动地配合乙方律师的工作，对乙方律师提出的要求应当明确、合理。

3. 甲方应当按时、足额向乙方支付本合同第四条约定的律师费和工作费用。

4. 甲方指定＿＿＿＿＿为乙方律师的联系人，负责转达甲方的要求，提供文件和资料等。甲方更换联系人应当通知乙方律师。

第四条　费用

根据本案的具体情况和复杂程度，经双方充分协商，甲方同意按下列约定向乙方支付律师费和工作费用：

1. 律师费：人民币（大写）＿＿＿＿＿＿＿＿＿＿＿。

2. 办案所需的交通、通讯、误餐等工作费用按以下第＿＿＿＿项收取：

（1）本市案件每阶段包干收取人民币2000元整，不再多退少补。去外地出差费用实报实销。

（2）外地案件差旅费实报实销。另收异地办案工作费用每阶段每位律师1000元整。

3. 办案所需其他工作费用（包括但不限于仲裁费、诉讼费、评估费、审计费、翻译费、查询费、复印费、鉴定费、公证费、公告费、税费、工本费以及代理律师代为支付的其他费用）实报实销。

4. 以上费用于本合同签订之日一次性付清。

第五条　合同的变更和解除

1. 甲、乙双方经协商同意，可以变更或者解除本合同。

2. 乙方有下列情形之一的，甲方有权解除合同：

（1）未经甲方同意，擅自更换律师的；

（2）因乙方律师违法执业或重大过错给甲方造成损失的；

（3）乙方有其他严重违约行为，给甲方造成损失的。

3. 甲方有下列情形之一的，乙方有权解除合同，依约所收费用不予退还：

（1）甲方的要求违反法律、法规或违反律师职业道德和执业规范，或者甲方有捏造事实、伪造证据或者隐瞒重要情节等情形的；

（2）甲方逾期 10 日仍不向乙方足额支付律师费或者工作费用的；

（3）甲方有其他严重违约行为，导致乙方律师无法正常履行职责的。

第六条　违约责任

乙方无正当理由不提供第 1 条约定的法律服务或者违反第 2 条约定的义务，甲方有权要求乙方退还部分或者全部已付的律师费。

因乙方律师违法执业或重大过错导致甲方蒙受损失，乙方应当向甲方承担赔偿责任。

甲方无正当理由不支付代理费或者工作费用，或者无故终止合同，乙方有权要求甲方支付未付的代理费和工作费用。

甲方不得以如下非正当理由要求乙方退费：

1. 甲方单方面又委托其他律师事务所的律师的；

2. 本合同签订后，甲方以乙方收费过高为由要求退费的；

3. 在自诉案件中，甲方或对方当事人不起诉或撤诉的；

4. 其他非因乙方或者乙方律师的过错，甲方无故终止合同的。

第七条　争议的解决

甲乙双方如果发生争议，应当友好协商解决。协商不成，应将争议提交昆明仲裁委员会进行仲裁。仲裁裁决是终局的，对甲乙双方均有约束力。

第八条　合同有效期

本合同一式三份，甲方执一份，乙方执两份。有效期自双方代表人签字或盖章之日起，至本合同委托阶段结束（侦查机关撤销案件或自诉人撤回诉讼、自诉人与被告人达成和解、人民检察院做出不起诉决定或撤回抗诉、上诉人撤回上诉、法院作出判决、裁定以及其他诉讼终止、终结的情况）之日止。

第九条　特别约定

乙方对甲方交纳的任何费用（实报实销的费用除外），均应写进委托合同，同时开具正式发票。甲方向乙方交纳的费用（包括咨询费、代理费、辩护费、顾问费、交通办案费等）均应直接交给乙方财务人员或直接汇至乙方银行账户，乙方只对开具正式发票的费用认可。凡交给律师个人任何费用没有得到乙方正式发票的（实报实销的除外），甲方不但有权索回，并应向乙方反映或要求乙方更换承办律师。

本条所指实报实销费用是指承办律师外出的差旅费及为当事人垫付的翻译费、查询费、复印费、鉴定费、公证费、仲裁费、诉讼费，本所不开具发票，由承办律师直接到当事人处报销。

甲方：　　　　　　　　　　　　　乙方：××××律师事务所

代表人：　　　　　　　　　　　　代表人：

签订日期：_____年_____月_____日

授　权　委　托　书

委托人：_____。

受委托人：_____，_____律师事务所律师，联系电话：_____。

委托人因犯罪嫌疑人或被告人_____一案，特委托上述受委托人担任犯罪嫌疑人或被告人_____在_____阶段的律师或辩护人。

委托书有效期自双方签订之日起至_____止。

委托人：

年　月　日

（二）与侦查机关联系

律师接受为犯罪嫌疑人提供辩护的委托后，应当及时与侦查机关联系，向侦查机关提交《律师执业证书》、《律师事务所函》、《委托书》或者《法律援助公函》等法律文书，尽快取得侦查机关对律师依法履行职责的支持。看守所确认受委托律师的身份依法成立后，律师便有权向侦查机关了解犯罪嫌疑人涉嫌的罪名和案件有关情况。律师向侦查机关了解犯罪嫌疑人涉嫌的罪名时应提交律师事务所函，其格式如下：

律师事务所函

〔　　〕第　　号

_____人民法院：

本所接受_____的委托，指派_____律师，担任_____

_____一案的_____的辩护人。

特此函告

律师事务所（章）

年　月　日

律师与侦查机关工作人员接洽时，应及时向其提出会见犯罪嫌疑人的要求，为此，律师应向侦查机关提交会见犯罪嫌疑人的函，格式如下：

律师会见犯罪嫌疑人的函

〔　　〕第　　号

_____：

根据《中华人民共和国刑事诉讼法》第37条、《中华人民共和国律师法》第30条的规定，我所_____律师，拟前往_____（羁押场所名称）会见_____一案的犯罪嫌疑人_____。

会见时间：　年　月　日　时。请安排。

特此函告

××律师事务所（章）

年　月　日

律师提出会见犯罪嫌疑人的要求后，看守所应当及时安排，至迟不得超过48小时。对于危害国家安全犯罪案件、恐怖活动犯罪案件、重大贿赂犯罪的共同犯罪案件，辩护律师在侦查期间要求会见犯罪嫌疑人的，应当经侦查机关许可后通知看守所方能会见。此时辩护律师要求会见，除提供上述材料外，还应该向侦查机关提交会见犯罪嫌疑人申请表，格式如下：

会见犯罪嫌疑人申请书

申请人：_____律师事务所_____律师。

通信地址或联系方法：_____

申请事项：会见在押犯罪嫌疑人_____。

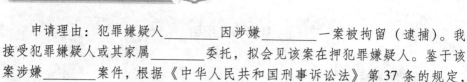

申请理由：犯罪嫌疑人_____因涉嫌_____一案被拘留（逮捕）。我接受犯罪嫌疑人或其家属_____委托，拟会见该案在押犯罪嫌疑人。鉴于该案涉嫌_____案件，根据《中华人民共和国刑事诉讼法》第37条的规定，提出会见申请，请予以批准。

此致

_____

申请人：

_____律师事务所

年　月　日

侦查机关批准会见的，应当向律师出具批准会见犯罪嫌疑人决定书，并事先通知看守所安排会见；侦查机关不批准会见的，应当向律师出具不批准会见犯罪嫌疑人决定书，并说明理由，同时在合适的时间内再安排律师会见。

（三）会见犯罪嫌疑人

会见犯罪嫌疑人是指律师与被侦查机关追诉且被羁押的犯罪嫌疑人见面，律师为犯罪嫌疑人提供法律帮助，代理申诉、控告等的谈话过程，是律师为犯罪嫌疑人进行法律帮助的主要途径。律师会见犯罪嫌疑人具体可分为三种情形：①会见未采取强制措施的犯罪嫌疑人，不需要经过任何机关的批准，更不用通知任何机关。会见可以在其住所进行，也可以在单位、律师事务所进行。会见时单独进行，任何人不得强行在场。犯罪嫌疑人是未成年人或盲、聋、哑人的，会见时其法定代理人或近亲属可以在场。②会见被监视居住的犯罪嫌疑人，不需要经过批准。③会见在押的犯罪嫌疑人，看守所应当及时安排，对于上述提到的危害国家安全犯罪案件、恐怖活动犯罪案件、重大贿赂犯罪的共同犯罪案件的会见，应当经侦查机关许可。

律师会见犯罪嫌疑人时，应做好以下工作：

1. 会见应携带的文件和证件

律师前往看守所会见在押犯罪嫌疑人，应携带以下文件和证件：

（1）委托人签署的授权委托书；

（2）律师会见在押犯罪嫌疑人的专用介绍信；

（3）律师本人的律师执业证；

（4）对于涉嫌危害国家安全犯罪案件、恐怖活动犯罪案件、重大贿赂犯罪的共同犯罪案件，还必须持有侦查机关批准会见犯罪嫌疑人决定书；

（5）如果犯罪嫌疑人是外籍人士或少数民族，会见需要翻译陪同，还应该持有侦查机关准许翻译人员参加会见的书面文字。

2. 会见犯罪嫌疑人的工作内容

（1）向犯罪嫌疑人介绍自己，并出示相关证件；如果律师是受犯罪嫌疑人的法定代理人或者近亲属委托的，此时还应有犯罪嫌疑人在授权委托书上补充签字，以最终确认授权委托书。

（2）向犯罪嫌疑人了解与案件有关的情况。主要是：犯罪嫌疑人的自然情况；是否参与以及怎样参与所涉嫌的案件；如果承认有罪，陈述涉及定罪量刑的主要实施和细节；如果认为无罪，陈述无罪的辩解；被采取强制措施的法律手续是否完备，程序是否合法；被采取强制措施后，其人身权利及诉讼权利是否受到侵犯；其他需要了解的情况。

（3）向犯罪嫌疑人说明律师接受委托后的工作范围及职责。在会见中律师要遵守法律法规、律师职业纪律和职业道德以及看守场所的有关规定，不得为犯罪嫌疑人传递物品、信函，不得将通讯工具借给其使用，不得进行其他违反法律规定的活动。律师有权根据案件需要决定会见在押犯罪嫌疑人的时间、次数，以便辩护律师真正介入侦查程序，为犯罪嫌疑人提供法律帮助。

3. 制作会见笔录

律师会见犯罪嫌疑人应制作会见笔录，详细记载谈话内容，既可以作为会见犯罪嫌疑人的记录凭证，也为下一阶段的工作打牢基础。会见犯罪嫌疑人笔录的一般格式：

会见犯罪嫌疑人笔录

时间：_____年_____月_____日_____时_____分至_____时_____分

地点：_____

会见人：_____律师事务所_____律师

记录人：_____律师事务所_____律师

被会见人：_____

涉嫌罪名：_____　　　第几次会见_____

会见时侦查人员是否在场：_____（姓名）

笔录内容：_____

_____

_____

_____。

被会见人：　　　　　（签名）

年　月　日

（四）为犯罪嫌疑人提供法律帮助

提供法律帮助是指在法律规定的范围内，辩护律师提供有助于或者有利于犯罪嫌疑人的各项活动。帮助犯罪嫌疑人了解与案件和与其自身合法权益有关的法律规定，解释有关法律精神，为犯罪嫌疑人解疑答惑，提供帮助。由于犯罪嫌疑人通常都不了解法律，更难以运用法律保护自己的合法权益。因此，为犯罪嫌疑人提供法律帮助是律师介入刑事诉讼的中心工作。提供法律帮助不仅限于犯罪嫌疑人提出的法律问题，对与犯罪嫌疑人有关的法律问题，不论其是否向律师提出，律师都有责任提供帮助，如对犯罪嫌疑人进行法制教育，教育犯罪嫌疑人如实供述，让其了解有关法律责任，告知其应有的诉讼权利等，是保障犯罪嫌疑人知情权的体现。

律师会见犯罪嫌疑人为其提供法律帮助，主要包括以下内容：

（1）有关强制措施的条件、期限、适用程序的法律规定；

（2）有关办案人员回避的规定；

（3）犯罪嫌疑人有如实回答侦查人员提问的义务，对与案件无关的问题，有拒绝回答的权利；

（4）犯罪嫌疑人享有辩护权；

（5）犯罪嫌疑人享有申诉、控告权；

（6）犯罪嫌疑人有要求自行书写供述的权利，对侦查人员制作的讯问笔录有核对、补充、改正的权利以及确认笔录后才签名的权利；

（7）侦查机关应当将用作证据的鉴定结论告知犯罪嫌疑人，犯罪嫌疑人享有申请补充鉴定或者重新鉴定的权利；

（8）刑法关于犯罪嫌疑人所涉嫌罪名的有关规定；

（9）刑法关于自首、立功以及其他相关规定；

（10）刑事案件有关管辖的相关规定；

（11）其他有关法律规定。

在会见犯罪嫌疑人时，律师提供的法律帮助并非面面俱到，应根据犯罪嫌疑人的实际需要提供相应的法律帮助。

（五）为犯罪嫌疑人申请取保候审

在案件侦查阶段，只要犯罪嫌疑人在押，无论是犯罪嫌疑人家属与律师商谈委托事宜，还是律师会见犯罪嫌疑人时，一般会提出希望律师为犯罪嫌疑人申请取保候审的请求，同时出于律师职业的要求，会把为犯罪嫌疑人争取取保候审作为自己的重要工作。

1. 申请取保候审的概念

侦查阶段的取保候审，是指侦查机关责令犯罪嫌疑人提供保证人或者缴纳保证金，将其从羁押场所暂时释放，使犯罪嫌疑人享有一定的人身自由，保证随传随到的一种刑事强制措施。

申请取保候审是指律师（或协助当事人，或协助当事人的近亲属）向侦查机关提出书面申请，陈述正在被羁押的犯罪嫌疑人具备取保候审的条件，要求侦查机关对犯罪嫌疑人进行取保候审。

2. 申请取保候审的理由

《刑事诉讼法》第95条规定："犯罪嫌疑人、被告人及其法定代理人、近亲属或者辩护人有权申请变更强制措施。人民法院、人民检察院和公安机关收到申请后，应当在3日以内作出决定；不同意变更强制措施的，应当告知申请人，并说明不同意的理由。"律师向侦查机关了解犯罪嫌疑人涉嫌的罪名及会见犯罪嫌疑人后，如果在押犯罪嫌疑人有下列情形之一的，可以主动为其申请取保候审：

（1）可能被判处管制、拘役或者独立使用附加刑的；

（2）可能判处有期徒刑以上刑罚，采取取保候审不致发生社会危险性的；

（3）患有严重疾病、生活不能自理，怀孕或者正在哺乳自己婴儿的妇女，采取取保候审不致发生社会危险性的；

（4）羁押期限届满，案件尚未办结，需要采取取保候审的。

在押犯罪嫌疑人及其法定代理人、近亲属委托律师为犯罪嫌疑人申请取保候审的，受委托律师认为符合相应条件，可接受委托直接为其申请取保候审，也可以协助申请人向侦查机关申请取保候审。律师为犯罪嫌疑人申请取保候审时，应当向侦查机关递交取保候审申请书。需要注意的是，律师不能为犯罪嫌疑人作担保人。有权决定取保候审的机关应在收到律师提交的取保候审申请书后，应当在3日内作出同意或不同意的决定。同意取保候审的，依法办理取保候审手续。不同意取保候审的，公安机关应当告知申请人，并说明不同意的理由，申请人对相应决定不服的，可以提出复议。取保候审由公安机关执行，必须制作取保候审决定书，并由保证人出具保证书。取保候审申请书的格式如下：

取保候审申请书

〔 　 〕第 　 号

申请人：_____律师事务所_____律师

通信地址或联系方法：_____。

申请事项：对犯罪嫌疑人_____申请取保候审。

事实及理由：

犯罪嫌疑人_____因涉嫌_____一案，于_____年_____月_____日经_____批准逮捕羁押。根据犯罪嫌疑人（或其法定代理人、近亲属）的要求，本所律师为犯罪嫌疑人提出申请取保候审。其保证方式是由_____提供担保（或交纳保证金_____元）。根据《中华人民共和国刑事诉讼法》第95条之规定，特为其提出申请，请予批准。

此致

申请人：_____律师事务所（章）

_____律师（签名）

年　月　日

（六）代理犯罪嫌疑人申诉、控告

1. 代理犯罪嫌疑人申诉

我国宪法不仅赋予了公民广泛的人身权利、财产权利和政治权利，而且赋予公民对国家机关或国家机关工作人员的违法失职行为进行申诉和控告的权利。《刑事诉讼法》47条明确了"辩护人、诉讼代理人认为公安机关、人民检察院、人民法院及其工作人员阻碍其依法行使诉讼权利的，有权向同级或者上一级人民检察院申诉或者控告。人民检察院对申诉或者控告应当及时进行审查，情况属实的，通知有关机关予以纠正。"

犯罪嫌疑人虽然因涉嫌犯罪被侦查机关追诉而不能行使某些权利（如人身自由受到一定限制），但其人身不受伤害的权利、人格尊严权利、财产权利等依然受到法律的保护。当犯罪嫌疑人认为其合法权益受到不法侵害时，有权对这种不法侵害行为提出申诉或控告。但往往由于犯罪嫌疑人正在受到侦查机关的追诉，其申诉权和控告权受到了一定的限制，而且在一般情况下犯罪嫌疑人法律知识欠缺，因此有必要通过受委托的律师帮助来实现其申诉权和控告权。

代理申诉主要是指代理犯罪嫌疑人向有关单位诉说冤情、进行申辩。代理申诉是代理犯罪嫌疑人行使权利，而不是律师行使自己的权利。因此，律师代理申诉需经犯罪嫌疑人委托授权方可进行。

律师根据向侦查机关了解犯罪嫌疑人的罪名和向犯罪嫌疑人了解的案件情况，认为犯罪嫌疑人的行为不构成犯罪或者侦查机关确定的罪名不当或者属于《刑事诉讼法》第15条规定的不追究刑事责任情形的，可以代理犯罪嫌疑人向有关机关提出申诉，要求予以纠正。

代理申诉应书写申诉状，并提交到有关机关。申诉状应写明申诉人自然状况、申诉请求、申诉事实及理由、申诉受理机关等内容。其具体格式如下：

申 诉 状

申诉人：姓名_____性别_____、年龄_____、民族_____、
工作单位或住址等_____。

申诉事项：申诉人的_____行为不构成犯罪。

事实理由：_____

_____

_____。

此致

_____人民法院（或检察院）

申诉人：_____（签名）

代理人：_____律师事务所（章）_____律师（签名）

_____年_____月_____日

附：1. 申诉状副本_____份

2. 申诉证据_____份。

2. 代理犯罪嫌疑人控告

代理控告是指受托律师根据向犯罪嫌疑人了解的有关情况和其他有关证据材料，认为侦查人员在侦查中违反法律规定，侵犯了犯罪嫌疑人人身权利、财产权利或者其他合法权益，或发现有管辖不当、非法搜查、非法查封扣押等其他违反法律规定的情形，向侦查机关或其上级机关，或向检察机关提出控告，要求追究有关人员的法律责任。

根据《刑事诉讼法》第18条第2款之规定，国家机关工作人员利用职权实施的非法拘禁、刑讯逼供、报复陷害、非法搜查的侵犯公民人身权利的犯罪以及侵犯公民民主权利的犯罪，应由人民检察院立案侦查。因此，此类控告应向人民检察院提出。律师代理控告，必须以事实为依据，以法律为准绳，只有在掌握了确实、充分的证据材料后才可提出，千万不能偏听偏信、感情用事。

代理控告应书写书面控告状。控告状应写明自然人的自然状况、控告请求事项、控告事实和理由、法律依据及控告的受理机关等。控告状的一般格式如下：

控 告 状

控告人：姓名_____性别_____年龄_____民族_____

工作单位或住址_____。

控告事项：侦查人员或管教人员实施了＿＿＿＿＿＿＿＿＿＿＿＿＿＿＿＿。

（对控告人刑讯逼供或虐待或非法扣押控告人财产等）

事实及理由：＿＿＿＿＿＿＿＿＿＿＿＿＿＿＿＿＿＿＿＿＿＿＿＿＿＿＿＿＿

＿＿＿＿＿＿＿＿＿＿＿＿＿＿＿＿＿＿＿＿＿＿＿＿＿＿＿＿＿＿＿＿＿＿＿

＿＿＿＿＿＿＿＿＿＿＿＿＿＿＿＿＿＿＿＿＿＿＿＿＿＿＿＿＿＿＿＿＿＿。

（陈述案件的事实，控告其具体非法行为，提供相关证据，要求追究其相应的法律责任）

此致

＿＿＿＿＿人民法院（或检察院）

控告人：＿＿＿＿＿（签名）

代理人：律师事务所（章）＿＿＿＿＿律师（签名）

年　月　日

附：1. 控告状副本＿＿＿＿＿份。

2. 控告证据＿＿＿＿＿份。

 学习情境

【实训项目】

2008 年 4 月 20 日上午 10 点多钟，正在财校读二年级的学生赖自达到农贸市场买西瓜，见路边有个小伙子在吆喝着卖西瓜并对其打招呼：来个瓜，保熟保甜、生瓜不要钱。赖自达说，挑一个吧，不熟可不能要钱。卖瓜小伙子回答：没问题。随手挑了一个西瓜并从中间切开，西瓜瓤是白的、生的，赖自达坚持要求换一个，卖瓜小伙子不许，于是就争了起来。卖瓜小伙子猛地抓住赖自达衣领，朝脸上就是一拳，顿时，鼻血直往外流。赖自达挣脱卖瓜小伙子的手，并给他当胸一拳。卖瓜小伙子怒吼着，转身操起西瓜刀就向赖砍来。赖闪身躲开后顺势紧紧抓住卖瓜小伙子拿刀的那只手并咬了一口，卖瓜小伙子拿刀的手被迫松开后，赖顺势把刀抓在自己手里。与此同时，卖瓜小伙子的另一只手抓住赖的头发，被咬伤的手反过来抓赖拿刀的那只手。由于卖瓜小伙子猛向后扯赖的头发，赖拿刀的手也随着他的手往左前划，只听"扑"的一声，旁边一个人倒了下去，满脖子血。旁边的人忙着去救受伤人，赖趁机撂下刀子就跑。路上，赖碰见了同学李涛，并请他帮忙把那个受伤的人送到医院后跑了回家，把刚才所发生的事情讲给爷爷，爷爷随即带其到派出所报了案。随后，公

安机关以涉嫌故意杀人逮捕了赖自达。

如果你是本案中赖自达的委托律师，请你书写一份会见笔录，着重为本案犯罪嫌疑人提供法律咨询和心理疏导。

 思考与练习

1. 律师介入侦查程序的必要性有哪些？
2. 侦查阶段律师介入刑事诉讼程序应注意哪些问题？
3. 本单元引例中王律师应做哪些主要工作？

附：《刑事诉讼法》相关条文

第三十三条 犯罪嫌疑人自被侦查机关第一次讯问或者采取强制措施之日起，有权委托辩护人；在侦查期间，只能委托律师作为辩护人。被告人有权随时委托辩护人。

侦查机关在第一次讯问犯罪嫌疑人或者对犯罪嫌疑人采取强制措施的时候，应当告知犯罪嫌疑人有权委托辩护人。人民检察院自收到移送审查起诉的案件材料之日起三日以内，应当告知犯罪嫌疑人有权委托辩护人。人民法院自受理案件之日起三日以内，应当告知被告人有权委托辩护人。犯罪嫌疑人、被告人在押期间要求委托辩护人的，人民法院、人民检察院和公安机关应当及时转达其要求。

犯罪嫌疑人、被告人在押的，也可以由其监护人、近亲属代为委托辩护人。

辩护人接受犯罪嫌疑人、被告人委托后，应当及时告知办理案件的机关。

第三十四条 犯罪嫌疑人、被告人因经济困难或者其他原因没有委托辩护人的，本人及其近亲属可以向法律援助机构提出申请。对于符合法律援助条件的，法律援助机构应当指派律师为其提供辩护。

犯罪嫌疑人、被告人是盲、聋、哑人，或者是尚未完全丧失辨认或者控制自己行为能力的精神病人，没有委托辩护人的，人民法院、人民检察院和公安机关应当通知法律援助机构指派律师为其提供辩护。

犯罪嫌疑人、被告人可能被判处无期徒刑、死刑，没有委托辩护人的，人民法院、人民检察院和公安机关应当通知法律援助机构指派律师为其提供辩护。

第三十六条 辩护律师在侦查期间可以为犯罪嫌疑人提供法律帮助；代理申诉、控告；申请变更强制措施；向侦查机关了解犯罪嫌疑人涉嫌的罪名和案件有关情况，提出意见。

　　第三十七条　辩护律师可以同在押的犯罪嫌疑人、被告人会见和通信。其他辩护人经人民法院、人民检察院许可，也可以同在押犯罪嫌疑人、被告人会见和通信。

　　辩护律师持律师执业证书、律师事务所证明和委托书或者法律援助公函要求会见在押犯罪嫌疑人、被告人的，看守所应当及时安排会见，至迟不得超过四十八小时。

　　危害国家安全犯罪案件、恐怖活动犯罪案件、特别重大贿赂犯罪案件，在侦查期间辩护律师会见在押的犯罪嫌疑人，应当经侦查机关许可。上述案件，侦查机关应当事先通知看守所。

　　辩护律师会见在押的犯罪嫌疑人、被告人，可以了解有关案件情况，提供法律咨询等；自案件移送审查起诉之日起，可以向犯罪嫌疑人、被告人核实有关证据。辩护律师会见犯罪嫌疑人、被告人时不被监听。

　　辩护律师同被监视居住的犯罪嫌疑人、被告人会见、通信，适用第一款、第三款、第四款的规定。

　　第四十七条　辩护人、诉讼代理人认为公安机关、人民检察院、人民法院及其工作人员阻碍其依法行使诉讼权利的，有权向同级或者上一级人民检察院申诉或者控告。人民检察院对申诉或者控告应当及时进行审查，情况属实的，通知有关机关予以纠正。

　　第六十五条　人民法院、人民检察院和公安机关对于有下列情形之一的犯罪嫌疑人、被告人，可以取保候审：

　　（一）可能判处管制、拘役或者独立适用附加刑的；

　　（二）可能判处有期徒刑以上刑罚，采取取保候审不致发生社会危险性的；

　　（三）患有严重疾病、生活不能自理，怀孕或者正在哺乳自己婴儿的妇女，采取取保候审不致发生社会危险性的；

　　（四）羁押期限届满，案件尚未办结，需要采取取保候审的。

　　取保候审由公安机关执行。

　　第六十六条　人民法院、人民检察院和公安机关决定对犯罪嫌疑人、被告人取保候审，应当责令犯罪嫌疑人、被告人提出保证人或者交纳保证金。

　　第六十七条　保证人必须符合下列条件：

　　（一）与本案无牵连；

　　（二）有能力履行保证义务；

　　（三）享有政治权利，人身自由未受到限制；

（四）有固定的住处和收入。

第六十九条 被取保候审的犯罪嫌疑人、被告人应当遵守以下规定：

（一）未经执行机关批准不得离开所居住的市、县；

（二）住址、工作单位和联系方式发生变动的，在二十四小时以内向执行机关报告；

（三）在传讯的时候及时到案；

（四）不得以任何形式干扰证人作证；

（五）不得毁灭、伪造证据或者串供。

人民法院、人民检察院和公安机关可以根据案件情况，责令被取保候审的犯罪嫌疑人、被告人遵守以下一项或者多项规定：

（一）不得进入特定的场所；

（二）不得与特定的人员会见或者通信；

（三）不得从事特定的活动；

（四）将护照等出入境证件、驾驶证件交执行机关保存。

被取保候审的犯罪嫌疑人、被告人违反前两款规定，已交纳保证金的，没收部分或者全部保证金，并且区别情形，责令犯罪嫌疑人、被告人具结悔过，重新交纳保证金、提出保证人，或者监视居住、予以逮捕。

对违反取保候审规定，需要予以逮捕的，可以对犯罪嫌疑人、被告人先行拘留。

第七十五条 被监视居住的犯罪嫌疑人、被告人应当遵守以下规定：

（一）未经执行机关批准不得离开执行监视居住的处所；

（二）未经执行机关批准不得会见他人或者通信；

（三）在传讯的时候及时到案；

（四）不得以任何形式干扰证人作证；

（五）不得毁灭、伪造证据或者串供；

（六）将护照等出入境证件、身份证件、驾驶证件交执行机关保存。

被监视居住的犯罪嫌疑人、被告人违反前款规定，情节严重的，可以予以逮捕；需要予以逮捕的，可以对犯罪嫌疑人、被告人先行拘留。

第七十七条第一款 人民法院、人民检察院和公安机关对犯罪嫌疑人、被告人取保候审最长不得超过十二个月，监视居住最长不得超过六个月。

第七十八条 逮捕犯罪嫌疑人、被告人，必须经过人民检察院批准或者人民法院决定，由公安机关执行。

第七十九条 对有证据证明有犯罪事实，可能判处徒刑以上刑罚的犯罪嫌疑人、被告人，采取取保候审尚不足以防止发生下列社会危险性的，应当予以逮捕：

（一）可能实施新的犯罪的；

（二）有危害国家安全、公共安全或者社会秩序的现实危险的；

（三）可能毁灭、伪造证据，干扰证人作证或者串供的；

（四）可能对被害人、举报人、控告人实施打击报复的；

（五）企图自杀或者逃跑的。

对有证据证明有犯罪事实，可能判处十年有期徒刑以上刑罚的，或者有证据证明有犯罪事实，可能判处徒刑以上刑罚，曾经故意犯罪或者身份不明的，应当予以逮捕。

被取保候审、监视居住的犯罪嫌疑人、被告人违反取保候审、监视居住规定，情节严重的，可以予以逮捕。

第八十条　公安机关对于现行犯或者重大嫌疑分子，如果有下列情形之一的，可以先行拘留：

（一）正在预备犯罪、实行犯罪或者在犯罪后即时被发觉的；

（二）被害人或者在场亲眼看见的人指认他犯罪的；

（三）在身边或者住处发现有犯罪证据的；

（四）犯罪后企图自杀、逃跑或者在逃的；

（五）有毁灭、伪造证据或者串供可能的；

（六）不讲真实姓名、住址，身份不明的；

（七）有流窜作案、多次作案、结伙作案重大嫌疑的。

第九十五条　犯罪嫌疑人、被告人及其法定代理人、近亲属或者辩护人有权申请变更强制措施。人民法院、人民法院和公安机关收到申请后，应当在三日以内作出决定；不同意变更强制措施的，应当告知申请人，并说明不同意的理由。

第三单元 审查起诉阶段的辩护

学习目标：

- 审查起诉的程序内容；
- 律师在审查起诉阶段的地位和权利；
- 律师在审查起诉阶段的主要工作。

◎ 导入案例

北京律师李庄在担任重庆涉黑团伙主犯龚刚模的辩护人期间，被龚检举，称李庄教唆他编造"被刑讯逼供"的虚假口供。此后，李庄因涉嫌辩护人伪造证据、妨害作证罪被起诉。2010年1月8日，重庆市江北区人民法院一审公开宣判，认定李庄教唆龚刚模作刑讯逼供的虚假供述，引诱、指使证人作伪证，指使他人贿买警察作伪证，其行为妨害了司法机关正常的诉讼秩序，已构成辩护人伪造证据、妨害作证罪，判处李庄有期徒刑二年零六个月。李庄不服，提出上诉。重庆市第一中级人民法院二审庭审期间，李庄撤回上诉理由，当庭认罪。二审判决维持了一审判决的定罪部分，撤销了一审判决的量刑部分，以李庄犯辩护人伪造证据、妨害作证罪，判处其有期徒刑一年零六个月。

一、审查起诉

（一）审查起诉的概念和范围

审查起诉，是指人民检察院对公安机关侦查终结移送起诉的案件和自行侦查终结的案件进行审查，依法决定是否对犯罪嫌疑人提起公诉的诉讼活动。《刑事诉讼法》第167条规定，凡是需要提起公诉的案件，一律由人民检察院审查决定。这表明，在我国，人民检察院作为国家的法律监督机关，代表国家统一行使对犯罪进行追诉的权力，其他任何机关、团体、组织都无权行使这项权力。

人民检察院审查起诉的公诉案件有两类：①公安机关侦查终结移送起诉的案件；②人民检察院侦查部门侦查终结移送审查起诉的案件。审查起诉的内容主要是：对移送的案件进行全面的审查并依法做出提起公诉或不起诉的决定；对侦查机关的侦查活动进行监督，纠正违法情况；复查被害人、被告人的申诉；对公安机关认为不起诉的决定有错误而要求复议、提请复核的案件及时进行复议、复核。

（二）审查起诉的程序内容

1. 对移送起诉案件的受理和初步审查

对公安机关移送审查起诉的案件以及本院侦查部门移送审查起诉的案件，人民检察院审查起诉部门需要对案件进行初步审查，以便决定是否受理并正式开始审查起诉工作。人民检察院对于公安机关移送审查起诉的案件以及本院侦查部门移送审查起诉的案件，应当在7日内进行审查；人民检察院对公安机关移送审查起诉的案件进行审查的期限计入人民检察院审查起诉期限。

人民检察院对于公安机关移送审查起诉的案件，应当在收到起诉意见书后，查明以下内容：

（1）案件是否属于本院管辖；

（2）起诉意见书以及案卷材料是否齐备，案卷装订、移送是否符合有关规定和要求，诉讼文书、技术性鉴定材料是否单独装订成卷等；

（3）对作为证据使用的实物是否随案移送，移送的实物与物品清单是否相符；

（4）犯罪嫌疑人是否在案以及采取强制措施的情况。

经审查后，对具备受理条件的，应当填写受理审查起诉案件登记表。对起诉意见书、案件材料不齐备；对作为证据使用的实物未移送的，或者移送的实物与物品清单不相符的，应当要求公安机关在3日内补送。对于案卷装订不符合要求的，应当要求公安机关重新装订后再移送审查起诉。对于犯罪嫌疑人在逃的，应当要求公安机关在采取必要措施保证犯罪嫌疑人到案后移送审查起诉；共同犯罪的部分犯罪嫌疑人在逃的，应当要求公安机关在采取必要措施保证在逃的犯罪嫌疑人到案后另案移送审查起诉，对于在案的犯罪嫌疑人的审查起诉应当照常进行。

对于人民检察院侦查部门侦查终结移送审查起诉的案件，按照上述要求办理。

2. 对案件的程序性审查

人民检察院对移送审查起诉的案件，首先要进行程序性审查，并根据《刑事诉讼法》第172条以及《人民检察院刑事诉讼规则》（以下简称《规则》）第248条的规定进行分别处理：

（1）对属于上级人民法院管辖的第一审案件，人民检察院应当写出审查报告，连同案件材料报送上一级人民检察院，同时通知移送审查起诉的公安机关；

（2）对属于同级其他人民法院管辖的第一审案件，人民检察院应当写出审查报告，连同案卷材料移送有管辖权的人民检察院或报送共同的上级检察院指定管辖，同时通知移送审查起诉的公安机关；

（3）对属于下级人民法院管辖的第一审案件，可以直接交下级人民检察院审查，由下级检察院向同级人民法院提起公诉，同时通知移送审查起诉的公安机关；

（4）对于一人犯数罪，共同犯罪或者其他需要并案审理的案件，只要其中一人或一罪属于上级检察院管辖的，全案由上级检察院审查起诉。

3. 对案件的实质性审查

根据《刑事诉讼法》第 168 条和《规则》第 250 条的规定，人民检察院审查移送起诉的案件，必须查明以下十个方面的内容：

（1）犯罪嫌疑人身份状况是否清楚，包括姓名、性别、国籍、出生年月日、职业和单位等。

（2）犯罪事实、情节是否清楚，认定犯罪性质和罪名的意见是否正确，有无法定的从重、从轻、减轻或者免除处罚的情节，共同犯罪案件的犯罪嫌疑人在犯罪活动中的责任的认定是否恰当。

（3）证据材料是否随案移送，不宜移送的证据清单、复印件、照片或者其他证明文件是否随案移送。

（4）证据是否确实、充分。

（5）有无遗漏罪行和其他应当追究刑事责任的人。

（6）是否属于不应当追究刑事责任的。

（7）有无附带民事诉讼。对于国家财产、集体财产遭受损失的，是否需要由人民检察院提起附带民事诉讼。

（8）采取的强制措施是否恰当。

（9）侦查活动是否合法。

（10）与犯罪有关的财物及孳息是否扣押、冻结并妥善保管，以供核查。对被害人合法财产的返还和对违禁品或者不宜长期保存的物品的处理是否妥当，移送的证明文件是否完备。

人民检察院对上述事项的审查关系到依法能否提起公诉以及公诉的效果，所以，在进行审查时必须严格按规定执行。

（三）审查起诉的步骤和方法

根据《刑事诉讼法》和《规则》的有关规定，人民检察院审查起诉的步骤和方法主要有：

1. 明确承办人员

人民检察院受理审查起诉的案件，应当指定检察人员负责办理。

2. 审阅案件材料

审阅案件材料，是人民检察院接触案件、掌握案情的开始，也是查清案件事实、核实证据的基础工作。检察人员应当认真审阅、研究起诉意见书，了解犯罪嫌疑人涉嫌犯罪的事实、情节、性质和罪名，以及起诉的理由和法律依据等。然后详细审阅其他案卷材料，包括随案移送的各种证据，按照《刑事诉讼法》、《规则》对案件进行程序性审查和实质性审查。

3. 讯问犯罪嫌疑人

《刑事诉讼法》第170条规定：人民检察院审查案件，应当讯问犯罪嫌疑人。这表明，讯问犯罪嫌疑人是审查起诉的必经程序和法定方法。讯问犯罪嫌疑人应当由两人进行，并做好记录。讯问时应当告知犯罪嫌疑人在审查起诉阶段所享有的诉讼权利。

4. 听取犯罪嫌疑人、被害人委托的人的意见

《刑事诉讼法》第170条规定，人民检察院审查案件，应当听取犯罪嫌疑人、被害人委托的人的意见。《规则》第251、252条规定，听取犯罪嫌疑人、被害人委托的人的意见应当由2名以上办案人员进行，并制作笔录；直接听取犯罪嫌疑人、被害人委托的人的意见有困难的，可以向犯罪嫌疑人、被害人委托的人发出书面通知，由其提出书面意见，在指定期限内未提出意见的，应当记明笔录。

5. 要求侦查机关提供证据

在法庭审判中，公诉人负有提出证据证明被告人犯有指控罪行的责任，其中包括公诉人应当向法庭出示物证，让当事人辨认。因此，对于公安机关侦查终结移送审查起诉的案件，人民检察院在进行审查时，根据需要可以要求公安机关提供法庭审判所必需的证据材料。

人民检察院认为公安机关提供的证据需要复查、复验的，可以要求公安机关复验、复查，并且可以派检察人员在场；也可以自行复查、复验，必要时可以聘请专门技术人员参加。

对于侦察机关提供的物证、书证及视听资料，可以要求侦查机关就上述证据的获取、制作情况作出说明，必要时可以询问书证、物证及视听资料的提供者。

6. 补充侦查

根据《刑事诉讼法》第171条第2款的规定，人民检察院审查案件，对于需要补充侦查的，可以分别情况采取以下两种方式进行：①退回公安机关补充

侦查。根据《规则》第266、267条的规定，人民检察院对于犯罪事实不清、证据不足或者遗漏罪行、遗漏同案犯罪嫌疑人等情形，认为需要补充侦查的，应当提出具体的书面意见，连同案卷材料一并退回公安机关补充侦查。②自行侦查。在司法实践中，人民检察院自行侦查一般适用于以下情形：侦查人员以刑讯逼供等非法方法收集犯罪嫌疑人的供述、被害人的陈述、证人证言的；与公安机关在认定案件事实和证据上有分歧的；经公安机关补充侦查后仍未查清的；退回补充侦查可能延误办案期限的。

人民检察院在审查案件时进行自行侦查的，可以采用《刑事诉讼法》规定的侦查措施。补充侦查以两次为限。

7. 制作审查意见书

人民检察院办案人员对案件进行全面审查后，应制作案件审查意见书，提出提起公诉或者不起诉及是否需要提起附带民事诉讼的意见并报检察委员会决定。

（四）审查后的处理

人民检察院对公安机关移送起诉的案件进行审查后，应当根据不同情况做出相应的处理：认为案件事实已经查清，证据确实、充分的，依法应当追究刑事责任的应当依法做出提起公诉的决定，并按照审判管辖的规定，向人民法院提起公诉。认为犯罪嫌疑人的行为不构成犯罪或者具有《刑事诉讼法》第15条规定的情形之一的，应当作出不起诉决定；对于犯罪情节轻微，依照《刑法》规定不需要判处刑罚或者免除刑罚的以及经过补充侦查的案件，人民检察院仍认为证据不足，不符合起诉条件的，可以作出不起诉的决定。

《规则》第262条规定，对于公安机关移送审查起诉的案件，发现犯罪嫌疑人没有违法犯罪行为的，应当书面说明理由将案卷退回公安机关处理；发现犯罪事实并非犯罪嫌疑人所为的，应当书面说明理由将案卷退回公安机关并建议公安机关重新侦查；如果犯罪嫌疑人已经被逮捕，应当撤销逮捕决定，通知公安机关立即释放。《规则》第263条规定，审查起诉部门对于本院侦查部门移送审查起诉的案件，发现具有《规则》第262条规定的情形之一的，应当退回本院侦查部门建议作出撤销案件的处理。

二、律师介入审查起诉程序

审查起诉是人民检察院依法对公诉案件提起诉讼前进行的一项必经程序，是连接侦查与审判的纽带。[1]根据《刑事诉讼法》以及有关司法解释、部门

---

[1]　胡朝万编著：《律师与刑事辩护》，四川出版集团、四川人民出版社2004年版，第47页。

规章的规定，公诉案件自案件移送审查起诉之日起，犯罪嫌疑人有权委托辩护人。人民检察院自收到移送审查起诉的材料之日起 3 日以内，应当告知犯罪嫌疑人有权委托辩护人。因此，自人民检察院对案件审查起诉之日起，律师就可以以辩护人的身份介入到刑事诉讼活动中来。

（一）律师介入审查起诉程序的依据

《刑事诉讼法》第 33 条规定，公诉案件自被侦查机关第一次讯问或者采取强制措施之日起，犯罪嫌疑人有权委托辩护人。人民检察院自收到移送审查起诉的材料之日起 3 日以内，应当告知犯罪嫌疑人有权委托辩护人。《刑事诉讼法》第 32 条规定，犯罪嫌疑人除自己行使辩护权外，还可以委托 1～2 人作为辩护人。根据《律师法》第 28 条第 3 项之规定，律师可以接受刑事案件犯罪嫌疑人的委托，为其提供法律咨询，代理申诉、控告，为被逮捕的犯罪嫌疑人申请取保候审，接受犯罪嫌疑人、被告人的委托或者人民法院的指定，担任辩护人，接受自诉案件自诉人、公诉案件被害人或者其近亲属的委托，担任代理人，参加诉讼。因此，在依法接受犯罪嫌疑人的委托之后，律师就能参与公诉案件并在审查起诉阶段发挥重要的作用。

（二）律师在审查起诉阶段的地位和诉讼权利

律师在审查起诉阶段，具有独立的辩护人的诉讼地位。与侦查阶段中律师拥有的诉讼权利相比，律师在审查起诉阶段的诉讼权利得到了明显的扩充，具体体现在以下几方面：

1. 律师的身份变为刑事诉讼辩护人

《刑事诉讼法》规定，公诉案件自案件审查起诉之日起，犯罪嫌疑人有权委托辩护人。律师在审查起诉阶段介入刑事诉讼，其身份与之前相比发生了变化，在侦查阶段，律师一般仅能为相关当事人提供法律意见。进入到审查起诉程序后，律师接受委托成为犯罪嫌疑人的诉讼辩护人。根据《刑事诉讼法》第 35 条的规定，律师可以提出材料和意见，进行实质性的辩护活动，对起诉方的意见进行相对的反驳，依法维护犯罪嫌疑人的合法权利。在审查起诉阶段，律师辩护人身份的确定是律师在诉讼活动中享有其他权利的基础。

2. 明确律师享有与犯罪嫌疑人的通信权

《刑事诉讼法》第 37 条规定，辩护律师自人民检察院对案件审查起诉之日起，可以同在押的犯罪嫌疑人通信。

与犯罪嫌疑人通信，是律师在审查起诉阶段一项极为重要的诉讼权利。律师与犯罪嫌疑人通信，可以及时了解案件的有关情况，是进行信息沟通最简捷、经济成本最低的方式。

3. 明确律师的阅卷权

《律师法》第34条规定，受委托的律师自案件审查起诉之日起，有权查阅、摘抄和复制与案件有关的诉讼文书及案卷材料。在侦查阶段，律师仅有权为犯罪嫌疑人提供法律咨询、代理申诉、控告；向侦查机关了解犯罪嫌疑人涉嫌的罪名等初步的情况。

4. 明确律师的调查取证权

根据《刑事诉讼法》第33条的规定，在侦查阶段律师虽然接受了犯罪嫌疑人的委托但对案件事实没有调查取证权。而调查取证是律师查明案件事实、开展辩护工作至关重要的内容。没有调查取证权，依法进行辩护，维护犯罪嫌疑人合法权益就是一句空话。现行《刑事诉讼法》虽然赋予了律师调查取证权，但还是有一些限制。《刑事诉讼法》第41条规定，辩护律师经本人或其他有关单位同意，可以向他们收集、调取与本案有关的材料。经被害人同意，并经人民法院或检察机关书面许可，可以向被害人及其近亲属、被害人提供的证人调查取证。

5. 提起调查取证申请权

辩护律师因特殊情况自己不能收集、调查取证时，可以申请人民检察院、人民法院收集、调查取证，但要提供证人的姓名、有关单位名称、通讯地址或联系方法、需收集证据的范围和内容。

6. 提出辩护意见权

《刑事诉讼法》第170条规定，人民检察院审查案件，应当讯问犯罪嫌疑人，听取犯罪嫌疑人委托的律师的意见，从而增加了人民检察院应当听取辩护人意见的规定。在审查起诉阶段提出辩护意见，既是辩护律师的权利，又是辩护律师的职责。在案件侦查阶段，律师是不可能向检察机关提出辩护意见的。

（三）律师在审查起诉阶段应注意的事项

根据《刑事诉讼法》、《律师法》、《律师职业道德和执业纪律规范》及《律师办理刑事案件规范》的有关规定，律师作为刑事辩护人参与刑事诉讼审查起诉阶段应当注意以下事项：

（1）律师不得私自接受委托，私自收取费用，收受委托人的财物，也不得接受对方当事人的财物。

（2）接受委托后应当积极履行职责和义务，无正当理由不得拒绝辩护。同时，不得拒绝律师事务所指派为无能力交纳律师费用的当事人提供法律援助。

（3）律师不得帮助犯罪嫌疑人隐匿、毁灭、伪造证据或者串供，不得威胁、引诱证人改变证言或者作伪证以及进行其他干扰检察机关诉讼活动的行为。在会见犯罪嫌疑人时，应遵守看管场所的规定，不得携带犯罪嫌疑人的亲属或者他人会见犯罪嫌疑人，或者利用职务之便违反规定为犯罪嫌疑人传递信件、物品或者与案件有关的信息。

（4）律师在与检察机关联系工作时，应出示执业证件，提交委托书和律师事务所出具的刑事辩护函等证明文件。

（5）律师应当保守在执业活动中知悉的国家秘密、商业秘密和个人隐私。

（6）律师不得故意歪曲事实曲解法律，以迎合当事人的不正当要求，或者暗示委托人规避法律，损害国家利益、社会利益或者其他公民的合法权益，不得无原则地迁就委托人的个人利益及无理要求。

（7）律师不得损害检察机关、人民法院的威信和名誉，在法律文书中不得对检察机关、人民法院及其工作人员使用侮辱性语言。同时，不得违反规定会见检察员、法官，不得向其送礼或者行贿，或者指使、诱导委托人行贿。

（8）律师不得在同一案件中既担任犯罪嫌疑人的辩护人，又担任被害人的代理人，也不得在未征得委托人的同意的情况下接受对方当事人办理其他法律事务的委托。

三、律师在审查起诉阶段的主要工作

（一）收案

《律师办理刑事案件规范》第10条规定，律师事务所可以接受犯罪嫌疑人、被告人，或者他们的法定代理人、亲属或者犯罪嫌疑人、被告人委托的人的委托，或者接受人民法院的指定，指派律师为犯罪嫌疑人或被告人提供法律帮助或担任辩护人；可以接受被害人及其法定代理人或者近亲属、附带民事诉讼的当事人及其法定代表人、自诉案件的自诉人及其法定代理人委托，指派律师担任诉讼代理人；可以接受刑事案件当事人及其法定代理人、近亲属的委托，指派律师担任申诉案件的代理人；可以接受被不起诉人及其法定代理人、近亲属的委托，指派律师代为申诉；在公安机关、人民检察院作出不立案或撤销条件的决定后，可以接受被害人及其法定代理人、近亲属的委托，指派律师代为申诉或起诉。

进入审查起诉阶段后，接受委托的律师的身份变为刑事诉讼辩护人，其享有的权利和应承担的义务与在侦查阶段相比有了很大的变化。因此，律师需要与犯罪嫌疑人建立新的委托关系。

一般情况下，由犯罪嫌疑人亲自与律师建立刑事辩护委托关系。犯罪嫌疑人如果是未成年人或者盲、聋、哑人的，由其法定代理人办理委托手续。根据相关法律规定，犯罪嫌疑人在人身自由被限制的情况下，由其亲友或近亲属办理委托手续。在特殊情况下，也可以由前述人员以外的其他公民委托，但必须

征得犯罪嫌疑人的同意。

一般而言，律师与犯罪嫌疑人之间的委托手续，包括两个方面，一是授权委托书；一是委托辩护协议。委托辩护协议是犯罪嫌疑人与律师事务所之间的书面协议，它进一步明确律师事务所与犯罪嫌疑人之间的权利与义务关系，是律师开展刑事辩护工作的基础。委托辩护协议一式二份，由委托人、律师事务所各存一份。接受律师事务所指派承办案件的律师依据委托协议书具有了进行刑事辩护的合法手续。委托辩护协议及授权委托书的格式参见第二章。

（二）与检察机关联系，查阅、摘抄、复制本案有关材料

在案件审查起诉阶段，接受指派的律师应当积极与负责审查起诉任务的检察机关取得联系，向承办案件的检察人员提交犯罪嫌疑人或者其法定代理人、近亲属要求律师在案件审查起诉阶段为犯罪嫌疑人进行辩护的授权委托书、律师事务所函等有关文件，以确定律师在案件审查起诉阶段参加刑事诉讼的法律地位和资格。

根据《刑事诉讼法》第38条、《律师法》第34条的规定，辩护律师自人民检察院对案件进行审查起诉之日起，可以查阅、摘抄、复制本案的诉讼文书、案卷材料。因此，律师在审查起诉阶段辩护人资格确定后，应尽快查阅、摘抄、复制本案的诉讼文书和相关技术性鉴定材料。需要指出的是，这些材料对律师下一步进行调查取证、确定辩护方向以及为当事人提供法律帮助具有十分重要的意义。

这里的诉讼文书是指在刑事诉讼活动中由侦查机关、诉讼参与人制作的具有法律意义的书面文件或者材料，一般包括以下几种：

（1）侦查机关立案决定书、取保候审决定书、监视居住决定书、变更或者解除强制措施决定书等。

（2）侦查机关提请批准逮捕书、起诉意见书、拘留证、逮捕证、复核书等。

（3）人民检察院批准逮捕决定书、不批准逮捕决定书、复查决定书等。

技术性鉴定材料一般包括法医鉴定书、司法精神病鉴定书、物证技术鉴定书等记载鉴定情况和鉴定结论的文书。

需要注意的是，律师摘抄、复制本案有关材料时应当保证其准确性、完整性，切忌断章取义。必要时，应在材料上注明其在有关案卷中的页码，以备核对。特别是在复制案件有关材料时，应由检察机关在材料上签署复印属实的意见，并加盖印章。

律师查阅案卷应当制作阅卷笔录。阅卷笔录没有固定的格式，其主要内容一般包括阅卷时间、地点、案由、当事人、案件内容摘要等部分。阅卷笔录可

以起到材料索引的作用，可用作向律师事务所汇报案情时的备忘录。一般而言，阅卷笔录可以采用下列格式制作：

阅卷笔录

阅卷人：＿＿＿＿＿＿律师事务所＿＿＿＿＿＿律师

时间：＿＿＿＿＿＿＿＿＿＿＿＿

地点：＿＿＿＿＿＿＿＿＿＿＿＿＿

案由：＿＿＿＿＿＿＿＿＿＿＿＿＿

犯罪嫌疑人：＿＿＿＿＿＿＿＿＿＿＿＿＿

阅卷（案件）内容：＿＿＿＿＿＿＿＿＿＿＿＿＿

＿＿＿＿＿＿＿＿＿＿＿＿＿＿＿＿＿＿＿＿＿＿＿＿＿＿＿＿

阅卷人：＿＿＿＿＿＿

一般情况下，辩护律师在与检察机关联系阅卷事宜时，除出示律师执业证、授权委托书外，还需要提交律师事务所出具的刑事辩护函。刑事辩护函的具体格式如下：

律师事务所　　函

［　］第　号

＿＿＿＿＿＿＿人民检察院：

本所接受＿＿＿＿＿＿的委托，指派＿＿＿＿＿＿律师担任贵院办理的＿＿＿＿＿案件犯罪嫌疑人＿＿＿＿＿＿的辩护人。

特此函告

＿＿＿＿＿＿律师事务所（章）

＿＿＿＿年＿＿＿＿月＿＿＿＿日

注：律师事务所办公地址：＿＿＿＿＿＿＿＿＿＿＿＿

　　电话：＿＿＿＿＿＿＿＿＿＿

　　邮编：＿＿＿＿＿＿＿＿＿＿

附：授权委托书一份

律师在为犯罪嫌疑人提供法律服务时，若犯罪嫌疑人对案件有关事项的鉴定结论、勘验有异议而需要重新鉴定、勘验的，可以依法申请重新鉴定或勘验。要求重新鉴定、勘验，应当提交书面申请，写明申请事项、申请理由、法律依据以及主送机关和有关证据。重新鉴定、勘验申请书的具体格式如下：

重新鉴定、勘验申请书

申请人：_____律师事务所_____律师

通讯地址或联系方法：_____

申请事项：重新鉴定、勘验

申请理由：_____

申请人为_____案件的犯罪嫌疑人_____

委托的辩护律师，认为本案关于_____的鉴定（勘验）存在以下问题：

1. _____

2. _____

3. _____

根据《中华人民共和国刑事诉讼法》第 132 条的规定，特申请对_____

_____事项重新鉴定（勘验）。

此致

_____人民检察院

申请人：_____律师（签名）

_____律师事务所（章）

_____年_____月_____日

（三）会见犯罪嫌疑人或与犯罪嫌疑人通信

1. 会见犯罪嫌疑人

会见犯罪嫌疑人是律师与犯罪嫌疑人直接接触、了解案件情况的最佳途径，为及时地维护当事人合法权益提供了一种可能。根据《刑事诉讼法》第 37 条第 2 款的规定，律师在案件侦查阶段也可以会见犯罪嫌疑人，只是这时律师还不能以辩护人的身份会见，因此，不能借会见之际调查取证。

根据《律师法》第 33 条之规定，受委托的律师凭律师执业证书、律师事务所证明和委托书或者法律援助公函，有权会见犯罪嫌疑人、被告人并了解有关案件情况。

会见未在押的犯罪嫌疑人，可以在其住所、单位或者律师事务所进行。会见未成年人或者盲、聋、哑人，其法定代理人或者近亲属应当在场。

律师在案件进入到审查起诉阶段时会见犯罪嫌疑人，是为开展刑事辩护做准备工作，所以，应当详细了解案件的情况，需要注意以下几个方面：

（1）犯罪嫌疑人涉嫌案件的事实及参与案件的事实和情节；

（2）犯罪嫌疑人的有罪陈述；

（3）犯罪嫌疑人无罪、罪轻或者应当不予追究刑事责任的辩解；

（4）共同犯罪案件中其他犯罪嫌疑人的地位、作用及参与情况；

（5）侦查机关在案件侦查中的程序、手段等是否合法的情况；

（6）侦查程序中当事人的陈述或者辩解的补充；

（7）其他需要了解的情况。

律师会见犯罪嫌疑人应当制作会见笔录，由犯罪嫌疑人确认其内容无误后签名。会见笔录应当书写清楚，尤其对于犯罪嫌疑人关于无罪、罪轻的辩解要准确无误地记载。会见笔录要注明会见的地点、时间、会见律师姓名、被会见人及会见内容等。会见犯罪嫌疑人笔录可采用如下格式：

会见犯罪嫌疑人笔录

时间：_____年_____月_____日_____时_____分至_____时_____分

地点：_____

会见人：_____律师事务所_____律师

被会见人：_____

记录人：_____

案由：_____

笔录内容：

1._____

2._____

3._____

被会见人：_____（签名）

_____年_____月_____日

注：本会见系第_____次。

2. 与犯罪嫌疑人通信

与犯罪嫌疑人通信是律师了解案件和犯罪嫌疑人在押情况的另一途径。与犯罪嫌疑人通信是律师在审查起诉阶段享有的一项重要权利。律师与犯罪嫌疑人通信的内容与会见时所能交谈的内容一致，不得提及可能妨碍侦查及诉讼的有关同案犯罪嫌疑人及其亲友的情况，不得引诱、唆使犯罪嫌疑人翻供、串供等。根据有关规定，律师与犯罪嫌疑人通信应注明律师身份、通信地址，并加盖律师事务所公章以证明律师身份。此外，律师应将通信函件副本及犯罪嫌疑人的回件附卷备查。

（四）调查、收集本案有关的证据材料

1. 律师调查、收集证据材料的重要意义

《刑事诉讼法》第 35 条规定，辩护人的责任是根据事实和法律，提出犯罪嫌疑人、被告人无罪、罪轻或者减轻、免除其刑事责任的材料和意见，维护犯罪嫌疑人、被告人的诉讼权利和其他合法权益。"没有调查就没有发言权。"调查取证权是律师执业中一项重要的权利，是律师进行辩护，发挥律师专业技能的基础。没有调查取证权，律师的辩护工作就无法顺利开展，如同纸上谈兵，维护犯罪嫌疑人的合法权益就是一句空话。在审查起诉阶段，律师依法有权对案件事实和相关材料进行调查，同时，可以对有关公安司法机关侵犯犯罪嫌疑人、被告人权益的做法提出意见，以维护当事人的合法权益。

根据《刑事诉讼法》之规定，人民法院对公诉案件的审查主要是进行程序审查，检察机关在提起公诉时，只需要在起诉书中指明犯罪事实并且附有证据目录、证人名单和主要的证据复印件、照片等即可，有些重要证据往往在开庭时当庭出示。因此，律师通过在法院阅卷时看不到全部的材料。而且，律师要依法有效地维护犯罪嫌疑人、被告人的合法权益，也不能仅仅依靠公安、检察机关移送的案件材料来展开辩护，更需要积极主动地调查案件真实情况，收集有利于犯罪嫌疑人、被告人的证据材料。

2. 向证人调查取证

《刑事诉讼法》第 60 条规定，凡是知道案件情况的人，都有作证的义务。生理上、精神上有缺陷或者年幼，不能明辨是非、不能正确表达的人，不能作证人。《刑事诉讼法》第 41 条规定，辩护律师经证人或者其他有关单位和个人同意，可以向他们收集与本案有关的材料。根据《律师法》第 35 条第 2 款之规定，律师自行调查取证的，凭律师执业证书和律师事务所证明，可以向有关单位或者个人调查与承办法律事务有关的情况。律师调查专用介绍信的格式如下：

律师事务所调查专用介绍信

〔　　〕第　　号

——————:

根据《中华人民共和国刑事诉讼法》第 41 条及《中华人民共和国律师

法》第31条第2款之规定，我所特指派_____、_____律师赴贵处，通
过_____调查_____。请依法予以
协助为谢。

　　此致

　　　　　　　　　　　　　　　_____律师事务所（章）
　　　　　　　　　　　　　　　____年____月____日

（注：本介绍信有效期截止____年____月____日）

　　律师调查取证应当制作调查笔录。调查笔录是律师在办理刑事案件过程
中，为了解案件事实真相而向知情人或者其他有关单位、人员进行调查所形成
的笔录。调查笔录是律师据以认定案件事实的依据之一，可以在法庭上援引。
调查笔录除了需要具备客观真实这一实质要件外，还需要具备一定的形式要
件。调查笔录一般要求注明调查参加者、调查目的、时间、地点、见证人等内
容。其格式可参照如下：

刑事案件调查笔录

　　时间：_____

　　地点：_____

　　调查人：_____律师事务所_____律师

　　记录人：_____

　　被调查人：_____

　　见证人：_____

　　案由：_____

　　特别说明：

　　我们是_____律师事务所律师（出示律师执业证、律师调查专用介绍
信），今依法向您（您单位）调查_____。
证人依法应本着实事求是的原则提供情况，故意捏造事实、作伪证或者隐匿证
据需要负法律责任。对此，您是否清楚？（　　　　）

　　调查内容：_____

_____

_____

　　被调查人：_____（签名）

见证人：_____（签名）

_____年_____月_____日

3. 向被害人调查取证

根据《刑事诉讼法》的规定，"被害人陈述"是法定证据的一种。而且，由于被害人是案件的当事人，可以提供原始证据。因此，在刑事诉讼中律师为了查清案件中的疑点，找被害人或者其近亲属以及被害人提供的证人调查取证是非常必要的，也是法律赋予律师可以行使的一项权利。

在某些情况下，被害人的陈述往往是关键证据，因此，刑事诉讼法允许犯罪嫌疑人的辩护人向被害人调查取证。但向被害人调查取证需要满足两个前提条件：①征得被害人同意；②必须得到检察机关的许可。辩护律师在调查取证前，应当向检察机关提交调查取证申请书。调查取证申请书的一般格式如下：

调查取证申请书

申请人：_____律师事务所_____、_____律师

通信地址或联系方式：_____

申请事项：请求许可向_____调查取证

申请理由：

作为犯罪嫌疑人_____的辩护律师，因案情需要，本律师拟向被害人（被害人近亲属、被害人提供的证人）_____调查、收集与本案有关的材料。根据《中华人民共和国刑事诉讼法》第41条第2款之规定，特此申请，请予以许可。

此致

_____人民检察院

申请人：_____律师（签名）

_____律师事务所（章）

_____年_____月_____日

4. 提请检察机关收集、调取证据

《刑事诉讼法》规定，当律师因特殊情况无法自行收集案件有关证据时，可以提请检察机关依职权调查、收集对犯罪嫌疑人有利而律师却无法收集的证据。

提请检察机关收集、调查对犯罪嫌疑人有利的证据，必须向检察机关提交申请，写明证据的名称、证据的范围、内容以及证人的姓名、联系方式等事项。提请收集、调取证据申请书的一般格式如下：

提请收集、调取证据申请书

申请人：＿＿＿＿＿律师事务所＿＿＿＿＿律师

通信地址或联系方式：＿＿＿＿＿＿＿＿＿＿＿＿＿＿＿＿＿＿＿

申请事项：申请向＿＿＿＿＿＿＿＿＿收集、调取取证

申请理由：

作为犯罪嫌疑人＿＿＿＿＿＿涉嫌＿＿＿＿＿＿一案的辩护律师，本人需要向证人（有关单位、公民个人）＿＿＿＿＿＿＿＿＿收集、调取证据。因＿＿＿＿＿＿＿特殊情况，根据《中华人民共和国刑事诉讼法》第41条第1款之规定，特申请贵院予以收集、调取。

此致

＿＿＿＿＿＿人民检察院

申请人：＿＿＿＿＿＿律师

＿＿＿＿＿＿律师事务所（章）

＿＿＿年＿＿＿月＿＿＿日

附：1. 证人姓名（单位名称）：＿＿＿＿＿＿＿＿＿＿＿＿＿＿

住址或通信方法：＿＿＿＿＿＿＿＿＿＿＿＿＿＿＿＿＿

2. 收集、调取证据范围、内容：＿＿＿＿＿＿＿＿＿＿＿

5. 律师收集、调取案件材料时应注意的问题

（1）辩护律师调查取证时应持有律师事务所出具的调查取证专业介绍信，并出示律师执业证。若向被害人调查取证时，还应该出示检察机关的允许调查取证决定书。

（2）辩护律师调查取证，一般由两人进行。犯罪嫌疑人只委托一名辩护律师的，由承办律师向律师事务所汇报，由事务所指派一名律师协助调查取证。

（3）调查取证时，应先征得证人本人同意，并在调查取证笔录上写明，同时要先向被调查人说明律师的身份及调查取证的目的和要求。

（4）辩护律师向被害人或者其近亲属、被害人提供的证人调查取证时，必须先征得本人同意，并得到检察机关的书面许可。

（5）调查取证笔录应当载明调查律师姓名，被调查人、记录人，调查的时间、地点，律师对证人如实作证的要求、作伪证或隐匿罪证要负法律责任的

说明交待等事项。

（6）辩护律师调查取证时，调查笔录不宜强令被调查人签字、盖章，应实事求是地向被调查人讲明调查取证的目的和意义。如果被调查人坚持不愿签名的，律师可以申请检察机关依职权调查取证。

（7）调查取证笔录应客观、准确地记录调查内容，如实反映被调查人的观点、意见或主张，表明调查取证的全过程。调查笔录应由被调查人阅读或向其宣读确认无误后签名、盖章。

（8）律师收集物证、书证或视听资料应尽量提取原件，无法提取的，可以拍照、录像，但应说明复制件的来源。

（9）辩护律师采用录音、录像等手段收集证据时，应当征得被调查人的同意，否则所获证据无效。

（10）辩护律师摘抄、复制有关材料时，必须忠实于事实真相，不得伪造、变造或者断章取义。

（11）调查取证时，根据需要可以邀请有关人员在场见证，并由见证人在调查笔录上签名。

（12）调查未成年人时，应通知其法定代理人、监护人在场，并在调查笔录上注明在场人的姓名、职业、工作单位及与证人的关系等。

（五）向检察机关提出辩护意见

《刑事诉讼法》第170条规定，人民检察院审查案件，应当讯问犯罪嫌疑人，听取辩护人、被害人及其诉讼代理人的意见，并记录在案。……在审查起诉阶段，律师的辩护人身份已经确定，根据《刑事诉讼法》第35条的规定，律师的责任就是根据事实和法律，提出犯罪嫌疑人无罪、罪轻或者减轻、免除其刑事责任的材料和意见，维护犯罪嫌疑人的诉讼权利和其他合法权益。因此，在审查起诉阶段，人民检察院应当听取辩护律师的辩护意见。

一般而言，在案件审查起诉阶段，律师可以就以下事项向人民检察院提出意见：

（1）犯罪嫌疑人的行为是否构成犯罪；

（2）控诉材料是否真实、充分；

（3）鉴定结论是否科学，是否需要重新鉴定；

（4）案件的侦查活动是否合法，侦查活动中取得的证据是否有效；

（5）对人民检察院依据《刑事诉讼法》第173条第2款规定作出的不起诉决定是否正确；

（6）对犯罪嫌疑人采取的强制措施是否超过法定期限；

（7）犯罪嫌疑人的人身权利或诉讼权利是否受到侵犯；

（8）其他需要向检察机关提出的辩护意见。

在审查起诉阶段，由于各种原因辩护律师所掌握的证据材料可能有限，所以，这一阶段的意见与案件进入审判阶段的辩护意见有可能有些出入。但总体而言，辩护律师应实事求是地开展工作，尽力维护犯罪嫌疑人的合法权益。

（六）向检察机关提出解除犯罪嫌疑人强制措施的申请

根据《刑事诉讼法》第64条规定，人民法院、人民检察院和公安机关根据案件情况，对犯罪嫌疑人、被告人可以拘传、取保候审或者监视居住。公安机关在紧急情况下可以对现行犯和其他重大嫌疑分子先行拘留。对于被拘留的人，应当在24小时内进行讯问。发现不应拘留的时候，必须立即释放，发给释放证明。

人民检察院自行决定逮捕的，必须在24小时内进行讯问，发现不应当逮捕的，必须立即释放，发给释放证明。犯罪嫌疑人以及法定代理人、近亲属或者犯罪嫌疑人委托的律师对于人民检察院或者其他侦查机关采取的强制措施超过法定期限的，有权要求解除强制措施。

辩护律师依法可以向有关机关提出解除犯罪嫌疑人强制措施的申请，但应当提交书面申请。申请书应当写明申请事项、申请的事实和理由等内容。其格式如下：

解除强制措施申请书

申请人：_____律师事务所_____律师

通信地址或联系方法：_____

申请事项：解除对犯罪嫌疑人_____采取的_____强制措施。

申请事实及理由：

犯罪嫌疑人_____因涉嫌_____一案，于_____年_____月_____日_____时开始被_____采取_____强制措施，现已超过法定期限。作为犯罪嫌疑人_____委托的辩护律师，根据《中华人民共和国刑事诉讼法》第95条之规定，特申请解除对其采取的强制措施。

此致

_____人民检察院

申请人：_____律师（签名）

_____律师事务所（章）

_____年_____月_____日

（七）帮助对不起诉决定不服的犯罪嫌疑人进行申诉

不起诉决定是人民检察院确认犯罪嫌疑人的行为不构成犯罪或者依法不需要追究刑事责任的诉讼处分，具有在起诉阶段终结诉讼的法律效力。[1] 不起诉决定书包含了两层意思：①犯罪嫌疑人不构成犯罪，即不是犯罪；②犯罪嫌疑人的行为构成犯罪，但依法不需要负刑事责任。无论哪一种情况，人民检察院都应当制作不起诉决定书，说明理由并送达给犯罪嫌疑人。而犯罪嫌疑人往往对居于第二种情形作出的不起诉决定不服，即认为自己根本就不构成犯罪，而检察机关却认定为犯罪情节轻微，不需要判处刑罚。根据《刑事诉讼法》规定，犯罪嫌疑人可以在收到不起诉决定书后7日内向作出不起诉决定的人民检察院申诉。

律师在代理申诉时，一般要递交书面申请，写明申诉的事实和理由。其格式如下：

不服不起诉决定申请书

申诉人：姓名_____、性别_____、年龄_____、民族_____、工作单位_____、住址_____。

申诉人因_____一案，不服_____人民检察院于_____年_____月_____日作出的_____字第_____号不起诉决定书，特提出申诉。

申诉目的：_____

事实和理由：_____

_____

_____

_____

此致

_____人民检察院

申诉人：_____（签名）

_____年_____月_____日

附：1. 申请书副本　份

　　2. 证据　份

---

[1] 胡朝万编著：《律师与刑事辩护》，四川出版集团、四川人民出版社2004年版，第69页。

 学习情境

【实训项目】

犯罪嫌疑人马林，男，1986年3月6日出生。吕阳，男，1983年7月1日出生。二人均待业在家。2002年1月9日，二人因费用问题与网吧老板田云发生激烈争执，二人怀恨在心，伺机报复。当晚23时许，二人带上汽油，趁人不备，将汽油洒在网吧的木质大门、窗户上，用打火机点燃。大火导致网吧内6人死亡、17人受伤。

市公安局对此案立案侦查，经检察院批准对二人执行了逮捕。期间，吕阳的父亲吕森请求会见吕阳，并为其聘请律师，被侦查人员以侦查阶段无权委托辩护人为由予以拒绝。案件侦查终结后移送至市人民检察院审查起诉，吕阳委托其叔叔吕鹏（某公司职员，中专学历）担任其辩护人，马林表示不委托辩护人。吕鹏经检察院许可，会见了吕阳，查阅了本案的所有诉讼材料，并对有关单位和个人进行了必要的调查取证工作。检察院经审查起诉后向市中级人民法院提起公诉。在审理过程中，吕鹏经法院许可又查阅了本案所指控的犯罪事实的材料，会见了被告人吕阳。马林仍然不愿委托辩护人，审判人员为其指定承担法律援助义务的律师刘敏担任辩护人，但马林拒绝辩护，法院遂准许其自行辩护。经审判，法院依法判决被告人吕阳死刑，剥夺政治权利终身，被告人马林死刑，缓期二年执行。

问：

（1）公安局拒绝吕森为吕阳聘请律师的要求是否合法，为什么？

（2）检察院同意吕森调查取证的做法是否正确，为什么？

（3）如果马林接受了刘律师为其辩护，刘律师在此阶段可以开展哪些工作？

🔍 思考与练习

1. 审查起诉阶段需要做哪些工作？

2. 律师在审查起诉阶段的主要工作和需要注意的事项有哪些？

附：相关法条

《中华人民共和国刑事诉讼法》

第三十三条 犯罪嫌疑人自被侦查机关第一次讯问或者采取强制措施之日

起，有权委托辩护人；在侦查期间，只能委托律师作为辩护人。被告人有权随时委托辩护人。

侦查机关在第一次讯问犯罪嫌疑人或者对犯罪嫌疑人采取强制措施的时候，应当告知犯罪嫌疑人有权委托辩护人。人民检察院自收到移送审查起诉的案件材料之日起三日以内，应当告知犯罪嫌疑人有权委托辩护人。人民法院自受理案件之日起三日以内，应当告知被告人有权委托辩护人。犯罪嫌疑人、被告人在押期间要求委托辩护人的，人民法院、人民检察院和公安机关应当及时转达其要求。

犯罪嫌疑人、被告人在押的，也可以由其监护人、近亲属代为委托辩护人。

辩护人接受犯罪嫌疑人、被告人委托后，应当及时告知办理案件的机关。

第三十五条　辩护人的责任是根据事实和法律，提出犯罪嫌疑人、被告人无罪、罪轻或者减轻、免除其刑事责任的材料和意见，维护犯罪嫌疑人、被告人的诉讼权利和其他合法权益。

第三十七条　辩护律师可以同在押的犯罪嫌疑人、被告人会见和通信。其他辩护人经人民法院、人民检察院许可，也可以同在押的犯罪嫌疑人、被告人会见和通信。

辩护律师持律师执业证书、律师事务所证明和委托书或者法律援助公函要求会见在押的犯罪嫌疑人、被告人的，看守所应当及时安排会见，至迟不得超过四十八小时。

危害国家安全犯罪、恐怖活动犯罪、特别重大贿赂犯罪案件，在侦查期间辩护律师会见在押的犯罪嫌疑人，应当经侦查机关许可。上述案件，侦查机关应当事先通知看守所。

辩护律师会见在押的犯罪嫌疑人、被告人，可以了解案件有关情况，提供法律咨询等；自案件移送审查起诉之日起，可以向犯罪嫌疑人、被告人核实有关证据。辩护律师会见犯罪嫌疑人、被告人时不被监听。

辩护律师同被监视居住的犯罪嫌疑人、被告人会见、通信，适用第一款、第三款、第四款的规定。

第三十八条　辩护律师自人民检察院对案件审查起诉之日起，可以查阅、摘抄、复制本案的案卷材料。其他辩护人经人民法院、人民检察院许可，也可以查阅、摘抄、复制上述材料。

第四十一条　辩护律师经证人或者其他有关单位和个人同意，可以向他们收集与本案有关的材料，也可以申请人民检察院、人民法院收集、调取证据，或者申请人民法院通知证人出庭作证。

辩护律师经人民检察院或者人民法院许可，并且经被害人或者其近亲属、被害人提供的证人同意，可以向他们收集与本案有关的材料。

第六十条　凡是知道案件情况的人，都有作证的义务。

生理上、精神上有缺陷或者年幼，不能辨别是非、不能正确表达的人，不能作证人。

第六十四条　人民法院、人民检察院和公安机关根据案件情况，对犯罪嫌疑人、被告人可以拘传、取保候审或者监视居住。

第九十五条　犯罪嫌疑人、被告人及其法定代理人、近亲属或者辩护人有权申请变更强制措施。人民法院、人民检察院和公安机关收到申请后，应当在三日以内作出决定；不同意变更强制措施的，应当告知申请人，并说明不同意的理由。

第一百三十二条　人民检察院审查案件的时候，对公安机关的勘验、检查，认为需要复验、复查时，可以要求公安机关复验、复查，并且可以派检察人员参加。

第一百六十七条　凡需要提起公诉的案件，一律由人民检察院审查决定。

第一百六十八条　人民检察院审查案件的时候，必须查明：

（一）犯罪事实、情节是否清楚，证据是否确实、充分，犯罪性质和罪名的认定是否正确；

（二）有无遗漏罪行和其他应当追究刑事责任的人；

（三）是否属于不应追究刑事责任的；

（四）有无附带民事诉讼；

（五）侦查活动是否合法。

第一百七十条　人民检察院审查案件，应当讯问犯罪嫌疑人，听取辩护人、被害人及其诉讼代理人的意见，并记录在案。辩护人、被害人及其诉讼代理人提出书面意见的，应当附卷。

第一百七十二条　人民检察院认为犯罪嫌疑人的犯罪事实已经查清，证据确实、充分，依法应当追究刑事责任的，应当作出起诉决定，按照审判管辖的规定，向人民法院提起公诉，并将案卷材料、证据移送人民法院。

第四单元 审判程序中的辩护

学习目标：

- 掌握公诉案件一审程序中的辩护的基本程序和基本方法；
- 掌握法庭调查中的发问技巧和质证方法；
- 领会二审程序中的辩护；
- 了解自诉案件中的辩护、再审案件中的辩护和死刑案件中的辩护的特点和方法。

⊙ 导入案例

被告人黄某，男，1970年11月20日出生，河南郑州人，汉族，系北京某软件公司职员，住郑州市东明路某院。被害人刘某，女，22岁。两人于1997年11月恋爱，长期同居，并多次商量结婚之事。1998年10月23日晚两人同宿于被害人刘某父母家中。第二天上午9时许黄某离开刘家开车回自己家中，12时左右，被害人刘某的父亲刘某某发现刘某被杀害于卧室中，遂报案。郑州市公安局出具的《刑事技术鉴定书》认定被害人死于机械性窒息合并失血性休克，死亡时间为1998年10月24日凌晨1时许。与被害人同居的男友被认定具有作案时间，被列为重大犯罪嫌疑人。黄某于1998年11月3日因涉嫌故意杀人被逮捕。在讯问黄某的过程中，黄某虽然承认当晚确与被害人刘某同居一室，但次日晨9时许他离开时被害人还活着，故始终不承认杀害了女友刘某。郑州市人民检察院于2001年1月4日向郑州市中级人民法院提起公诉，要求法院按照故意杀人罪惩处。

辩护人辩护称：公诉机关仅依据本案中关于被害人死亡时间的鉴定结论这一明显与大量证据相矛盾的间接证据，指控被告人构成故意杀人罪，严重不符合证据应当"确实充分"的法定证明标准：①被告人黄某没有故意伤害刘某的犯罪动机。②起诉书认定刘某死亡的时间仅依据死者尸冷现象推算出来，明显与死者的尸斑、角膜、瞳孔等尸体现象所呈现的死亡时间相互冲突。③从死者体内检出的非刘某的"大量精子"说明，刘某可能是在黄某离开后才被害。④刘某被害一案疑似为一起强奸杀人案。

法院审理后认为：①现有证据认定被告人黄某某杀害刘某的动机事实不

清、证据不足；②现有证据显示，凶手杀害刘某时所使用的手段是用手扼颈、用电源线勒颈并用单刃刺器刺伤左颈部，致刘某因"机械性窒息合并失血性休克而死亡"，而公诉机关出示的证据，不能证实黄某实施了这一直接、具体的杀害行为；③指控被告人黄某犯故意杀人罪的证据，只有关于被害人死亡时间的鉴定结论这个唯一的间接证据。辩护方对该证据提出了异议，即起诉书认定刘某死亡的时间仅依据死者尸冷现象推算出来，明显与死者的尸斑、角膜、瞳孔等尸体现象所呈现的死亡时间相互冲突。对于该矛盾，现有证据不能将之消除；④死者刘某阴道分泌物中的"大量精子"，是何人何时所留、刘某遇害前是否被他人强奸，这些重大疑点，现有证据不能合理排除。被告人黄某及其辩护人关于指控黄某犯故意杀人罪的事实不清、证据不足的辩解、辩护意见成立，予以采纳。据此，河南省郑州市中级人民法院于 2002 年 12 月 27 日对该案宣告判决：黄某无罪。

　　刑事审判活动由审理和裁判两部分活动所组成。所谓审理，是指人民法院在控辩双方和其他诉讼参与人的参加下，调查核实证据、查明案件事实并确定如何适用法律的活动。所谓裁判，是指人民法院依据认定的证据、查明的案件事实和有关法律，对案件的实体和程序问题作出处理结论的活动。在整个刑事诉讼过程中，审判是一个居于中心地位、具有决定意义的诉讼阶段。它直接关系到被告人是否构成犯罪，应否处以刑罚以及处以何种刑罚等做出实体判决，从而使犯罪分子受到应有的法律制裁，使无罪的人不受错误的刑事追究。

　　审判程序的重要性决定了审判程序中辩护的重要性，辩护人在审判中辩护的成功与否，辩护意见最终能否被法庭采纳，直接影响到辩护人辩护职责的顺利实现，关系到被告人及其亲属对辩护是否认可。我国《刑事诉讼法》规定了公诉案件的一审程序、自诉案件的一审程序、第二审程序、死刑复核程序、审判监督程序等程序，与此相适应，审判程序中的辩护也包括公诉案件一审程序的辩护、自诉案件一审程序的辩护、第二审程序的辩护、死刑复核程序的辩护、再审的辩护等。各个阶段的辩护有许多共同的地方，但由于诉讼环节的不同，辩护中也各有侧重，下面分别对不同程序中的辩护进行阐述。

　　犯罪嫌疑人、被告人可以通过两种方式行使辩护权：①自己行使辩护权，自己为自己辩护；②委托他人代为辩护。自己进行辩护不影响委托他人代为辩护，两种方式可以同时进行。根据《刑事诉讼法》第 32 条、《人民法院组织法》第 8 条的规定，犯罪嫌疑人、被告人除自己可以行使辩护权外，可以委托 1～2 人作为辩护人，能够充当辩护人的有律师、人民团体、被告人所在单位推荐的人或者经人民法院许可的公民，被告人的近亲属、监护人。本文除了有特别说明外，所指的辩护均指委托他人代为辩护，为了说明的方便，本文将委托他人辩护分为两种：律师辩护和公民辩护。

一、公诉案件一审程序中的辩护

（一）收案

与刑事诉讼案件当事人确立代理关系，是辩护人依法行使职权的依据。代理关系根据代理权的来源不同，分为委托代理和指定代理。指定代理由法律援助机构或者司法行政机关指派承担法律援助义务的律师提供辩护，由于指定代理需要具备相应的条件才可能指定，这里不再赘述。下面重点介绍委托代理的产生。律师辩护和公民辩护都可以通过委托的方式产生，由于公民辩护不允许收费，所以手续相对简单，有授权委托书即可。律师辩护需要注意下列问题：

1. 律师事务所统一收案

《律师法》第25条规定，律师承办业务，由律师事务所统一接受委托。所以，与委托人签订委托协议的应当是律师事务所。

律师事务所根据刑事案件当事人或者其法定代理人的委托，指派律师参与审判程序的辩护活动。委托人在委托时指明请求的，律师事务所应尽可能满足委托人的要求，但必须经律师事务所办理委托手续。

2. 收案的条件

在审判阶段律师事务所收案，应符合下列条件：

（1）担任辩护人，须在犯罪嫌疑人已被人民检察院审查起诉或者被告人已被提起公诉；

（2）担任二审辩护人，须在一审判决宣告以后；

（3）犯罪嫌疑人、被告人的亲属或者其他人代为委托的律师，须在会见时得到犯罪嫌疑人、被告人的确认。

3. 办理委托手续

律师对于符合接受委托条件，并且决定接受委托的，经所在律师事务所负责人同意后，与委托人办理委托辩护手续。委托手续一般包括：

（1）与委托人签订委托辩护协议。委托辩护协议是律师事务所与委托人确立委托辩护关系成立的书面法律文件，是律师参加刑事诉讼辩护的合法、有效凭证。《委托辩护协议》，一式两份，由委托人和律师事务所各持一份。

刑事案件法律帮助、辩护委托合同

（　　）×刑字第　　号

甲方：

乙方：××××律师事务所

甲方因_____涉嫌_____一案，根据《中华人民共和国刑事诉讼法》和《中华人民共和国律师法》等有关法律的规定，聘请乙方律师提供法律帮助、辩护或代理。

甲、乙双方本着诚实信用原则，经充分协商，订立本合同，共同信守。

第一条　委托事项

乙方接受甲方委托，委派律师在_____涉嫌_____一案中，在_____阶段（侦查和审查起诉、一审、二审、申诉），为_____（犯罪嫌疑人、被告人、被害人、自诉人）提供_____（法律帮助、辩护或代理）。

第二条　乙方的义务

1. 乙方律师接受犯罪嫌疑人或被告人一方的委托后，应根据案件的进展情况，在不同阶段根据法律规定以及办案机关的安排，分别完成以下工作（因乙方律师所不能控制的原因无法完成或无法及时完成的除外）：

（1）侦查阶段

①向侦查机关了解犯罪嫌疑人涉嫌的罪名；

②会见在押的犯罪嫌疑人，向犯罪嫌疑人了解有关案件情况；

③为犯罪嫌疑人提供法律咨询、代理申诉、控告；

④犯罪嫌疑人被逮捕的，如符合《中华人民共和国刑事诉讼法》第65条之规定，可以为其申请取保候审。

（2）审查起诉阶段

①查阅、了解本案的诉讼文书、技术性鉴定材料；

②会见在押的犯罪嫌疑人；

③如果犯罪嫌疑人有《中华人民共和国刑事诉讼法》第15条规定的情形的，应当在人民检察院听取意见时，向人民检察院反映意见。

（3）一审或二审阶段

①查阅、了解人民检察院向人民法院移送的主要证据复印件和相关材料；

②会见被告人，了解其本人对指控的意见以及对案情的叙述；

③按时出庭，依法为被告人进行辩护；如二审不开庭审理的，应当按时提交书面辩护意见；

④按照《中华人民共和国刑事诉讼法》第41条的规定收集、调取证据。

（4）申诉阶段

①查阅终审人民法院的卷宗，了解案件有关情况；

②代为提出申诉。

2. 律师接受被害人或自诉人一方的委托后，应及时按照《中华人民共和国刑事诉讼法》和《中华人民共和国律师法》的有关规定完成工作。

3. 乙方委派_____律师提供法律帮助、辩护或代理，甲方同意上述律师可以指派其他业务助理配合完成辅助工作，但乙方更换律师应取得甲方认可。

4. 乙方律师应当恪守执业纪律，勤勉、尽责地完成本合同第一条所列委托事项，尽最大努力维护当事人的合法权益。

第三条　甲方的义务

1. 甲方应当真实、详尽和及时地向乙方律师叙述案情，提供与委托事项有关的证据、文件及其他事实材料。

2. 甲方应当积极、主动地配合乙方律师的工作，对乙方律师提出的要求应当明确、合理。

3. 甲方应当按时、足额向乙方支付本合同第四条约定的律师费和工作费用。

4. 甲方指定_____为乙方律师的联系人，负责转达甲方的要求，提供文件和资料等。甲方更换联系人应当通知乙方律师。

第四条　费用

根据本案的具体情况和复杂程度，经双方充分协商，甲方同意按下列约定向乙方支付律师费和工作费用：

1. 律师费：人民币（大写）_____。

2. 办案所需的交通、通讯、误餐等工作费用按以下第_____项收取：

（1）本市案件每阶段包干收取人民币 2000 元整，不再多退少补。去外地出差费用实报实销。

（2）外地案件差旅费实报实销。另收异地办案工作费用每阶段每位律师 1000 元整。

3. 办案所需其他工作费用（包括但不限于仲裁费、诉讼费、评估费、审计费、翻译费、查询费、复印费、鉴定费、公证费、公告费、税费、工本费以及代理律师代为支付的其他费用）实报实销。

4. 以上费用于本合同签订之日一次性付清。

第五条　合同的变更和解除

1. 甲、乙双方经协商同意，可以变更或者解除本合同。

2. 乙方有下列情形之一的，甲方有权解除合同：

（1）未经甲方同意，擅自更换律师的；

（2）因乙方律师违法执业或重大过错给甲方造成损失的。

（3）乙方有其他严重违约行为，给甲方造成损失的。

3. 甲方有下列情形之一的，乙方有权解除合同，依约所收费用不予退还：

（1）甲方的要求违反法律、法规或违反律师职业道德和执业规范，或者甲方有捏造事实、伪造证据或者隐瞒重要情节等情形的；

（2）甲方逾期 10 日仍不向乙方足额支付律师费或者工作费用的；

（3）甲方有其他严重违约行为，导致乙方律师无法正常履行职责的。

第六条　违约责任

乙方无正当理由不提供第 1 条约定的法律服务或者违反第 2 条约定的义务，甲方有权要求乙方退还部分或者全部已付的律师费。

因乙方律师违法执业或重大过错导致甲方蒙受损失，乙方应当向甲方承担赔偿责任。

甲方无正当理由不支付代理费或者工作费用，或者无故终止合同，乙方有权要求甲方支付未付的代理费和工作费用。

甲方不得以如下非正当理由要求乙方退费：

1. 甲方单方面又委托其他律师事务所的律师的；

2. 本合同签订后，甲方以乙方收费过高为由要求退费的；

3. 在自诉案件中，甲方或对方当事人不起诉或撤诉的；

4. 其他非因乙方或者乙方律师的过错，甲方无故终止合同的。

第七条　争议的解决

甲乙双方如果发生争议，应当友好协商解决。协商不成，应将争议提交昆明仲裁委员会进行仲裁。仲裁裁决是终局的，对甲乙双方均有约束力。

第八条　合同有效期

本合同一式三份，甲方执一份，乙方执两份。有效期自双方代表人签字或盖章之日起，至本合同委托阶段结束（侦查机关撤销案件或自诉人撤回诉讼、自诉人与被告人达成和解、人民检察院做出不起诉决定或撤回抗诉、上诉人撤回上诉、法院作出判决、裁定以及其他诉讼终止、终结的情况）之日止。

第九条　特别约定

乙方对甲方交纳的任何费用（实报实销的费用除外），均应写进委托合同，同时开具正式发票。甲方向乙方交纳的费用（包括咨询费、代理费、辩护费、顾问费、交通办案费等）均应直接交给乙方财务人员或直接汇至乙方银行账户，乙方只对开具正式发票的费用认可。凡交给律师个人任何费用没有得到乙方正式发票的（实报实销的除外），甲方不但有权索回，并应向乙方反映或要求乙方更换承办律师。

本条所指实报实销费用是指承办律师外出的差旅费及为当事人垫付的翻译费、查询费、复印费、鉴定费、公证费、仲裁、诉讼费，本所不开具发票，由承办律师直接到当事人处报销。

甲方：　　　　　　　　　　　　　乙方：××××律师事务所

代表人：　　　　　　　　　　　　代表人：

签订日期：＿＿＿＿年＿＿＿＿月＿＿＿日

（2）签署《授权委托书》。授权委托书是委托人单方面签署的、授予律师在刑事诉讼活动中代理权限的法律文书。授权委托书一式三份，由委托人、律师事务所各持一份，待交法院一份。

授 权 委 托 书

委托人：＿＿＿＿＿＿＿＿＿。

受委托人：＿＿＿＿＿＿＿＿＿，＿＿＿＿＿＿＿＿＿律师事务所律师，联系电话：＿＿＿＿＿＿＿＿＿。

委托人因犯罪嫌疑人或被告人＿＿＿＿＿＿一案，特委托上述受委托人担任犯罪嫌疑人或被告人＿＿＿＿＿＿在＿＿＿＿＿阶段的律师或辩护人。

委托书有效期自双方签订之日起至＿＿＿＿＿止。

委托人：

年　月　日

（3）填写《律师事务所函》。《律师事务所函》是律师事务所出具的、证明律师参加刑事诉讼身份情况的法律文件。填写一份，待交法院。

律师事务所函

[　　]第　　号

＿＿＿＿＿＿人民法院：

本所接受＿＿＿＿＿的委托，指派＿＿＿＿＿律师，担任你院受理的＿＿＿＿＿＿＿＿＿＿＿一案的＿＿＿＿＿＿＿＿＿＿的辩护人。

特此函告

律师事务所（章）

年　月　日

（4）填写《律师会见在押犯罪嫌疑人、被告人专用介绍信》。《律师会见在押犯罪嫌疑人、被告人专用介绍信》一份，用于会见犯罪嫌疑人或者被告人，待交犯罪嫌疑人被羁押的看守所。

律师会见在押犯罪嫌疑人、被告人专用介绍信

［　　］第　　号

_____ :

根据《中华人民共和国刑事诉讼法》第37条以及《中华人民共和国律师法》第30条的规定，现指派我所_____律师前往你处会见_____一案的在押犯罪嫌疑人（被告人）_____请予安排。

特此函告

（律师事务所章）（章）

年　月　日

（二）与人民法院联系，索取起诉书副本并审查管辖

（1）辩护人对已经提起公诉的案件注意审查该案是否属于受案法院管辖。发现管辖不当的，应及时向人民法院提出。

（2）辩护人应当与承办案件的法官取得联系，向其提交授权委托书、律师事务所函等文件。

（3）人民法院应当向参加刑事案件审理的辩护人提供起诉书副本。如没有提交，辩护人应当主动向承办案件的法官索取。

（三）查阅、摘抄、复制案件材料

阅卷是掌握案情，确定辩护方案的前提，认真阅卷并掌握阅卷技巧是辩护人的基本功。《律师法》第34条规定受委托的律师自案件被人民法院受理之日起，有权查阅、摘抄和复制与案件有关的所有材料。前往法院时，应持授权委托书和律师执业证原件及复印件。

1. 查阅案件材料

律师应当认真查阅案件材料，了解分析案情。案件材料应当包括起诉书、证据目录、证人名单和主要证据的复印件或者照片等。缺少上述材料的，律师可以申请人民法院通知人民检察院补充。

2. 注明案件材料的相关情况

律师查阅、摘抄、复制案件材料，应当记明查阅、摘抄、复制案件材料的时间、地点，并注明案卷页数，证据材料形成的时间、地点及制作证据材料的人员。

3. 律师查阅案件材料应当着重了解的事项

律师查阅案件材料一般应了解以下方面的事项：

（1）被告人的自然情况；

（2）被告人被指控犯罪的时间、地点、动机、目的、手段、后果及其他可能影响定罪量刑的法定、酌定情节等；

（3）被告人无罪、罪轻的事实和材料；

（4）证人、鉴定人、勘验、检查笔录制作人的自然情况；

（5）被害人的自然情况；

（6）侦查、审查起诉阶段的法律手续和诉讼文书的合法性、完备性；

（7）技术性鉴定材料的来源、鉴定人的资格、鉴定过程与方式以及鉴定结论和理由等；

（8）同案被告人的有关情况；

（9）有关证据的客观性、关联性、合法性。证据本身及证据之间的矛盾与疑点；

（10）有关证据能否证明起诉书所指控的犯罪事实及有关情况，有无矛盾与疑点；

（11）其他与案件有关的材料。

阅卷的目的是发现问题，找出辩护的突破口，因此阅卷必须全面、细致。阅卷中如果发现了疑问，就有必要进行核实。阅卷是一个反复多次、综合分析、梳理思路的过程，如果一次不够，就两次，甚至反复多次，直到把案情吃透。阅卷时要做好阅卷笔录，对关键内容要重点摘抄、注明出处。为了节省时间和保证准确，也方便反复分析、研究，有可能最好采用复制的方式复印案件的全部材料。

（四）会见被告人

辩护人会见被告人的目的是向其了解案件事实、征询意见、核对案件事实、判断是否有必要调查收集有关证据材料和确定辩护方案等。如果辩护人是第一次会见被告人，辩护人会见的工作重点首先是通过会见确认当事人的委托关系，应征求被告人对委托的意见；其次是通过会见了解、核对案件事实；再次是判断、确定是否有必要调查收集有关证据材料，了解被告人的诉讼权利是否得到保障等。如果辩护人此前已经会见过被告人（如在审查起诉阶段会见过），已经尽可能周全地了解案情，则此时辩护人应将会见工作的重点放在核实、澄清案件事实和案卷证据材料中的矛盾和疑点，听取被告人的辩解理由，与被告人讨论确定辩护方向，告知法庭审理程序等。

1. 会见应携带的证件

在法庭审理阶段，辩护人会见在押的被告人，应携带以下文件和证件：

（1）起诉书副本；

（2）律师执业证原件及复印件；

（3）授权委托书；

（4）律师会见在押犯罪嫌疑人、被告人专用介绍信。

2. 会见时的工作要点

辩护人会见被告人，应当事先准备会见提纲，认真听取被告人的陈述和辩解，注意发现、核实、澄清案件事实和证据材料中的矛盾和疑点，并重点了解以下情况：

（1）被告人的身份及其收到起诉书的时间；

（2）被告人是否承认起诉书所指控的罪名；

（3）指控的事实、情节、动机、目的是否清楚、准确；

（4）起诉书指控的从重情节是否存在；

（5）被告人的辩解理由；

（7）有无从轻、减轻、免予处罚的事实、情节和线索；

（8）有无立功表现；

（9）有无超期羁押及合法权益受到侵害等情况。

辩护人会见时应当认真听取被告人对案件事实的陈述、对所涉犯罪、指控犯罪的态度，了解其所持态度的依据和理由。会见的时候，有些被告人不一定能说到点子上，不一定是辩护人想听的、想要的内容，辩护人也应当耐心、细心、专心听当事人讲述，尽可能让对方说完。这样有利于增进他对辩护人的信任，也有利于捕捉案件重要信息，有利于充分为当事人辩护。

3. 确定辩护方向

辩护方向是指在法庭审理时，辩护人为被告人的辩护确定辩护目标，制定辩护策略。实践中辩护方向主要是无罪辩护、最轻辩护两种。确定辩护方向，辩护人应该就案件证据作全面分析后提出建议，并向被告人做好法律方面的解释工作。辩护人和被告人要在充分交流的基础上，对准备如何辩护尽可能达成一致，如果双方不能达成一致，至少也要获得被告人的认可。如被告人坚持辩护人为其进行无罪辩护，而辩护人经过对案件的分析认为无法作无罪辩护，必要时，辩护人应该退出这个案件，由被告人或家属再聘请合适的辩护人。

辩护方向确定后，辩护人和被告人在法庭审理时应立场一致。

4. 介绍法庭审理程序，告知被告人在庭审中的诉讼权利、义务及应注意的事项

很多被告人大多是第一次实施犯罪或者被羁押，面对检察官或者法官难免会有紧张、焦虑情绪，甚至对自己的前途不抱任何希望。因此，辩护人会见时态度应亲和一点，鼓励对方树立信心，正确面对，起到看望、问候和安抚的作用。在审判前会见，应详细地介绍法庭审理的程序，被告人在庭审中的诉讼权利、义务及应注意事项，以减轻被告人在真正开庭时的紧张和恐慌。

5. 辩护人会见被告人，应当制作会见笔录

辩护人制作会见笔录：①有利于把案件办好，便于辩护人全面了解把握案情；②有利于辩护人的自我保护，防止办案人员把被告人翻供的责任归结到辩护人头上。做好会见笔录并交被告人阅读或者向其宣读。如果记录有遗漏或者差错，应当允许被告人补充或者改正。在被告人确认无误后要求其在笔录上签名。

6. 会见犯罪嫌疑人的其他注意事项

总的来说，会见要依法进行，遵守会见场所的相关规定。具体而言，以下几点值得辩护人高度重视：不得私自为被告人传递物品；不得通过传递信函为被告人串供创造条件；不得将通讯工具借给被告人使用；不得进行其他违反法律规定的活动等。

律师会见完毕后，应与羁押场所办理被告人交接手续。

（五）调查取证、申请调查取证及通知证人出庭作证

辩护人通过阅卷、审查起诉书和会见被告人，认为案件事实已经清楚，一般不必再进行调查取证。如果发现案件基本事实不清、基本证据不足，除可以建议人民法院或人民检察院退回补充侦查或对案件自行侦查外，辩护人只对涉及关键性的、影响到定罪量刑的案件事实，进行必要的调查取证。

1. 申请法院调查证据和律师自行调查

在刑事诉讼中，法定证据有证人证言、物证、书证、视听资料、鉴定结论等，如果辩护人认为公诉方提供的证据对被告人不利，而有些关键证据对证明被告人无罪、罪轻非常重要，辩护人可以自行调查。掌握这些证据的人由于各种原因（如出于同情被害人、厌恶被告人、怕遭报复不想惹麻烦等情况），拒绝向辩护人提供证言或其他证据，或者有些证据因其自身特点也无法提取。在此情况下，如辩护人认为该证据能证明被告人无罪或罪轻，但辩护人由于客观原因无法收集，可以依据《刑事诉讼法》第41条之规定，以书面方式提请人民法院依职权调查、收集对被告人有利、而辩护人无法收集的证据。

2. 申请人民法院通知证人出庭作证

证人由于各种原因（如出于同情被害人、厌恶被告人、怕遭报复不想惹麻烦等情况），拒绝向辩护人提供证言的，如辩护人认为该证据能证明被告人无罪或罪轻，但辩护人由于客观原因无法收集，可以依据《刑事诉讼法》第37 条之规定，以书面方式提请人民法院通知证人出庭作证。

3. 辩护人对所收集的证据材料应进行整理、复制并妥善保管

对证据进行整理，包括辩护人自行收集的证据，也包括当事人向辩护人提供的证据材料，目的是对证据进行分类分析，找出哪些证据是符合证据客观性、关联性、合法性的证据，哪些证据能够证明被告人无罪或罪轻，哪些证据材料能够证明被告人应当减轻处罚等。总体上讲，收集到的证据，既有有利于被告人的，也有不利于被告人的，甚至不同材料之间互相冲突、互相矛盾。面对纷纭复杂的案件材料、案件事实、案件信息，需要辩护人进行汇总、梳理，形成自己客观的分析和独立的判断。

有些案件，拖延的时间可能会比较长，这就要求辩护人对收集到的证据妥善保管。不要出现到开庭时找不到需要的证据的情况。对于一些特殊证据，应采取可靠的保管措施。对于当事人向辩护人提供的证据原件，有时候由辩护人来保管证据是有风险的。所以，可以留下复印件、复制件，把原件让家属自己保管。

4. 辩护人调查取证的注意事项

（1）律师自行调查取证的，凭律师执业证书和律师事务所证明，可以向有关单位或者个人调查与承办法律事务有关的情况。

（2）律师调查取证时，一般由二人进行。

（3）辩护律师向被害人或者其近亲属、被害人提供的证人收集与案件有关的材料，应事先向人民检察院提出书面申请取得同意，并征得被调查人同意，方可进行。

（4）律师的《调查笔录》应当载明调查人、被调查人、记录人的姓名，调查的时间、地点；笔录内容应当有律师身份的介绍，被调查人的基本情况，律师对证人如实做证的要求，作伪证或隐匿罪证要负法律责任的说明，以及被调查事项的基本情况。

（5）律师收集物证、书证和视听材料，应提取原件。无法提取原件的，可以复制、拍照或者录像，但对复制件、照片或录像应附有证据提供者的证明。

（6）律师在调查、收集案件材料时，可以录音、录像。对被调查人录音、录像的，应征得其同意。

（7）律师摘抄、复制有关材料时，应坚持客观真实的原则，不得伪造、

变造，断章取义。

（8）律师调查、收集证据材料时，根据需要可邀请有关人员在场见证，并在调查笔录上签名。

（9）律师制作调查笔录时，应全面、准备地反映调查内容，并经被调查人核对或向其宣读。被调查人有修改、补充的，应在修改处签字、盖章或者按指纹确认。调查笔录经被调查人核对后，应让其在每一页上签名并在笔录的最后签署记录无误的意见。

（六）出庭准备

在完成查阅案卷、会见被告人和调查取证后，辩护人应该为具体的庭审活动作好下列准备工作：

（1）律师申请人民法院通知证人、鉴定人、勘验检查笔录制作人出庭作证的，应制作上述人员名单，注明身份、住址、通讯方式等，并说明拟证明的事实，在开庭前提交人民法院。

（2）律师对于拟当庭宣读、出示的证据，应制作目录并说明所要证明的事实，在开庭前提交人民法院。

（3）律师接到开庭通知书应按时出庭，因下列情形之一不能出庭的，应及时与法院联系，申请延期开庭：①律师收到两个以上开庭的通知，只能按时参加其中之一的；②庭审前律师发现重大证据线索，需进一步调查取证或申请新的证人出庭作证的；③由于客观原因（如出差在外地、生病等）律师无法按时出庭的。

（4）律师在开庭前3日内才收到出庭通知的，有权要求法院变更开庭日期。

（5）开庭前律师应向法庭了解通知证人、鉴定人、勘验检查笔录制作人出庭作证的情况。如发现有未予通知或未通知到的情况，应及时与法庭协商解决。

（6）律师应了解公诉人、法庭组成人员的情况，协助被告人确定有无申请回避的事由及是否提出回避的申请。律师发现案件审理违反公开审判规定的，应向法庭提出异议。

（7）制作询问提纲。公诉人讯问被告人后，就轮到辩护人询问。法庭上辩护人询问的目的是协助法庭查明被告人无罪或罪轻、从轻、减轻情节的事实，向被告人发问一般都是"明知故问"，即"问"者知道答案，"答"者知道回答什么。回答本身不是目的，主要是给法庭特别是审判人员听的，[1]为

---

〔1〕 顾永忠主编：《刑事辩护技能与技巧培训学习指南》，法律出版社2010年版，第132~133页。

接下来的辩护作好铺垫。因此，制作好询问提纲、精心设计在法庭审理时要问的问题为法庭辩护打下良好的基础。

（8）制作质证提纲。法庭质证一般围绕证据的真实性、关联性和合法性三个方面进行。辩护人通过查阅案卷材料发现问题为质证奠定了基础。出庭前制定好质证提纲，对于将在法庭上准备对那些证据、从哪些方面进行质证做到心中有数。甚至还应该准备好当提出质证意见后，对方将会如何回应作出相应的预案。

（9）拟定举证提纲。如果辩护人准备向法庭举证，事先要做好举证准备。对于举什么证、为什么举证、要证明什么问题，拟定一个提纲，做好准备。

（10）制作辩护提纲。辩护人的辩护意见一般分三种情形：①对犯罪事实清楚、证据确实充分，构成犯罪的，辩护人要善于发现和总结法定和酌定从轻、减轻免除处罚的情节，提出从轻或减轻、免除处罚的意见；②对所控犯罪的主要事实不清、证据不足的，或被告人的行为不构成犯罪的，则要果断地作无罪辩护；③对犯罪事实清楚、证据确实充分，但起诉书指控定性不准、适用法律不当的，则可以作所指控罪名不成立的辩护。

在制作辩护提纲时要把握以下几点：①辩护观点要明确，切忌含糊不清；②辩护观点与论据要协调一致，切忌相互矛盾；③辩护提纲要有条理，层次分明，切忌杂乱无章；④辩护意见的论据要客观，具有真实性，切忌离开事实讲歪理；⑤辩护观点要合法，要有充分的法律依据，切忌以有分歧的理论观点为据；⑥辩护意见要言简意赅，切忌长篇大论，切忌大篇幅重复引用法庭已经举证和质证的证据说理，切忌大篇幅引用有关法理文章说事。

辩护提纲是法庭辩论的基础，是法庭辩论发言的依据，应根据法庭调查情况及时进行补充、修改和完善。法庭审理结束后应对辩护提纲进行加工整理，形成辩护词，提交给法庭。

（七）参加法庭调查

法庭调查是法庭审判的核心阶段。在这一阶段，合议庭要在公诉人、当事人、辩护人、代理人等的参加下，通过提出证据和对证据进行质证，当庭调查证据，全面查明案件事实，为法庭作出正确的裁判提供事实根据。法庭辩论贯穿于整个庭审的始终，就要求辩护人认真应对法庭审判的每一个环节。法庭调查、质证认证是控辩双方在合议庭的主持下而进行的，针对案件基本情节、主要证据及其法律程序而展开的案情再现的活动。法庭对案件基本事实、主要证据以及法律程序等进行全面审查，核实案件事实是否清楚，证据是否确凿充分，证据之间是否连贯、是否冲突，证据的来源是否合法等。

1. 出席法庭

刑事辩护最重要的工作场所是刑事审判法庭，在审判法庭中的表现是辩护人工作效果的最佳检阅。无论从衣物饰品，还是言谈举止，乃至法庭发言或辩论，每一个细节都影响着代理工作的成功与失败。做好每一个细节，展示良好的形象无疑是辩护人开展法庭工作的第一步。

（1）提前到达法庭。人民法院决定开庭审判后，一般情况下，至少会提前 3 天通知辩护人开庭的具体时间和法庭位置。因此，开庭时，辩护人一般应该提前到达法庭。提前到达有助于熟悉法庭环境，减轻焦虑情绪，为辩护保持良好的心理状态。另一方面也给当事人及审判人员觉得其诚实守信、干练敬业，产生信任感。

（2）注意出庭时的衣物饰品。法庭审理案件，体现着庄重与威严。因此，辩护人出席法庭的服装不能太随意，无论男女，最好不要穿便装、休闲装等。出庭服装，男辩护人可着深色西装、女辩护人可着职业套装。有条件的地方，律师最好穿律师袍出席庭审。端庄的服饰，让人油然起敬。

（3）布置辩护席、放置资料。两名以上被告人的案件有多名律师出庭的，辩护人应按指控被告人的顺序依次就座。辩护席是辩护人的工作台，可以放置案件材料、笔记本和法律法规等。辩护人坐好之后，应该妥善放置随身携带物品，整齐美观，最忌讳乱摆放、杂乱无章。

（4）辩护人出庭应当遵守法庭规则和法庭秩序，听从法庭指挥。

（5）审判长宣布被告人的诉讼权利后，辩护人可接受被告人的委托，对合议庭组成人员、书记员、公诉人、鉴定人和翻译人员代为申请回避，说明理由。

（6）法庭对被告人的年龄、身份、有无前科劣迹等情况核对有误，可能影响案件审理结果的，辩护人应认真记录，在法庭调查时予以澄清。

2. 法庭中询问被告人

《刑事诉讼法》规定，向被告人发问先由公诉人讯问，然后是辩护人向被告人发问，最后是审判员讯问。辩护人询问被告人的目的主要是通过发问表明对指控的态度及异议，通过发问为辩方后面的举证、质证起引导、铺垫作用。

（1）在法庭调查过程中，辩护人应当认真听取各方对被告人的讯问、发问，并做好发问准备。仔细倾听的目的首先在于从公诉人的提问和被告人的答复中，分析被告人的答复中的信息是否有利于被告人。如果被告人的答复有利于被告人，辩护人应在询问被告人时进行确认。其次是倾听公诉人的讯问是否违反了讯问规则，如问与案件无关的问题，采用诱导式提问，威胁被告人等。公诉人以威胁、引诱等方式讯问被告人或提出与本案无关的问题的，辩护人有权提出反对意见。法庭驳回反对意见的，应服从法庭的决定。

（2）辩护人在公诉人讯问被告人，被害人及其诉讼代理人向被告人发问后，经审判长许可，可向被告人发问。被告人不承认指控犯罪的，应问明情况和理由。

（3）辩护人发问的形式、内容应当使被告人感到亲近、温暖。公诉人的讯问往往很强势，咄咄逼人，给被告人造成巨大的心理压力。辩护人的发问与公诉人有所不同，应该语气平和，使被告人的紧张情绪有所缓解，恢复正常的思考能力和回答问题能力。遇被告人心理紧张，回答问题词不达意的，要及时提醒，引导其调整心态。例如："法庭是最讲理的地方，你不要紧张，如实回答问题即可"；遇被告人在法庭上的供述与侦查机关不一致时，要问明原因，并要求其确认哪一种说法；遇多被告人法庭陈述矛盾时，可请求法庭共同综合提问，当庭对质。此外，当被告人或证人的供述和证言对当事人的定罪量刑有利时，可提示书记员记录在案，以引起法官的重视。

（4）公诉人对辩护人的发问提出反对意见的，辩护人可以进行争辩。法庭支持公诉人反对意见的，辩护人应尊重法庭的决定，改变发问的方式。

（5）向被告人发问应当尽量使用开放性提问，提问切忌提示和诱导，以避免公诉方反对和法庭制止。所谓开放性的问题，指不能用"是"或者"不是"、"有"或者"没有"来回答的问题。而是必须用具体的时间、地点、方式、手段等内容来回答的问题。[1]如问："2011年3月1日那天白天你在哪儿？"对此被告人必须回答当时他在哪儿，不能从问句中选择出答案来。相反，如果问"你是一位教师，是不是？"，"作为一位从教多年的教师，一定知道如何管理教育学生，是不是？"因为问题中给对方已经提供了一个选择答案，这样问实际上是诱导对方怎样回答。诱导式问题，由于不具有客观性，在法庭审判时一般不允许。

（6）不要问被告人不知道答案的问题。辩护人询问被告人的目的是向审判者展示辩护人希望审判法官知道的与案件事实有关的信息，询问的过程是一个将辩护人自己知道答案的问题一个个提出来，然后由被告人将答案告诉审判法官。向被告人发问一般都是"明知故问"，即"问"者知道答案，"答"者知道回答什么。回答本身不是目的，主要是给法庭特别是审判人员听的，为接下来的辩护作好铺垫。

（7）法庭询问应注意的其他问题：①所提问题简明扼要，切忌长篇陈述；

---

〔1〕 顾永忠主编：《刑事辩护技能与技巧培训学习指南》，法律出版社2010年版，第137页。

②不要重复提问，检察官和其他辩护人已提问题一般不要再提；③要围绕被告人无罪、罪轻、从轻、减轻情节的事实提问，与案件无关的不提；④对被告人不利的不提。

　　3. 质证

　　质证，是指在刑事审判过程中，在法庭审判长的主持下，公诉方和辩护方对各类所举证据的真实性、关联性、合法性进行质询和答疑，以确定该证据的证明作用和解决该证据是否被法庭采信的一种诉讼活动。由于公诉人和辩护人向法庭出示证据的侧重点不同，其证据的证明内容和证明作用也有所不同，一般说来，公诉人出示的证据偏重于证明被告人有罪，而辩护人则偏重于出示被告人无罪或罪轻方面的证据。辩护人质证就是在庭审活动中，依照法定程序，向公诉方及其他方面提供的证据表明态度、提出意见。

　　辩护人质证在刑事辩护中占有重要的地位，主要就是指出控诉方证据存在的问题，质疑控诉方提供的证据是不是达到"确实充分"的程度。一旦辩护人的质证能够抓住要害，抓住关键，动摇、否定了公诉方的证据体系，公诉方的指控就不能成立了。

　　（1）对公诉方的出庭证人，应注意从以下方面进行质证：①证人与案件事实的关系；②证人与被告人、被害人的关系；③证言与其他证据的关系；④证言的内容及其来源；⑤证人感知案件事实时的环境、条件和精神状态；⑥证人的感知力、记忆力和表达力；⑦证人作证是否受到外界的干扰或影响；⑧证人的年龄以及生理上、精神上是否有缺陷；⑨证言前后是否有矛盾。

　　辩护人应综合以上方面，对证人证言及时发表意见。必要时，可与控诉方展开辩论。对指控证据认可的可不发表意见，有异议的则发表质证意见。质证意见要观点鲜明，是认可或是不认可，不认可的理由和依据是什么，简明扼要。质证是对证据发表意见，切忌把辩护意见提前发表。控诉方通知证人名单以外的证人出庭作证的，辩护律师有权建议法庭不予采信或要求法庭延期审理。

　　（2）对公诉方宣读的未出庭证人的书面证言的质证。在我国的审判实践中，为公诉方作证的证人几乎都不出庭。因此，对未出庭证人的书面证人证言质证尤为重要。质证主要集中在该证据内容与案件事实的关联性、合理性，是否和其他证言或其他证据之间存在矛盾。主要注意以下几点：①证据的形式要件是否合法，如是侦查人员制作笔录提取的证人证言，主要考察笔录的形式要件是否齐备；②证人证言是否和待证案件事实有关系；③如果证人有多份笔录，这些笔录之间是否有矛盾；④如果有多个证人，这些证人证言之间是否有矛盾；⑤证人证言是否与其他证据证明的事项有矛盾；⑥证人证言是否为孤证等。

辩护人应综合以上方面，对未出庭证人的书面证言及时发表意见。必要时可与控诉方展开辩论。

对于控诉方宣读的未出庭证人的证言或证据目录以外的证人证言，辩护人有权建议法庭不予采信或要求法庭延期审理，申请通知证人出庭作证。

（3）对于鉴定结论的质证。鉴定结论是指鉴定人运用专门知识和技能对案件中需要解决的专门性问题进行鉴定所作出的结论性意见。刑事诉讼中的鉴定常用的有：法医鉴定、司法精神鉴定、痕迹鉴定、会计鉴定等。对于公诉方提出的鉴定结论，辩护人应该提出要求鉴定人出庭作证。对于出庭的鉴定人和鉴定结论，辩护人应从以下方面进行质证：①鉴定人与案件的关系；②鉴定人与被告人、被害人是否存在利害关系；③鉴定人的是否具备鉴定资格；④鉴定人是否受到外界的干扰和影响；⑤鉴定的依据和材料；⑥鉴定的设置和方法；⑦鉴定结论与其他证据的是否能相互印证；⑧鉴定结论是否科学、准确。

辩护人应综合以上方面，对鉴定结论及时发表意见。必要时可与控诉方展开辩论。

（4）对控诉方宣读的鉴定结论，辩护人应注意从以下方面质证：①鉴定人不能出庭的原因及对本案的影响；②鉴定结论的形式和来源是否合法，内容是否完整、准确；③其他相关方面参照控诉方申请通知出庭的鉴定人及其作出的鉴定结论质证内容。

辩护人应综合以上方面，对鉴定结论及时发表意见。必要时可与控诉方展开辩论。对于控诉方宣读的未到庭鉴定人的鉴定结论或证据目录以外的鉴定结论，辩护人有权建议法庭不予采信或要求法院延期审理。申请通知鉴定人出庭接受质证，也可以申请人民法院补充鉴定或者重新鉴定。

（5）对物证的质证。物证是指能够证明案件真实情况的一切物品和痕迹。如犯罪用的工具、犯罪遗留下来物质痕迹、犯罪行为侵犯的客体物、犯罪现场留下的物品等。几乎每个刑事案件都有物证，同时物证是鉴别其他证据尤其是言词证据真伪的有力手段。对公诉方出示的物证，辩护人应从以下几方面进行质证：①物证的真伪；②物证与本案的联系；③物证与其他证据的联系；④物证要证明的问题；⑤取得物证的程序是否合法。

判断物证取得的程序是否合法，主要看取得物证的相关法律手续是否完备。因此，辩护人有权要求公诉人不仅要出示物证，而且要提供其取得物证的相关法律手续，如勘验、检查笔录，搜查笔录，扣押清单等，注意其上是否有当事人和见证人签字。

辩护人应综合以上方面，对物证及时发表意见。必要时可与控诉方展开辩论。对于控诉方出示的证据目录以外的物证，辩护人有权建议法庭不予采信或要求法庭延期审理。

（6）对书证的质证。书证是以文字、图画、符号所记载的内容证明案件真实情况的书面材料或其他物品。如贪污案件中伪造的账本、单据，犯罪分子有关犯罪动机和犯罪过程的日记等。对公诉方出示的书证，辩护人应注意从以下方面质证：①书证的来源；②书证是否为原件；③书证的真伪；④书证与本案的联系；⑤书证与其他证据的联系；⑥书证的内容及所要证明的问题；⑦取得书证的程序是否合法。

辩护人应综合以上方面，对书证及时发表意见。必要时可与控诉方展开辩论。对于控诉方出示的证据目录以外的书证，辩护人有权建议法庭不予采信或要求法庭延期审理。

（7）对视听资料的质证。视听资料是指以录音带、录像带以及电子计算机软、硬盘等储存的资料来证明案件真实情况的证据。视听资料是伴随现代科学技术发展产生的一种新的证据，具有直观性强、科技含量高和容易被伪造等特点。因此，对视听资料的审查判断尤为重要。对公诉方提供并播放的视听资料，辩护人应注意从以下方面质证：①视听资料形成的时间、地点、过程和周围的环境；②视听资料收集的程序是否合法；③播放视听资料设备的状况；④视听资料的内容和所要证明的问题；⑤视听资料是否伪造、变造；⑥视听资料与其他证据的联系。

辩护人应综合以上方面，对视听资料及时发表意见。必要时可与控诉方展开辩论。控诉方提供证据目录以外的视听资料，辩护人有权建议法庭不予采信或要求延期审理。

4. 举证

在控诉方举证完毕后，经审判长批准辩护人可以向法庭出示本方证据。基于无罪推定的刑事诉讼原则，辩护人并无举证证明被告人无罪的法定义务，只要公诉方的证据不能确实充分地证明被告人犯罪，法庭就应该裁判被告人无罪。但是，无罪推定原则并不意味着辩护人可放弃提交证据的机会。就特定的案件而言，辩护人提交的证据完全有可能是彻底推翻公诉方指控的关键。

和公诉人举证需要提出证据用以证明犯罪构成各项要素完全具备不同，辩护人举证并不需要通过证据组织出一个完整的无罪故事，只要辩护人能提出证据证明犯罪构成的一个要件不具备，就能彻底否定公诉方的指控。

（1）辩护人出示证据时，应向法庭说明证据的形式、内容、来源以及所要证明的问题，并特别注意以下方面：①物证、书证、视听资料的来源；②证据取得程序的合法；③证据内容的真实性；④证据的关联性。

对本方出示的证据，公诉方提出异议的，辩护律师应当有针对性地进行辩论，维护本方证据的可信性。

（2）提交辩护证据的注意事项。辩护方证据的证明指向明确，直接追求无罪或者罪轻、减轻处罚的判决结果，容易导致公诉人的激烈反应，而现行《刑法》第306条规定了辩护人毁灭证据、伪造证据、妨害作证罪，因此，辩护人执业最大的风险往往就出现在提交证据这个环节上。

辩护人提交证据，既要努力使辩护证据得到法庭的认可，更要确保自己的执业安全，因此，确保证据合法性是辩护人要重点考虑的。辩护人提交证据时要注意以下事项：①不要主动引导证人作有利于被告人的不真实证词，或提供不真实的书面文件，或不真实的其他资料，这是铁律，不得违反。②向法庭提交有关单位或个人的证据材料或书面证人证言时，要同时提供他们书面同意作证的声明。③即便向被害人或其近亲属进行了调查取证，不要向法庭出示这样的证据，如果觉得他们的证言有漏洞，可以向法庭申请他们出庭作证。对于其他证人的调查笔录，还要同时提交他们同意作证的书面承诺。④所有的调查取证最好两人以上进行，并在调查笔录上签名。⑤对于提交的书证或物证，一定要确保有原件可供证明其真实性。

（八）参加法庭辩论

法庭辩论是指控辩双方在审判长的主持下，依据法庭调查中已经调查的证据和有关法律规定，对证据有何种证明力和被告人是否有罪、所犯何罪、罪责轻重、应否处刑和如何处罚等问题，提出自己的意见和理由，在法庭上当面进行论证和反驳的诉讼活动。法庭辩论，既是控方揭露犯罪、证实犯罪的活动，也是辩方据理反驳控诉、维护被告人合法权益的活动。辩论越深入越有利于法庭全面分析判断案情，旁听群众也容易深入了解案件真相和来龙去脉。法庭辩论阶段是诉讼的集中展示，是诉求与辩争的阵地；是决定诉讼成败的关键；是控辩主体展示才华、检验工作成果的庄严场合；也是向社会宣传法制的好机会。

法庭辩论是整个法庭审判的中心环节，是法庭审判结果的关键。法庭辩论的成功与否，将直接影响到辩护人出庭的效果，所以应该给予高度重视。刑事诉讼中的辩论，从庭审活动开始，公诉人宣读起诉书起，就已展开。庭审的辩论阶段，实际上是对庭审论辩的总结。其内容主要是对案件的事实、证据、适用法律进行总结性论辩，不是对举证阶段争议的重复。所以要十分重视审判阶段的论辩，切实做到不打无准备之仗，确保战而必胜。

1. 辩论前要做好充分准备

（1）制定法庭辩论提纲。"凡事预则立，不预则废"。辩护人要想取得法庭辩论的主动权、取得辩论的成功，就应当有超前意识，提前拟定辩护或辩论观点。辩护人在接受委托后，应当积极熟悉全部案情，掌握所有证据。综合分析案件基本事实、基本证据、具体情节和客观实际，联系相关法律法规、司法解释。充分分析公诉人或者其他诉讼参与人的辩论观点，理清辩论思路，拟定辩护（辩论）观点，为法庭辩护或辩论做好充分的准备。正确有效的辩论提纲，对辩护人的法庭辩论有重要指导作用，辩论提纲是保证辩论工作得以有效进行的一个前提措施。

（2）法庭辩论阶段，辩护人应认真听取控诉方发表的控诉意见，记录要点，并做好辩论准备。要注意的问题是，有的辩护人在开庭前准备好了辩护词，开庭时拿出打印好的书面辩护词宣读，不注意针对法庭调查中反映出来的新情况和新问题。开庭前的准备固然重要，开庭后辩论发言前的准备也很重要。开庭前准备的辩护词是根据书面材料和预测分析作出的，而在开庭审判中往往会出现一些新情况、新问题，这就需要辩护人结合庭审的实际情况对自己的辩论意见进行修改、调整和充实。

2. 分析法庭辩论焦点

法庭辩论，先由公诉人发表公诉意见，辩护人要认真听。公诉人为证明犯罪指控成立，必须对犯罪构成的主观要件和客观要件的每一个方面进行证明，公诉方提交的证据和公诉人的论证只能产生惟一的结果，即被告人的行为构成被指控的犯罪。

辩护人辩护意见即是对上述犯罪指控的反驳，但在决定反驳的内容上，辩护人有更多的选择权，他（她）并不需要对公诉方的每一个证明要件都进行反驳，辩护人通常只需要通过证明（或论证）公诉方指控中的一个犯罪构成要件不成立（或不能排除合理怀疑）即可取得辩护的成功。

因此，辩护人应该分析公诉方的指控是否存在薄弱环节，若存在就将其识别出来，应该全力以赴地攻击公诉方的薄弱环节，这个薄弱环节如果被辩护人击打断裂，对被告人的指控就自然瓦解了。分析公诉方指控的薄弱环节，就是分析法庭辩论焦点。

最常见的公诉方指控中的薄弱环节一般有：

（1）行为主体不符，如因年龄、精神状态或身份职务等因素，不具备特定犯罪的主体要求；

（2）有罪证据不足，不能排除合理怀疑，不能得出惟一结论（如不能排除他人作案可能，或不能排除行为本身的合法性，或其他可能性）；

（3）公诉方不能否定辩护方证据的有效性，而辩护方证据能证明被告人无罪（如不在现场证据，或无作案时间证据，或其他证据）；

（4）存在阻却违法的法定事由，如正当防卫、紧急避险、意外事件等；

（5）法律适用错误，如将刑法未规定为犯罪的行为，以犯罪行为提起公诉；

（6）指控被告人的罪名不当，应认定为法定刑较轻的其他罪名；

（7）被告人有从轻、减轻或免除刑罚的情节，公诉方没有认定。

3. 辩护人辩护时的注意事项

（1）辩护意见应针对控诉方的指控，从事实是否清楚、证据是否确实充分、适用法律是否准确无误、诉讼程序是否合法等方面进行分析论证，并提出关于案件定罪量型的意见和理由。

（2）辩护人的辩护应围绕与定罪量刑有关的问题进行，抓住要害，重点突出，不在枝节问题上纠缠。

（3）辩护人发表辩护意见所引用的证据、法条一定要清楚准确，核对无误。

（4）辩护人的辩护发言应观点明确，证据充分，论证有力，逻辑严谨，用词准确，语言简洁。

（5）根据法庭氛围，把握辩护角色，让法庭和旁听公众接受并理解辩护人的辩护。如遇旁听人数众多，被告人的民愤大时，辩护人不要急于为被告人辩护，可以先依法阐释辩护人为什么要为被告人辩护，受害人家属情绪大时，应先抚慰受害人及其家属，调控好法庭氛围。

（6）根据案情，准确把握辩护观点，让法庭采纳，让旁听公众折服。该做无罪辩护的敢做无罪辩，该做从轻、减轻辩的善做从轻、减轻辩。辩护人辩护不能感情用事，不应以旁听人员为发言对象，不能哗众取宠。

（7）根据控方的架势，把握辩护气度，既理直气壮，又以理服人。法庭上，检察官是以国家公诉人身份参加诉讼，往往义正词严，有的甚至以势压人。这个时候，辩护人更应从容面对，反对公诉人的不当言词，理直气壮地维护被告人的合法权益，切忌沉默无语或者辩护软弱无力。发表辩护意见时，应当以理服人，尊重法庭，尊重对方，不得讽刺、挖苦、谩骂、嘲笑他人。

（8）多被告人共同犯罪的案件，要把握辩护分寸，避免辩护人之间的相互指责和攻击。实践中，常常出现辩护人各为被告人相互推诿主从责任的情况，让公诉人隔岸观火，好不热闹。正确的做法是辩护人庭前交换意见，尽量避免。确实回避不了时，以"其他被告人"作泛指，而不宜指名道姓地推托以加重其他被告人的责任。

（9）结合案件具体情况，合理安排辩护阶段的发言内容。发表辩护意见应避免重复。在补充辩护意见时，应着重对控诉方的新问题、新观点提出新的辩护意见。第一轮发言一般是针对公诉人的指控和公诉发言综合性地发表辩护意见；第二轮根据公诉人的答辩再作辩护并视情况提出前一轮没有发表的新的意见，两轮辩护意见的内容切忌重复，切忌纠缠不休；第三轮则视庭审时间和公诉人答辩的内容确定，如公诉人没有提出新的答辩观点，仅是原则重复前两轮意见，则可不再辩护。相反则应示意法庭，要求发表新的辩护意见。

4. 辩论发言中的技巧

辩护人在法庭辩论中的发言对象不是公诉人而是裁判者，辩护人和公诉人之间的关系不是拳击手那样要打倒对方，辩护人不要以将公诉人驳得哑口无言为目的。辩护人要说服的是裁判者，要以毋庸置疑的语气将被告人无罪的事实理由和法律理由清晰地阐述给裁判者。辩护人在法庭辩论中的发言要注意一些小技巧：

（1）语言要简洁，思路要清晰。辩护人在阐述辩护的理由时，不要用长句子，将一个长句子包含的信息改编成几个短句子来表达，效果会更好。另外，辩护人的论述逻辑层次必须是清晰易懂的。

（2）尽量不要低头宣读辩护词。辩护人"按既定方针办"，将会疏忽对公诉方重要观点的反驳。最有效的办法是准备一个提纲，在庭审过程中，根据庭审情况和公诉人的观点调整提纲内容，到法庭辩论时，辩护人依据准备充分的提纲，抬头直视裁判者发表辩护意见，裁判者将会认真倾听一个面向自己发言的辩护人的意见，对辩护人的自信也会有所感觉。

（3）保持适当的音量、语速和语调。辩护人在法庭上的发言应该比平常说话的声音要略大一些，至少要让法庭上控、辩、审各方及书记员能清晰地听见每一句话。辩护人的语速要控制得稍微慢一些，让裁判者能充分地理解辩护人的观点。抑扬顿挫的语调能充分调动和维持裁判者的注意力，这对他们听取辩论意见也是重要的。

（九）辩护词的撰写

辩护词是指辩护人在刑事审判庭上，为被告人所作的无罪、罪轻或者从轻、减轻、免除刑事责任辩护时，针对指控所发表的辩护性演讲词。

辩护人应该在庭审之后向法院提交书面的辩护词。通过提交辩护词，将自己在庭审中的发言整理成书面的材料提交给法院，有助于法官全面掌握案情，全面了解辩护人的辩护观点和依据，作出恰当的判断。辩护词是一种说理性很强的文书，同样必须坚持"以事实为根据，以法律为准绳"的原则，同时应做到言之成理，言之有据。反对歪曲事实和无理狡辩。

1. 辩护词的结构、内容及制作方法

（1）首部。包括：①标题：关于×××（姓名）××（案由）一案的辩护词。②称呼语：根据审判庭的实际组成情况写，一般写"审判长"、"人民陪审员"或"审判长"、"审判员"。③序言或引言：引用相关法律根据，简要说明辩护人出庭的合法性和出庭目的；简要说明辩护人开庭前进行准备工作的情况（包括阅卷调查、会见被告人）等；提出对本案的基本看法。

某一辩护词的引言是这样写的：

"审判长、审判员：

依据《中华人民共和国刑事诉讼法》第 32 条、《中华人民共和国律师法》第 28 条之规定，我接受被告人陈××及其家属的委托，作为陈××玩忽职守案的辩护人，今天出庭为其辩护。开庭前我查阅了北京市人民检察院移送北京市第一中级人民法院有关本案的证据材料，同时也多次会见了被告人陈××，向他进行了详细的询问，了解了本案的有关情况，并作了必要的调查。今天又认真听取了法庭调查，作为被告人陈××的辩护人，就本案定罪量刑，我提出以下四点辩护意见，请法庭予以认真考虑……"

（2）正文——辩护意见。正文也称事实和理由，是辩护词的核心部分。辩护意见应围绕公诉人所指控的罪名，从事实、证据、法律等不同方面进行分析，找出并论证控诉方在事实认定、证据效力，适用法律等方面的错误、漏洞或疑点，反驳其指控。根据刑法、刑事诉讼法以及由最高人民法院、最高人民检察院作出的有关司法解释，辩护人在拟定辩护词时，除反驳控诉方的指控外，还应当注意：

第一，要坚持"以事实为根据，以法律为准绳"的原则。认定案件事实应当实事求是，对被告人不利的事实和证据，不能无根据地否认；对被告人有利的事实的认定，要有根有据。要针对控诉方对犯罪事实的指控进行辩护，查找起诉书认定不实或者不当之处，并以确凿的证据反驳公诉人，以证明自己的辩护意见的正确性。

第二，从法律的适用方面进行辩护。即对起诉书适用法律错误或不当的地方进行反驳。例如，运用犯罪构成理论就起诉书查明的事实是否构成犯罪，被告人的行为是一罪还是数罪等方面进行论证。如果做无罪辩护，辩护人就应从控诉方指控的证据不足，不能认定被告人有罪；辩护人提供的证据，能够证明被告人的行为情节显著轻微、危害不大，不认为是犯罪；或者被告人的行为在性质上属于正当防卫、紧急避险等合法行为；或者被告人没有实施起诉书指控的行为等依法应当认定被告人无罪等方面进行辩护。如果辩护人对被告人作有罪辩护，则应着重从案件的定性和对被告人从轻、减轻或者免除刑罚等方面进行辩护。

第三，要论点突出，论据充分，层次分明，符合逻辑。

第四，辩护词的语言要使用法言法语，用语准确、简洁。论证有说服力，要综合法律、政策的有关规定。

（3）尾部。包括：①概括辩护词的中心观点，对全部辩护词进行归纳总结，重申辩护的主旨。②明确向法庭提出对被告人的处理意见，或者请求法庭对辩护人的辩护理由给予充分的考虑和足够的重视，或者向法庭提出对被告人如何定性量刑，适用什么法律条款的要求和建议。③写明辩护人姓名和所在律师事务所名称，并注明辩护词发表的日期。

2. 辩护词论证的几个关键问题

（1）有关事实认定问题的论证和辩驳。事实应该是辩护人首先要考虑的问题，因为事实是案件的基础，没有被指控的犯罪事实或事实有重大的出入，则直接影响到被告人是否构成犯罪或罪行的轻重。因此，辩护人首先要对公诉机关的起诉书或自诉人的自诉状中有关事实、证据的部分进行认真的分析研究，如发现对方在认定事实上有误，自然就应予驳辩。常见的有以下几种情况：

第一，事实性质，认识不同。这种情况是辩护人与公诉人或自诉人对起诉书或自诉状中所列举的被告人的行为事实本身，并无重大的分歧，但在该事实的性质认识上有原则的分歧，这一分歧认识的结论，自然也截然不同。有时常常涉及罪与非罪的不同性质。

第二，夸大缩小，歪曲事实。起诉书或自诉状中对不利于被告人的事实有所夸大，或对于有利被告人的事实有所缩小甚至于根本不提，往往会使被告人的犯罪程度有所加重。特别是对被告人的行为事实带有言过其实、夸大其辞的内容，作为被告人的辩护人则必须说明事实真相，还事实以本来面貌，以达到减轻被告人犯罪严重程度的目的。一般说来，这种辩护属于有罪辩护。提出证明被告人罪轻并应减轻甚至或免除其刑事责任的材料和意见，本来就是辩护人的职责，所以这种辩护词在司法实践中还是大量存在的。

第三，本无其事，严重失实。倘若起诉书或自诉状中指控被告人的犯罪事实，严重失实或本无其事，则作为辩护人必须全力进行驳斥。一般有两种情况：①虽有犯罪事实，但并非被告人所为，搞错了犯罪行为的实施者；②证据不实，犯罪事实根本不存在。这两者无论哪种情况，都必须用充分有力的证据，论证被告人不存在上述犯罪行为，前者要侧重用证据说明被告人根据没有实施犯罪的可能性，后者则应侧重于推翻原有的证明犯罪事实的证据，同时用新的证据说明事实真相。

第四，对被告有利的行为未加以认定。如被告人犯罪后采取了积极的措施减少犯罪行为所造成的损失，或犯罪后积极如实地交待犯罪行为，或在犯罪起因方面被害人有过错的。这样的情节对被告人有利，如未加认定，应予提出。

（2）有关证据问题的认定和辩驳。证据问题是刑事辩护中的一个重要问题，主要考虑两点：①证据的合法性；②证据的锁链性。就证据方面进行辩护，必须核查案卷或者调查取证。从证据方面进行辩护主要可以从以下几个方面进行：

第一，证据来源不合法。通过刑讯逼供、诱供、套供、指明问供获得证据，或者其他非法方式获取的证据等。

第二，证据不充分。《刑事诉讼法》第 195 条提到的"案件事实清楚，证据确实、充分"才能判定有罪的规定，事实上确立了认定被告人有罪的证明标准，即有罪证据必须确实充分。如果达不到这一证明标准，则属于证据不充分，不能作有罪认定，只能根据"疑罪从无"原则，作出无罪判决。

第三，证据的法律手续不完善。如由单位署名盖章出具的证明材料没有署名或盖章，没有见证人的勘验、检查笔录和搜查笔录，没有当事人和调查人签名的调查笔录，有涂改而无校对章或无改正者指纹的材料等。

第四，证据相互矛盾。是指数量、证明力相当的证据相互矛盾。

第五，证据不能形成锁链。如只有被告人供述而无旁证材料的。

第六，"孤证"不能定案。"孤证"即单一的证据。"孤证"由于不能得到印证，其自身的真实性无法得到确认，不能得到真实性确认的证据自然不能充分地证明案件事实。"孤证"不能定案，是现代司法体制的铁律。

（3）有关定罪问题的论证和辩驳。在适用法律方面，首先是有关定罪问题的论证和辩驳。如果辩护人采用"无罪辩护"的，一般要从事实方面入手，只有从根本上推翻了指控的犯罪事实或否定了事实的犯罪性质，才能否定被告人构成的罪名。通常对罪名问题的辩驳主要是认为罪名不当，辩护人认为不属于起诉书或自诉状中指控的罪名，而属于相对说来较轻的一种罪名。这仍属于"有罪辩护"。即不否认被告人构成犯罪，但属于一种较轻的罪。常见的有，被告人被指控构成强奸罪（有未遂情节），辩护人的辩护词认为被告人犯强制猥亵妇女罪；被告人被指控构成抢劫罪，辩护人辩护为抢夺罪；被告人被指控构成故意杀人罪，辩护人辩护为故意伤害（致死）罪等。

（4）有关量刑问题的论证。关于量刑问题，辩护词中多属于正面说理，据实据法，展开论证。因为起诉书或自诉状一般不会提出具体的量刑意见，最多不过是讲"从严惩处"。而作为辩护人必须根据被告人自身存在的从轻情节，提出较为具体的从轻意见。常见的从轻情节很多：有年龄方面的，如未成年人；有法定的从轻情节规定；有犯罪实施过程方面的，如有犯罪中止、犯罪未遂等情节；有认罪态度方面的，如有自首、悔罪、立功表现等；有未造成严重损失方面的，如积极退赃、退赔等。此外个人犯罪的，有初犯情节的；共同犯罪中，有从犯、胁从犯等情况的。辩护人都应根据被告人自身存在的从轻事实，引证有关的法律规定，正面论证对被告人应予从轻处理的道理。

（5）有关程序问题的论证。人民法院在审理案件过程中，有违反程序的事实，并可能影响案件公正裁决的，辩护人也应据法辩驳，以保证案件得以公正裁决。常见的有人民法院违反管辖，受理不应受理的案件；未向当事人交代当事人应有的诉讼权利（如未交代当事人有申请法庭组成人员及其他有关人员回避的权利），影响案件公正处理的情形，等等；对此，作为辩护人均应据法辩驳。

（6）有关情理方面的论证的辩驳。辩护词除应抓住事实和法律两个方面进行充分的论证和辩驳外，有时也还需要针对某些与人情事理相悖的情况，进行辩驳和申诉。如被告人虽属犯罪，但与被害人的激将挑衅有直接关系，这样就需要将被害人的刺激挑衅的情况如实讲出，以说明被告人之所以犯罪，与被害人的行为不无关系，从而应考虑对被告人从轻予以处罚，诸如此类，不一而足。

（十）完善休庭后的辩护工作

休庭并不意味着辩护人工作的结束，相反，应本着对工作善始善终、负责到底的精神，做好休庭后的相关工作。

（1）休庭后，辩护人应就当庭出示、宣读的证据及时与法庭办理交接手续。

（2）休庭后，辩护人应仔细审核开庭笔录，审核有误时可要求书记员修改和补正，无误后签字。

（3）休庭后，在法庭规定的时间内，将书面辩护意见提交法庭。

（4）一审判决后，辩护人有权获得判决书。在上诉期间内，辩护人可会见被告人，听取其对判决书的意见，询问其是否上诉，并给予法律帮助。若被告人决定上诉，将被告人的意见转告其家属。

二、公诉案件二审程序中的辩护

《刑事诉讼法》第 10 条规定："人民法院审判案件，实行两审终审制。"二审程序即上一级法院根据当事人的上诉或者人民检察院的抗诉，对下一级法院尚未生效的一审判决和裁定进行重新审理的活动。办理二审刑事案件且期望获得对一审判决的更改，对辩护人的法律基础知识、诉讼综合技能提出了更高的要求。

（一）收案

辩护人接受委托及办理的相关手续，参照一审程序中的辩护的收案进行办理。如果辩护人与当事人在侦查阶段、审查起诉阶段或一审阶段所签订的协议已经明确了辩护人提供二审辩护，则不在单独签订委托协议，但应单独再签订辩护委托书。

（二）代书并提交上诉状

辩护人参与二审刑事诉讼活动，接受委托后，应尽快到羁押场所会见被告人，征询其对一审判决的意见，是否服从一审判决，询问其是否要求提起上诉，是否同意当其辩护人。如果被告人不同意上诉，则应让其在会见笔录上签字确认，及时告知其家属，解除相应的委托关系。

如果被告人不服判决，决定上诉，在辩护人没有参加一审审理的情况下，应该详细了解案情，让被告人充分陈述对一审认定事实、适用法律的意见，特别是对判决不服的具体理由，确定上诉请求的目的是改判无罪还是减轻处罚。

会见后，如被告人尚未提交上诉状的，辩护人应该立即撰写上诉状，在上诉期内及时将诉状交到原审人民法院。如已提交了上诉状，则二审辩护人可直接进行下一步工作。

1. 刑事上诉状

刑事上诉状是刑事案件的被告人、自诉人和他们的法定代理人，不服地方各级人民法院第一审的判决、裁定，或者被告人的辩护人和近亲属，在经被告人同意后，向上一级人民法院上诉时所使用的法律文书。

《刑事诉讼法》第216条第1款规定了被告人、自诉人和他们的法定代理人以及被告人的辩护人和近亲属的上诉权。该条第3款并且强调，对被告人的上诉权，不得以任何借口加以剥夺。

地方各级人民法院在宣告第一审判决、裁定时有告知上诉权的义务。根据《最高人民法院关于执行〈中华人民共和国刑事诉讼法〉若干问题的解释》（以下简称《刑诉解释》）第232条，地方各级人民法院在宣告第一审判决、裁定时，应当明确告知被告人、自诉人和他们的法定代理人，如果不服判决或者裁定，有权在法定期限内以书面或者口头形式向上一级人民法院提出上诉；被告人的辩护人和近亲属，在法定期限内经被告人同意，也可以提出上诉。上诉的法定期限在《刑事诉讼法》第219条有规定，即不服判决的上诉期限为10日，不服裁定的上诉期限为5日，从接到判决书、裁定书的第二天起算。《刑诉解释》第235条对此也有规定。在司法实践中，法官在宣告判决、裁定后，通常要询问当事人要不要上诉，当事人当时的回答并不具有决定意义，即如果当事人当时回答"是"，后来也可以改为"否"；当时回答"否"，在后也还是有权提起上诉，只要不超过法定期限即可。《刑诉解释》第232条第2款规定，被告人、自诉人和他们的法定代理人是否提出上诉，以他们在上诉期满前最后一次的意思表示为准。

上诉人上诉时，一般应当有上诉状正本及副本，只有上诉人因书写上诉状确有困难的，才可以口头上诉，并由一审人民法院根据其所述的理由和请求制作笔录，由上诉人阅读或者向其宣读后，上诉人应当签名或者盖章。从司法实践情况看，上诉人提出上诉，提交上诉状对其更为有利。

2. 刑事上诉状的制作

刑事上诉状的结构分为首部、正文和尾部三部分。

（1）首部。

第一，标题。标题写作"刑事上诉状"。

第二，当事人情况。当事人情况部分只写上诉人基本情况。上诉人基本情况与判决书中被告人基本情况相同。

第三，案由和上诉缘由。这一段是过渡段，写作"上诉人因……一案，不服×××人民法院（20××）××刑初字第××号刑事判决，现提出上诉。"

（2）正文。

第一，上诉请求。上诉请求是上诉人通过上诉所要达到的目的。应该尽量写得具体些，不要过于笼统。上诉请求应该在下文的上诉理由部分能够加以证明。

第二，上诉理由。上诉理由是刑事上诉状的最主要的部分。除了一审被告人被判处死刑，且被告人确属罪大恶极，罪无可恕，其上诉不过是延以时日，不可强求上诉状的理由写作之外，刑事上诉状的理由都应该有具体内容，能够在一定程度上说明一审裁判的错误。

在上诉理由的写作中，要特别注意理由的针对性，即上诉理由应该是针对原审裁判中存在的问题进行阐述。刑事上诉状的格式一般如下：

刑事上诉状

上诉人：（姓名、性别、出生年月日、民族、籍贯、职业、职务、工作单位、住址等基本情况）

上诉人因……一案，不服×××人民法院（20××）××刑初字第××号刑事判决或裁定，现提出上诉。

上诉请求：

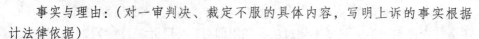

事实与理由：（对一审判决、裁定不服的具体内容，写明上诉的事实根据计法律依据）

此致

××××人民法院

上诉人：（签名）

年　月　日

（三）与二审人民法院联系并查阅、摘抄、复制案件材料

辩护人在二审法院受理上诉案件后，应及时与承办案件的审判法官取得联系，办理委托手续，并要求查阅案卷材料。二审时的委托手续与一审相同，应向法院提交授权委托书、律师事务所函，阅卷时出示律师执业证并留下复印件。

1. 到二审法院阅卷

二审阶段辩护人阅卷的方法与一审时相同。所不同的是二审阅卷时辩护人能看到该案所有的卷宗起诉材料，相对完整的庭审笔录，公诉人发表的公诉词，以及一审辩护人的辩护意见等。对于上述材料，辩护人应该仔细阅读，认真研究，最好是复印后带回去研究。

2. 分析一审判决书的错误

上诉的目的是要求改判，或者获得一个罪轻的判决，这就要求辩护人要仔细研究一审判决，证明或论证一审判决存在的错误。

（1）事实方面。看原审认定的事实是否真实，是否有证据证明。一审中，公诉意见的核心是什么，上诉人的自我辩解理由是什么，一审辩护人的辩护意见是什么，和一审公诉人之间的争论焦点是什么，对于控辩双方的意见法庭是如何采纳的，采纳的理由是什么。

（2）证据方面。注意两点：①看原审认定事实是否运用了证据，所用证据来源是否合法，证据之间能否构成锁链；②看原审是否不恰当地确定了当事人的举证责任。

（3）法律适用方面。一审判决适用法律是否正确，定罪量刑是否适当。

（4）诉讼程序方面。一审审判程序是否违法，即一审法院是否有管辖权，是否按法律规定送达法律文书，是否有超期羁押被告人，是否有应回避而未回避的情形，是否有未经质证的证据作为认定事实的依据，是否有应公开审理未公开审理或应不公开审理而公开审理等各种情形。

（四）会见被告人、调查取证、申请调查取证及通知证人出庭作证

二审中辩护人会见被告人的工作内容及要求与一审基本相同。一审宣判

后，被告人提出上诉或人民检察院提出抗诉的，一般情况下，由于被告人已被关押较长时间，加上对一审判决不服或不满，情绪会较为激动。因此，辩护人会见时应认真听取其对案件事实的介绍，让其充分陈述对判决书认定的事实，特别是对判决不服的理由，同时做好会见笔录。

上诉的目的就是为了改判，所以被告人往往会对辩护人寄予过高期望。因此，辩护人必须保持清醒的头脑，不能为被告人的意志所左右，不能向被告人作出不切实际或无原则的承诺，以免使被告人在最终判决确定后感到失望。

通过阅卷、会见被告人后认为需要，辩护人可以依法调查取证、收集与案件有关的证据材料。二审中辩护人的调查取证工作与一审开庭前的调查取证活动基本相同。

（五）参加二审庭审或发表辩护意见

并非所有的二审案件都开庭审理，如果开庭审理的，程序与一审基本相同。

1. 开庭审理的二审案件

根据《刑事诉讼法》第223条的规定，下列案件应开庭审理：

（1）被告人、自诉人及其法定代理人对第一审认定的事实、证据提出异议，可能影响定罪量刑的上诉案件；

（2）被告人被判处死刑的上诉案件；

（3）人民检察院抗诉的案件；

（4）其他应当开庭审理的案件。

《刑事诉讼法》规定，二审法院经过阅卷，讯问被告人、听取其他当事人、辩护人、诉讼代理人的意见，对事实清楚的，可以不开庭审理。辩护人办理被告人上诉的二审案件应该尽可能争取开庭审理，在开庭审理中，辩护人才可能发挥在询问、质证和辩论等方面技能，说服法官采纳辩护观点。

2. 不开庭审理的二审案件

二审案件不开庭审理的，辩护人应及时向法院提交书面辩护意见，并可提供新的证据。

现阶段，我国人民法院审理的大多数非判处死刑上诉案件，基本上不开庭审理。二审法院通过阅卷、讯问上诉人、听取辩护人的意见，然后合议庭作出裁判。二审法院这种不开庭审理而作出裁判的审理方式，一般称之为书面审理。

在书面审理中，辩护人向二审法院提交书面辩护意见是为维护当事人合法权益、全面陈述辩护意见的主要渠道。因此，辩护人必须把握这一难得的辩护机会，充分阐述辩护观点，全面论述一审判决书中可能存在的错误，有效维护当事人的合法权益。

书面辩护意见的写法与一审不同之处在于，二审辩护词中要将一审判决书作为靶子，尽可能详细、全面地论述一审判决书中审判程序的错误、事实认定上的错误和法律适用上的错误等。

三、自诉案件中的辩护

（一）自诉案件的范围

根据《刑事诉讼法》及有关司法解释的规定，自诉案件包括下列案件：

1. 告诉才处理的案件

（1）侮辱、诽谤案（《刑法》第246条规定，但是严重危害社会秩序和国家利益的除外）；

（2）暴力干涉婚姻自由案（《刑法》第257条第1款规定）；

（3）虐待案（《刑法》第260条第一款规定）；

（4）侵占案（《刑法》第270条规定）。

2. 人民检察院没有提起公诉，被害人有证据证明的轻微刑事案件

（1）故意伤害案（《刑法》第234条第1款规定）；

（2）非法侵入住宅案（《刑法》第245条规定）；

（3）侵犯通信自由案（《刑法》第253条规定）；

（4）重婚案（《刑法》第258条规定）；

（5）遗弃案（《刑法》第261条规定）；

（6）生产、销售伪劣商品案（刑法分则第三章第一节规定，但是严重危害社会秩序和国家利益的除外）；

（7）侵犯知识产权案（刑法分则第三章第七节规定，但是严重危害社会秩序和国家利益的除外）；

（8）属于刑法分则第四章、第五章规定的，对被告人可能判处3年有期徒刑以下刑罚的案件。

对上述八项案件，被害人直接向人民法院起诉的，人民法院应当依法受理。对于其中证据不足、可由公安机关受理的，或者认为对被告人可能判处3年有期徒刑以上刑罚的，应当移送公安机关立案侦查。

3. 被害人有证据证明对被告人侵犯自己人身、财产权利的行为应当依法追究刑事责任，而公安机关或者人民检察院已经作出不予追究的书面决定的案件。

（二）辩护人在自诉案件一审中的辩护工作

《刑事诉讼法》第44条规定，自诉案件的被告人有权随时委托辩护人。人民法院自受理自诉案件之日起3日内应告知被告人有权委托辩护人。自诉案

件被告人的辩护人与公诉案件被告人的辩护人在刑事诉讼中享有同等的权利，履行同样的职责，其目的都是维护被告人的合法权益。律师、被告人的亲友等可以接受自诉案件被告人的委托担任其辩护人，委托手续参照前文有关辩护律师办理手续的相关内容。

担任自诉案件被告人的辩护人，应注意以下事项：

（1）自诉案件被告人有权提起反诉。反诉是指被告人作为被害人控告自诉人犯有与本案有关联的罪行，要求人民法院进行审判，追究自诉人刑事责任的诉讼活动。接受委托后，辩护人应告知被告人在诉讼过程中有权对自诉人提起反诉。反诉适用自诉的规定。反诉必须符合以下条件：①反诉的被告必须是本案自诉人。②反诉所控告的犯罪行为必须是与自诉案件有关的犯罪行为。③反诉提起的时间只能是法院对自诉案件判决宣告前。④反诉之案件必须是属于法院直接受理的告诉才处理或者辩护人有证据证明的轻微刑事案件。

（2）自诉人经两次合法传唤无正当理由不到庭或者未经法庭许可中途退庭的，按撤诉处理。

（3）自诉案件可以调解。调解是指在审判人员主持下，通过对当事人双方进行说服和教育，由双方当事人协商，达成解决纠纷的协议。通过调解解决纠纷，对于消除当事人之间的矛盾，顺利执行案件等具有重要意义。

（4）自诉人可以同被告人自行和解，或者撤回自诉。和解是自诉人同被告人自行协商，取得一致意见后，不再需要法院对双方的纠纷加以解决。《刑事诉讼法》第172条规定，自诉人在判决宣告以前，可以同被告人自行和解，撤回起诉。为使案件尽快得到顺利解决，辩护人应当积极配合做好促成当事人自行和解的工作。

（5）自诉案件被告人的辩护人，在一审及简易程序中的其他活动，参照前文辩护人有关辩护程序进行。

（三）辩护人在自诉案件二审中的辩护工作

辩护人接受自诉案件被告人的委托担任二审辩护人的，其辩护工作与担任公诉案件二审辩护人的具体工作大致相同，包括向上一级人民法院提交上诉状、查阅案卷材料、会见被告人、调查取证、出庭参与法庭审理、发表辩护意见等。如果二审法院进行书面审理，辩护人应当及时提交书面辩护意见。

四、再审程序中的辩护工作

刑事案件再审，也被称之为刑事审判监督程序，是对错误的判决和裁定进行纠正的程序。根据《刑事诉讼法》第243条之规定，刑事案件再审是由人民法院或人民检察院作为主体提起，而根据《刑事诉讼法》第241条规定，当事人及其法定代理人、近亲属，对已经发生法律效力的判决、裁定，可以向

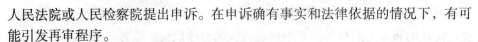

人民法院或人民检察院提出申诉。在申诉确有事实和法律依据的情况下，有可能引发再审程序。

（一）收案

当事人对终审裁判不服，要求提出申诉时，应当与当事人办理委托手续，取得刑事案件代理人的资格。具体为：①与当事人签订申诉代理协议；②由当事人签署授权委托书。

（二）申诉的条件

刑事案件申诉，是当事人及其法定代理人、近亲属，对已经发生法律效力的判决、裁定，向人民法院或人民检察院提出重新立案、重新审理的要求，是法律赋予当事人及其法定代理人、近亲属的一项重要诉讼权利。但是，也并非所有的申诉都会导致再审。申诉只有符合相关条件，人民法院才会启动再审程序，重新审判。根据《刑事诉讼法》和相关司法解释的规定，可能导致人民法院决定再审的情形有：①有审判时未收集到的或者未被采信的证据，可能推翻原定罪量刑的；②主要证据不充分或者不具有证明力的；③原裁判的主要事实依据被依法变更或撤销的；④据以定罪量刑的主要证据自相矛盾的；⑤引用法律条文错误或者违反《刑法》第12条的规定适用失效法律的；⑥违反法律关于溯及力规定的；⑦量刑明显不当的；⑧审判程序不合法，影响案件公正裁判的；⑨审判人员在审理案件时索贿受贿、徇私舞弊并导致枉法裁判的。

（三）制作、递交刑事申诉状

1. 起草再审申请书或申诉状

刑事申诉状是指当事人及其法定代理人、近亲属，对已经发生法律效力的刑事判决和裁定不服，向人民法院或者人民检察院提出的要求人民法院按审判监督程序重新审理案件的书面诉求。刑事申诉是法律赋予当事人及其法定代理人、近亲属的一项诉讼权利，它没有时间上的限制。其目的在于根据实事求是、有错必纠的原则，正确断案，保护当事人的合法权益。

申诉状是提起审判监督程序的重要材料，申诉状的结构包括首部、正文和尾部等部分。

（1）首部。标题居中写明"刑事申诉状"字样，然后写明申诉人的基本情况，包括姓名、性别、出生年月日、民族、职业或工作单位和职务、住址等。如果申诉人在服刑，还应当写明判刑情况和现在在何处服刑。如果申诉人是未成年人，应在其项后写明法定代理人的姓名、性别、职业、工作单位以及与申诉人的关系等。如果委托律师代理申诉，要在次行写明律师的姓名及所属律师事务所的名称。最后还要写明案由，包括申诉人因什么案对哪个人民法院的哪个生效判决或裁定提出申诉。

（2）正文。正文部分先要写明具体的请求事项，即请求人民法院如何处理该案。然后着重叙述支持申诉请求的事实与理由。要求写明案件的基本事实、审判结果，以及案件事实与审判结果的矛盾，并阐明导致审判结果错误的原因（事实认定错误或适用法律错误或程序错误），从而得出必须按审判监督程序重新审理才能纠正已经发生法律效力的判决或裁定中的错误结论。还应写明支持申诉的证据和证据来源、证人姓名和住址。以有新的证据证明原裁判认定的事实确有错误为由申请再审或申诉的，应当同时附有证据目录、证人名单和主要证据复印件或者照片；需要人民法院调查取证的，应当附有证据线索。

（3）尾部。应写明申诉状致送的人民法院或人民检察院的名称，申诉人的签字及申诉日期。在附项中，应附具原审判决书或裁定书的复印件，以及有关证据材料。

2. 递交刑事申诉状

根据《刑事诉讼法》第 241 条的规定，当事人提出申诉，可以向人民检察院提出，也可以向人民法院提出。在向人民法院提起申诉时，原则上申诉人可以选择向终审人民法院、上级人民法院或者最高人民法院提出。但根据《刑诉解释》第 298 条的规定，受理、审查行为人的申诉一般由作出发生法律效力的判决、裁定的人民法院进行。因此，将申诉状直接交到原终审人民法院能够提高诉讼效率。

依据《刑诉解释》第 302、303 条之规定，人民法院受理申诉后，至迟不得超过 6 个月。对不符合法定申诉条件的，人民法院应当书面通知驳回。申诉人对驳回申诉不服的，可以向上一级人民法院申诉。上级人民法院经审查认为申诉不符合法定申诉条件的，也应当书面驳回。经过两级人民法院处理后又提出申诉的，若没有新的充分理由，人民法院将不再受理。

（四）申诉被立案后律师的工作

申诉人提出申诉，人民法院按照审判监督程序重新审判的案件，如果原来是第一审案件，应当按照一审程序进行审理；如果原来是第二审案件，或者是上级人民法院提审的案件，应当按照第二审程序进行审判。辩护人参加再审案件的诉讼工作，包括会见申诉人、查阅案卷材料、调查取证、参与法庭审理、发表质证、辩论意见等，与一审、二审中的辩护工作相同。

五、死刑案件中的辩护工作

辩护人办理死刑案件，自然是期望挽救当事人的生命，相对于一般的案件而言，这对辩护人的职业勇气、法理知识、诉讼综合技能都提出了更高的要求。辩护人办理死刑案件，应从以下几个方面做好工作，以切实维护当事人的合法权益，进行有效辩护。

（一）熟悉死刑的相关规定

1. 刑法关于死刑的规定

我国刑法总则关于死刑的规定，严格贯彻了我国"保留死刑，少杀、慎杀"的死刑政策，充分体现了严格限制死刑的立法精神。2011 年 2 月 25 日通过的《刑法修正案（八）》将死刑罪名减少到 55 个，取消的罪名主要是经济性非暴力犯罪的死刑，体现了"生命价值要高于财产价值"的思想，也说明了经济类犯罪与暴力犯罪不同。

（1）规定了严格的死刑适用条件。

第一，"死刑只适用于罪行极其严重的犯罪分子"（《刑法》第 48 条）。这是对死刑适用对象的实质性限制。"只适用于"，从表述上就体现了限制死刑的精神。"罪行极其严重"，指罪行对国家和人民的利益危害特别严重，情节特别恶劣，同时行为人具有极其严重的人身危险性。不仅要"罪大"，而且要"极其严重"。仅仅犯罪行为非常严重，不能适用死刑，我们不是客观主义的报应刑论；仅仅主观恶性至极，客观罪行不严重，也不能适用死刑。这一规定也符合我国刑法主客观相一致的原则。

第二，"犯罪的时候不满 18 周岁的人和审判的时候怀孕的妇女，不适用死刑。审判的时候已满 75 周岁的人，不适用死刑，但以特别残忍手段致人死亡的除外。"（《刑法》第 49 条）。这是对死刑适用对象的进一步限制。也就是说，对于犯罪的时候不满 18 周岁的人、审判的时候怀孕的妇女和审判时已满 75 周岁的人，即使其属于罪行极其严重的犯罪分子，也不能适用死刑。这里所谓不适用死刑，是指不能判处死刑，包括死缓，而不能理解为可以判处死刑但暂时不执行，待犯罪分子年满 18 周岁或怀孕妇女分娩后再执行死刑。

（2）规定了严格的死刑核准程序。为了限制死刑适用，防止错杀，我国刑法对死刑的判决及其核准程序作了特别规定。《刑法》第 48 条第 2 款规定："死刑除依法由最高人民法院判决的以外，都应当报请最高人民法院核准。死刑缓期执行的，可以由高级人民法院判决或者核准。"

死刑复核是在一般的一审、二审程序之外，对死刑案件规定的特别监督程序。每一宗判处死刑立即执行的案件都要逐级上报最高人民法院核准，客观上就限制了死刑适用的数量，也更有利于统一死刑判决的标准，保证死刑判决的质量。

（3）设置死缓制度，控制死刑的实际执行。《刑法》第 48 条第 1 款规定："对于应当判处死刑的犯罪分子，如果不是必须立即执行的，可以判处死刑同时宣告缓期二年执行。"《刑法》第 50 条规定："判处死刑缓期执行的，在死刑缓期执行期间，如果没有故意犯罪，2 年期满以后，减为无期徒刑；如果确有重大立功表现，2 年期满以后，减为 25 年有期徒刑；如果故意犯罪，查证属实的，由最高人民法院核准，执行死刑。"这就是我国的死刑缓期执行制度（简称死缓制度）。死缓制度对于应当判处死刑的犯罪分子，即罪行极其严重已达到适用死刑条件的犯罪分子，又在是否执行死刑的环节上留了一线生机，只要不是必须立即执行的，均可适用死缓的规定；而缓期二年以后，只对故意犯罪，查证属实的执行死刑。所以死刑制度在本质上是对死刑适用的更严格的限制。

2. 司法解释关于死刑的态度

司法解释是对刑法原则规定的具体和细化，是指导司法实践的重要规范。最高人民法院还通过其他方式，传递着最高审判机关关于死刑的基本立场，如《全国法院维护农村稳定刑事审判工作座谈会纪要》就明确指出，"对于因婚姻家庭、邻里纠纷等民间矛盾激化引发的故意杀人犯罪，适用死刑一定要十分慎重，应当与发生在社会上的严重危害社会治安的其他故意杀人犯罪案件有所区别。对于被害人一方有明显过错或对矛盾激化负有直接责任，或者被告人有法定从轻处罚情节的，一般不应判处死刑立即执行"；最高人民法院在《全国法院审理毒品犯罪案件工作座谈会纪要》中提出，"对于掺假之后毒品的数量才达到判处死刑的标准的，对被告人可不判处死刑立即执行"，对于被告人坦白后毒品数量才达到适用死刑标准的，一般也不判处死刑立即执行；对于存在犯意引诱的，判处死刑一定要慎重。最高人民法院在《全国法院审理金融犯罪案件工作座谈会纪要》中还提出，"对于犯罪数额特别巨大，但追缴、退赔后，挽回了损失或者损失者不大的，一般不应当判处死刑立即执行；具有法定从轻、减轻处罚情节的，一般不应当判处死刑"；最高人民法院在《关于刑事附带民事诉讼范围问题的规定》中规定，"犯罪分子非法占有、处置被害人的财产使其遭受物质损失的，人民法院应当依法予以追缴或责令退赔。被追缴、退赔的情况，人民法院可以作为量刑情节予以考虑"。上述三个纪要和一个司法解释，已经表明了最高人民法院严格控制死刑适用范围的基本立场。

3. 刑事政策对死刑的影响

刑事政策是国家为了预防犯罪、惩罚犯罪，维护社会秩序而制定的一系列政策。它虽不是刑事法律，却具有超越刑法规范的指导意义。不同的时期，党和国家有不同的刑事政策。过去坚持"惩办与宽大相结合"，现在强调"宽严相济"。对照之下，我们不难发现，过去的刑事政策以"惩办"为主，以"宽大"为辅，现在以"宽"为主，以"严"相济，反映出经济快速发展、社会大局稳定的新形势下，国家管理政策的调整和变化。我国长期的死刑政策有三点：不废除死刑；坚持少杀；防止错杀。刑事政策一般不影响定性，但可能影响量刑。

（二）熟悉立法改革、司法改革、国际人权公约、联合国司法准则

国际社会对待死刑的态度主要集中在两个方面：①废除死刑的国际趋势。②犯罪嫌疑人人权保护方面的内容。

联合国于 1987 年颁布生效的《公民权利和政治权利国际公约》第 6 条第 2 款规定，在未废除死刑的国家，判除死刑只能是作为最严重罪行的惩罚。该条第 4 款同时规定，任何被判除死刑的人有权要求赦免或减刑。对于一切判处死刑的案件均得给予大赦、特赦或减刑。公约的上述内容，反映联合国在 20 世纪 60、70 年代对死刑问题的态度：提倡废除死刑。但在尚未废除死刑的国家应该严格限制死刑，并从程序上给予严格控制。1984 年的《关于保护面对死刑的人的权利的保护的保障措施》进一步明确了可以判处死刑的范围，并将《公民权利和政治权利国际公约》中的"最严重罪行"界定为"不超出有可能或者其他及其严重的后果的故意犯罪"。同时，扩大了可以判处死刑但不可以执行死刑的范围，还对程序执行等作了具体的规定。1989 年《旨在废除死刑的〈公民权利和政治权利国际公约〉第二任择议定书》明确指出，"废除死刑有助于提高人的尊严和促进人权的可持续发展"，并要求在本议定书缔约国内签署范围内，任何人不得被判处死刑。除此之外，一些区域性组织，非政府组织也有类似举措，世界上不少国家也已经废除死刑，我国是世界上保留死刑的国家之一。由于国情，我们短期内不可能废除死刑，但我国刑法正朝着轻刑化的方向发展。在此基础上最大限度的限制，减少死刑的适用是立法改革、司法改革的方向。

（三）死刑辩护方案的确定

死刑案件不同于一般案件，辩护的成功与否直接关系到被告人的生命是否能够得以留存，那么对死刑案件的辩护就应当采取不同于一般辩护的方式。一般情况下，死刑案件首先要以能够保留被告人的生命为辩护的前提，而不能片面追求庭审效果。辩护人出庭辩护前应当认真做好准备工作，围绕案件事实、证据、适用法律、量刑、诉讼程序等，从被告人无罪、罪轻或者减轻、免除其刑事责任等方面做好辩护准备。死刑案件的辩护没有一定的程式，要根据具体情况确定不同的辩护方案，但以下几个方面一般要考虑到：

（1）被告人的自然情况（是否成年或是否是已满 75 周岁以上，妇女是否怀孕或在羁押期间是否有流产情况）；

（2）指控被告人构成犯罪的证据是否真实、合法，与本案的关联性如何；

（3）侦查、审查起诉及审判阶段的各种法律手续和诉讼文书是否合法、齐备；

（4）技术性鉴定材料的来源，鉴定人是否具有鉴定资格，鉴定结论及理

由是否合理；

（5）被告人的口供是否受到主、客观条件的影响，是否真实，是否有刑讯逼供、诱供的情况存在；

（6）被告人被指控犯罪的时间、地点、动机、目的、手段、后果等是否符合逻辑，各证据之间有无矛盾、冲突；

（7）被告人有无自首、坦白和立功的情况；

（8）共同犯罪中被告人是否系从犯、胁从犯；

（9）被告人的行为是否构成正当防卫或防卫过当或具有防卫的性质；

（10）被害人是否存在过错或过失；

（11）附带民事赔偿部分是否已达成了协议，是否已赔偿到位，若没有，应分析是否存在调解的可能；

（12）对于证据不充分的，是否存在诉辩和解的可能；

（13）起诉书在法律适用上是否存在问题；

（14）有否"可以不立即执行死刑"的情节，向法庭提出"死刑缓期二年执行"的建议。

（四）死刑案件常用的辩护方法

死刑案件的辩护，是辩护人必须认真对待的重要业务，任何一个死刑案件的辩护是否成功都与判决结果有着直接的联系。作为承办死刑案件的辩护人，必须意识到自己责任的重大，精通业务，掌握刑辩技巧，恪尽职责，为被告人提供优良的服务，最大限度地、用尽一切救济途径挽救被告人的生命。

辩护人要善用刑法总则进行辩护。《刑法》第48条规定，死刑只适用于"罪行极其严重的犯罪分子"。法律虽未规定"罪行极其严重"的标准，但理论界基本一致的认识是，应当按主客观相一致的原则，从三个方面衡量是否属于"罪行极其严重"：①主观恶性是否特别严重；②犯罪情节是否特别恶劣；③犯罪后果是否特别严重。只有三者均达到了特别严重的程度，才能认定为"罪行极其严重"，只要有一项达不到特别严重程度，都不能认定为"罪行极其严重"，就不能适用死刑。如有的故意伤害致人死亡案件，虽然后果特别严重，但被告人故意伤害的动机却是出于激情、义愤等因素，而不是有预谋的报复或其他卑劣的动机，就不能认为其主观恶性特别严重，当然也就不能认为"罪行极其严重"了。另外，刑法总则中的其他一些原则或规定，也与适用死刑有关或影响死刑的适用，如单位犯罪、共同犯罪，等等。因此，辩护人必须注重适用刑法总则，提出最好的辩护。

灵活运用刑法法理和基本原则。刑法法理和基本原则，相当于数学的公理和定理，法官断案一般会遵照办理。现在在刑事辩护中运用得最多的主要有：

"疑罪从无"原则、"罪责刑相适应"原则、"主客观相统一"原则，以及"必然因果关系"规则等。辩护人在从事死刑案件辩护时，要灵活掌握以下辩护方法。

1. 证据辩护

总体来讲，在证据方面，辩护人有以下几点值得注意：

（1）排除非法取得的证据资格。《刑事诉讼法》第50条规定：严禁刑讯逼供和以威胁、引诱、欺骗以及其他非法方法收集证据。最高人民检察院在《关于严禁将刑讯逼供获取的犯罪嫌疑人供述作为定案依据的通知》中明确了非法证据的排除规则。因此，死刑辩护在言词证据方面，从形式上（包括法律规定的时间、期限、讯问、询问人员的人数等）甄别合法性，获得辩护的资料。

（2）查明言词证据之间以及言词证据与实物证据之间的矛盾点和疑点。在共同犯罪中，共同犯罪行为人为推卸责任或包庇同案犯（同案人）会做出不真实的供述；犯罪行为人和被害人为自身利益或出于义愤往往供证的矛盾点很多；言词证据与实物证据之间的矛盾更是排除证据资格的重要手段。

（3）物证的关联性和同一性的认定。物证是定罪量刑的重要依据，作案工具、现场痕迹、书证制作及内容的关联、尸源等是死刑辩护至关重要的环节。

（4）在只存在间接证据的死刑案件中，辩护人对公诉方提供的证据及认定的事实，应从以下几方面进行辩护考虑：①证据数量是否充分。间接证据不能单独证明案件主要事实，必须同时结合其他证据才能证明案件主要事实。在只有间接证据的刑事案件中，要证明犯罪事实的发生，必须存在一条环环相扣的证据链，整个证据链无法环环相扣，就能说服法官作出有利于被告人的判决。在这种情况下，法官作出判处被告人死刑的判决，是不可靠的，也是不可能的。②找出间接证据之间的矛盾。完全运用间接证据证明案件事实必须遵守一条重要规则，即证据之间必须协调一致，不能存在矛盾。所以，辩护人如果能够找出证据之间无法合理排除的矛盾，就能使人怀疑犯罪指控事实的客观性。③能够推论间接证据形式的证明体系所证明的案件结论不是唯一的。间接证据的特殊性决定了间接证据的证明体系所得出的结论必须是唯一的，不能存在其他任何结论。否则，犯罪指控事实的根基将因此而被撼动。

（5）死刑案件的证据一定要做到排除一切合理怀疑。不同性质的案件，有不同的证据，也有不同的证据要求，但标准只有一个，那就是"证据充分确实"（《刑事诉讼法》第46条）。作为辩护人，我们要掌握刑事案件证据的证明标准和证据规则。对证据审查必须把握合法性、真实性；把握证据之间的一致性；把握证据数量的充足性和证明结论的唯一性，排除一切合理怀疑。在刑事法律和司法解释上，虽然没有对死刑案件的证据提出与其他刑事案件证据不一样的要求，但鉴于死刑案件人命关天，一旦执行不可逆转，在诉讼中，辩护人应该呼吁法官对死刑案件采取更高的证明标准。[1]

2. 法律性质辩护

法律性质辩护是辩护人要分析办理的案件是属于什么性质的案件。不同的案件辩护的方向和着力点是不同的。暴力性犯罪与财产性犯罪相比，财产性犯罪不判死刑的可能性要大，国际趋势是经济财产犯罪是不判死刑的。我国在对经济犯罪适用死刑越来越严格，《刑法修正案（八）》已经大幅度减少死刑的罪名。

要分清此罪与彼罪。刑法分则中适用死刑条款与相邻近的非死刑条款以及邻近条款对刑罚轻重的选择，是排除死刑的辩护方法。比如金融诈骗罪与破坏金融管理秩序罪、贪污罪和挪用公款罪、杀人罪与伤害罪，等等。

3. 死缓辩护

在死缓辩护中，被告人是否属于"不是必须立即执行"，是裁判的重心、辩护的关键。在审判实践中，根据罪刑相适应原则，是否属于"不是必须立即执行"，主要结合罪前、罪中、罪后表现，考虑被告人有无法定从宽情节和酌定从宽情节。因此，死刑辩护律师可以考虑从以下两方面进行死缓辩护：①被告人有无法定从轻、减轻处罚情节。法定从轻、减轻处罚情节主要是以下四种：被告人属不完全刑事责任能力人的；犯罪未遂的；被告人自首的；被告人立功的。②被告人是否具有酌定处宽处罚情节。诸如犯罪动机，犯罪人的一贯表现，犯罪后的态度，犯罪手段、对象、结果，犯罪时间、地点、受害人在本案中有过错，犯罪手段不是特别恶劣，在共同犯罪中不是首要分子或不是最重要的主犯，等等。这些酌定情节虽不具有强制性、必然性，但是，辩护人通过对这些情节的陈述，可以向法官彰显有这些情节和无这些情节的区别，这无疑会提醒法官考虑平衡量刑的问题，考虑罪刑相适应原则，从而依法作出对被告人有利的合理判决。

4. 法定从轻辩护

法定从轻情节辩，是指根据《刑法》明文规定，对被告人应当或可以从轻处罚，也即不判处死刑立即执行。

（1）不适用死刑的情节。对于未成年人、怀孕的妇女、精神病人、正当防卫、紧急避险、中止犯、预备犯、未遂犯、被教唆人没有犯被教唆之罪的教唆犯、胁从犯，在国外已受过刑事处罚的犯罪人均不适用死刑。其中，未成年人、怀孕的妇女、精神病人不适用死刑是出于人道主义考虑。正当防卫、紧急

〔1〕　中华全国律师协会编：《律师执业基本技能》（上），北京大学出版社 2007 年版，第 191 页。

避险是因排除犯罪性的行为而不适用死刑。中止犯、预备犯、未遂犯、被教唆人没有犯被教唆之罪的教唆犯因欠缺"罪行极其严重"标准中的严重危害结果而不应适用死刑。在国外已受到刑事处罚的犯罪人因"一事不再罚"的刑法理论不适用死刑。这些情节，虽被法律蒙上应当情节或可以情节的面纱，本质上却是因为欠缺死刑适用要件而不能适用死刑，实践当中，也鲜有判处死刑的先例，一般情况，也不会与从重情节相冲突而造成适用死刑。

（2）对判处死刑有影响的量刑情节。排除以上依刑法理论绝对不适用死刑的情节外，法定从宽情节还有：尚未完全丧失辨认或控制自己行为能力的精神病人、又聋又哑的人、自首又有重大立功的人，从犯、自首、立功、盲人。

5. 酌定从轻辩护

除了法定从轻、减轻的情节外，辩护实务中，酌定量刑情节较法定量刑情节对案件量刑的影响更具有普通性，一些酌定从轻处罚的情节，对限制死刑适用作用很大。一般认为，酌定量刑情节包括犯罪动机、犯罪手段、犯罪的时间地点、犯罪结果、犯罪对象、犯罪分子的一贯表现、犯罪后的态度等方面。如被害人有过错的案件，被害人的过错是责任分担的量刑依据：①被害人有一定的过错，责任不完全在被告人；②犯罪的发生是由于被害人过错导致的，被害人有过错的案件，足以减轻被告人应承担的刑事责任。如死刑案件中，被告人的犯罪动机往往决定着其罪行是否"极其严重"。在故意伤害或故意杀人案件中，如果被告人出于防卫过当的，其动机显然不属"十分恶劣"；如果被告人出于义愤，亦如此。

6. 对比其他同类案件量刑辩护

同样的罪行，应当受到同样的刑罚。但司法实践中，不同的地区、不同的法院在适用刑罚时，却存在着巨大的差异。因此，除了法官要主动均衡刑罚外，辩护人要充分利用所掌握的信息，对基本相同的案件作出适用刑罚的比较，提出量刑的具体建议。

7. 社会责任辩护

有的被告人自幼父母不和，经常吵架、打架，给其幼小的心灵留下了创伤，在家里得不到父爱、母爱，甚至义务教育都没有完成。在这种情况下，他与社会上一些行为不轨的青少年一起，最终参与犯罪。对这样的一个被告人来说，他的生活经历就足以证明在被告人的成长中的社会责任。如果我们针对个案进行必要的挖掘，适时提出社会责任辩护，可能会赢得从轻或减轻处罚。社会责任辩护，是从被告人成长的曲折经历，把国家和社会应当承担的责任区分开来，不能让被告人承担国家和社会的过失责任，进而达到从轻处罚的效果。

8. 人道主义辩护

（1）《刑法修正案（八）》在《刑法》第49条中增加一款作为第2款："审判的时候已满75周岁的人，不适用死刑，但以特别残忍手段致人死亡的除外。"为老年人辩护，辩护人可以从社会应当敬老的伦理角度及老年人的人身危险性已经减小等方面提出辩护意见。此外，对于哺乳期妇女亦不适用死刑，这是出于人道主义的要求，体现对婴儿和妇女的特殊保护。

（2）建议法庭尽量不判处一个家庭两名被告人死刑。人情是国法的根基，死刑案件不能不考虑人道、人情观念、传统道德观念、同情弱者观念（被告人到案后为弱者），尽量避免将一个家庭彻底摧毁。

（3）被告人亲属协助司法机关将被告人抓获的，建议不适用死刑。对于被告人亲友的这种大义灭亲之举，应当在政策上予以体现，否则会违反人伦，动摇当事人及其亲友包括社会公众对刑事政策的信赖，这样做也是对深明大义的家属的鼓励和慰藉。

 学习情境

【实训项目一】

公诉机关：北京市海淀区人民检察院

附带民事原告人：李××（男）

附带民事原告人：张××（女）

被告人：吴艳（女）

北京市海淀区北安河乡北安河村农民孙金刚、李光辉曾是某饭店职工。孙金刚于2003年8月离开饭店，李光辉于同年9月9日被饭店开除。9月9日晚9时许，李光辉、张金强（同系海淀区北安河村农民）将孙金刚叫到张金强家，称尹小红向饭店经理告发其三人在饭店吃饭、拿烟、洗桑拿没有付钱，致使李光辉被开除；并说孙金刚追求尹小红，尹小红却骂孙金刚傻。孙金刚听后很气恼，于是通过电话威胁尹小红，扬言要在尹小红身上留记号。三人当即密谋强行将尹小红带到山下旅馆关押两天。当晚23时许，三人上山在饭店外伺机等候。次日凌晨3时许，三人强行破门而入。孙金刚直接走到尹小红床头，李光辉站在被告人吴艳床边，张金强站在宿舍门口。孙金刚进屋后，掀开尹小红的被子欲强行带走尹小红，遭拒绝后，便殴打尹小红并撕扯尹小红的睡衣，致尹小红胸部裸露。吴艳见状，下床劝阻。孙金刚转身殴打吴艳，一把扯开吴艳的睡衣致吴艳胸部裸露，后又踢打吴艳。吴艳顺手从床头柜上摸起一把刃长

14.5cm、宽2cm的水果刀将孙金刚的左上臂划伤。李光辉从桌上拿起一把长11cm、宽6.5cm、重550克的铁挂锁欲砸吴艳，吴艳即持刀刺向李光辉，李光辉当即倒地。吴艳见李光辉倒地，惊悚片刻后，跑出宿舍给饭店经理拨打电话。公安机关于当日凌晨4时30分在案发地点将吴抓获归案。经鉴定，李光辉左胸部有2.7厘米的刺创口，因急性失血性休克死亡。

检察机关认为：被告人吴艳无视国法，因琐事故意伤害公民身体健康，且致人死亡，其行为已构成故意伤害罪。被害人李光辉虽然与孙金刚一同进入宿舍，但没有对尹小红、吴艳实施伤害行为，其拿锁欲击打吴艳是为了制止孙金刚和吴艳之间的争斗；且吴艳当时有多种求助的选择，而李光辉等人的行为也没有达到严重危及吴艳等人人身安全的程度，危害后果尚未产生，故吴艳持刀扎死李光辉的行为不属于正当防卫。

附带民事诉讼原告人李××、张××诉称：被告人吴艳的行为致其儿子死亡，应当赔偿丧葬费、赡养费、死亡赔偿金等共计人民币181 080元。

被告人吴艳辩称：自己是出于防卫的意识，在孙金刚殴打欺辱尹小红时，认为孙金刚要强奸尹小红；在孙金刚殴打欺辱自己，并将上衣撕开，致上身裸露时，感到很屈辱，认为孙金刚亦要对其实施强奸，最后在李光辉持铁挂锁欲砸其时，才冲李光辉扎了一刀。如果孙金刚和李光辉不对其和尹小红行凶，其也不会用刀扎。同时表示不应赔偿附带民事原告人的经济损失。

其辩护人杨××认为：被告人吴艳的行为属于正当防卫，没有超过必要限度，不构成犯罪，不应赔偿附带民事原告人提出的赔偿要求。

假设你是本案的辩护人，根据上述案情，设计你的工作步骤及每一步骤的注意事项，为被告人撰写辩护词。

【实训项目二】

赵某（男，1983年8月8日生）游手好闲，讲究享乐，为了让经商的父亲多给一些钱用而费尽心机。2000年7月7日，赵某让钱某（男，1983年6月6日生）给自己的父亲打电话，谎称自己被警察抓走了。钱某问为什么要撒谎，赵某说："这不关你的事！"钱某给赵某的父亲打了电话。接着，赵某于当日半夜拿菜刀将自己的左手小指齐指甲根部剁下，然后跑到医院包扎。第二天早晨，赵某让孙某（男，1983年5月5日生）把装有半截手指的信封送到赵家楼下的食杂店，委托店主交给赵的父亲。中午孙某按赵某的旨意给赵某的父亲打电话："你的儿子已经被我们绑架了，拿50万元来赎人，否则你儿子便没命了。"赵某的父亲立即报案，公安机关将赵某、钱某、孙某抓获。赵某在被拘留期间，主动交代司法机关还未掌握的另一犯罪事实：赵某于1999年4

月 4 日，在盗窃了李某家 5000 元现金后，为了毁灭罪证而实施了危害公共安全的放火行为。钱某在被拘留期间也主动交代自己曾于 1999 年 3 月 3 日参与一起绑架案，分得赎金 3000 元。孙某在被拘留期间，检举、揭发了周某的重大犯罪行为，经查证属实。

根据上述案情，回答以下问题：

（1）本案中的赵某、钱某、孙某的行为是否构成犯罪？构成何罪？

（2）哪些人各有哪些法定的量刑情节？

（3）假如你是本案被告人赵某的辩护人，为其草拟一份辩护提纲。

思考与练习

1. 辩护人如何进行调查取证？

2. 辩护人会见被告人有哪些注意事项？

3. 在法庭调查时，辩护人如何向被告人发问？

4. 当公诉方举证时，如何进行法庭质证？

5. 辩护人辩护时有哪些注意事项？

6. 如何撰写辩护词？

7. 法庭审理终结后，辩护人还应做哪些工作？

8. 如何代理申诉案件？

9. 如何为死刑案件进行辩护？

附：相关法条

《中华人民共和国刑法》

第四十八条　死刑只适用于罪行极其严重的犯罪分子。对于应当判处死刑的犯罪分子，如果不是必须立即执行的，可以判处死刑同时宣告缓期二年执行。

死刑除依法由最高人民法院判决的以外，都应当报请最高人民法院核准。死刑缓期执行的，可以由高级人民法院判决或者核准。

第四十九条　犯罪的时候不满十八周岁的人和审判的时候怀孕的妇女，不适用死刑。

审判的时候已满七十五周岁的人，不适用死刑，但以特别残忍的手段致人死亡的除外。

第五十条　判处死刑缓期执行的，在死刑缓期执行期间，如果没有故意犯罪，二年期满以后，减为无期徒刑；如果确有重大立功表现，二年期满以后，

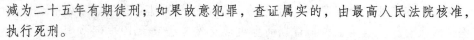

减为二十五年有期徒刑；如果故意犯罪，查证属实的，由最高人民法院核准，执行死刑。

第五十一条 刑缓期执行的期间，从判决确定之日起计算。死刑缓期执行减为有期徒刑的刑期，从死刑缓期执行期满之日起计算。

《中华人民共和国刑事诉讼法》

第十条 人民法院审判案件，实行两审终审制。

第十二条 未经人民法院依法判决，对任何人都不得确定有罪。

第十四条 人民法院、人民检察院和公安机关应当保障犯罪嫌疑人、被告人和其他诉讼参与人依法享有的辩护权和其他诉讼权利。

第三十二条 犯罪嫌疑人、被告人除自己行使辩护权以外，还可以委托一至二人作为辩护人。下列的人可以被委托为辩护人：

（一）律师；

（二）人民团体或者犯罪嫌疑人、被告人所在单位推荐的人；

（三）犯罪嫌疑人、被告人的监护人、亲友。

正在被执行刑罚或者依法被剥夺、限制人身自由的人，不得担任辩护人。

第三十三条第一、二款 犯罪嫌疑人自被侦查机关第一次讯问或者采取强制措施之日起，有权委托辩护人；在侦查期间，只能委托律师作为辩护人。被告人有权随时委托辩护人。

侦查机关在第一次讯问犯罪嫌疑人或者对犯罪嫌疑人采取强制措施的时候，应当告知犯罪嫌疑人有权委托辩护人。人民检察院自收到移送审查起诉的案件材料之日起三日以内，应当告知犯罪嫌疑人有权委托辩护人。人民法院自受理案件之日起三日以内，应当告知被告人有权委托辩护人。犯罪嫌疑人、被告人在押期间要求委托辩护人的，人民法院、人民检察院和公安机关应当及时转达其要求。

第三十五条 辩护人的责任是根据事实和法律，提出犯罪嫌疑人、被告人无罪、罪轻或者减轻、免除其刑事责任的材料和意见，维护犯罪嫌疑人、被告人的诉讼权利和其他合法权益。

第三十六条 辩护律师在侦查期间可以为犯罪嫌疑人提供法律帮助；代理申诉、控告；申请变更强制措施；向侦查机关了解犯罪嫌疑人涉嫌的罪名和案件有关情况，提出意见。

第三十七条 辩护律师可以同在押的犯罪嫌疑人、被告人会见和通信。其他辩护人经人民法院、人民检察院许可，也可以同在押的犯罪嫌疑人、被告人会见和通信。

辩护律师持律师执业证书、律师事务所证明和委托书或者法律援助公函要求会见在押的犯罪嫌疑人、被告人的，看守所应当及时安排会见，至迟不得超过四十八小时。

危害国家安全犯罪、恐怖活动犯罪、特别重大贿赂犯罪案件，在侦查期间辩护律师会见在押的犯罪嫌疑人，应当经侦查机关许可。上述案件，侦查机关应当事先通知看守所。

辩护律师会见在押的犯罪嫌疑人、被告人，可以了解案件有关情况，提供法律咨询等；自案件移送审查起诉之日起，可以向犯罪嫌疑人、被告人核实有关证据。辩护律师会见犯罪嫌疑人、被告人时不被监听。

辩护律师同被监视居住的犯罪嫌疑人、被告人会见、通信，适用第一款、第三款、第四款的规定。

第三十八条 辩护律师自人民检察院对案件审查起诉之日起，可以查阅、摘抄、复制本案的案卷材料。其他辩护人经人民法院、人民检察院许可，也可以查阅、摘抄、复制上述材料。

第三十九条 辩护人认为在侦查、审查起诉期间公安机关、人民检察院收集的证明犯罪嫌疑人、被告人无罪或者罪轻的证据材料未提交的，有权申请人民检察院、人民法院调取。

第四十条 辩护人收集的有关犯罪嫌疑人不在犯罪现场、未达到刑事责任年龄、属于依法不负刑事责任的精神病人的证据，应当及时告知公安机关、人民检察院。

第四十一条 辩护律师经证人或者其他有关单位和个人同意，可以向他们收集与本案有关的材料，也可以申请人民检察院、人民法院收集、调取证据，或者申请人民法院通知证人出庭作证。

辩护律师经人民检察院或者人民法院许可，并且经被害人或者其近亲属、被害人提供的证人同意，可以向他们收集与本案有关的材料。

第四十二条 辩护人或者其他任何人，不得帮助犯罪嫌疑人、被告人隐匿、毁灭、伪造证据或者串供，不得威胁、引诱证人作伪证以及进行其他干扰司法机关诉讼活动的行为。

违反前款规定的，应当依法追究法律责任，辩护人涉嫌犯罪的，应当由办理辩护人所承办案件的侦查机关以外的侦查机关办理。辩护人是律师的，应当及时通知其所在的律师事务所或者所属的律师协会。

第四十七条 辩护人、诉讼代理人认为公安机关、人民检察院、人民法院及其工作人员阻碍其依法行使诉讼权利的，有权向同级或者上一级人民检察院申诉或者控告。人民检察院对申诉或者控告应当及时进行审查，情况属实的，通知有关机关予以纠正。

第四十八条　可以用于证明案件事实的材料，都是证据。

证据包括：

（一）物证；

（二）书证；

（三）证人证言；

（四）被害人陈述；

（五）犯罪嫌疑人、被告人供述和辩解；

（六）鉴定意见；

（七）勘验、检查、辨认、侦查实验等笔录；

（八）视听资料、电子数据。

证据必须经过查证属实，才能作为定案的根据。

第五十四条　采用刑讯逼供等非法方法收集的犯罪嫌疑人、被告人供述和采用暴力、威胁等非法方法收集的证人证言、被害人陈述，应当予以排除。收集物证、书证不符合法定程序，可能严重影响司法公正的，应当予以补正或者作出合理解释；不能补正或者作出合理解释的，对该证据应当予以排除。

在侦查、审查起诉、审判时发现有应当排除的证据的，应当依法予以排除，不得作为起诉意见、起诉决定和判决的依据。

第一百八十五条　开庭的时候，审判长查明当事人是否到庭，宣布案由；宣布合议庭的组成人员、书记员、公诉人、辩护人、诉讼代理人、鉴定人和翻译人员的名单；告知当事人有权对合议庭组成人员、书记员、公诉人、鉴定人和翻译人员申请回避；告知被告人享有辩护权利。

第一百八十七条　公诉人、当事人或者辩护人、诉讼代理人对证人证言有异议，且该证人证言对案件定罪量刑有重大影响，人民法院认为证人有必要出庭作证的，证人应当出庭作证。

人民警察就其执行职务时目击的犯罪情况作为证人出庭作证，适用前款规定。

公诉人、当事人或者辩护人、诉讼代理人对鉴定意见有异议，人民法院认为鉴定人有必要出庭的，鉴定人应当出庭作证。经人民法院通知，鉴定人拒不出庭作证的，鉴定意见不得作为定案的根据。

第一百九十条　公诉人、辩护人应当向法庭出示物证，让当事人辨认，对未到庭的证人的证言笔录、鉴定人的鉴定意见、勘验笔录和其他作为证据的文书，应当当庭宣读。审判人员应当听取公诉人、当事人和辩护人、诉讼代理人的意见。

第五单元 刑事诉讼中的律师代理

学习目标:

- 掌握刑事诉讼中律师代理的业务类型;
- 掌握公诉案件被害人的律师代理业务;
- 掌握刑事自诉案件的律师代理业务;
- 掌握刑事附带民事诉讼的律师代理业务的内容和操作程序。

 导入案例

邹某1995年与宫某结婚,后因感情不和于1999年6月离婚,次年8月经亲友劝说复婚,但夫妻双方关系仍未改善,且逐渐恶化。2001年5月25日,夫妻双方又因家庭琐事发生争吵、打骂,宫某便回娘家生活,并向娘家人诉说被邹某打骂的经过。次日上午,宫某与其母、妹等人去村里欲找村干部解决问题,后回娘家居住。宫弟则直接来到邹家并与邹某发生抓扯,邹某手持菜刀划伤宫弟右臂。宫某等人赶至,邹某又用菜刀划伤宫母胸部和头部,宫某在夺邹某手中菜刀时亦被划伤右臂。此时,邹某之母持斧头为邹帮忙,被宫某等人将斧头拿下并相互抓扯。邹某见状,即捡起掉到地上的斧头,用斧头背打击宫某及其妹的腰部,致宫某第十、十一根肋骨骨折,入医院治疗用去药费8000余元。经法医鉴定,宫某损伤程度属重伤,其母等人均为轻微伤。公诉后,宫某提起了刑事附带民事诉讼。

一、刑事诉讼中的律师代理概述

(一) 刑事诉讼中的律师代理的概念

刑事诉讼中的律师代理,是指在刑事诉讼中,律师依法接受刑事自诉案件自诉人或反诉人、公诉案件被害人、刑事附带民事诉讼当事人、刑事申诉案件的申诉人委托,担任代理人,在委托权限内代理诉讼,维护委托人的合法权益的活动。受委托从事刑事代理的律师,又称诉讼代理人,他既不同于法定代理人,又不同于辩护人。

法定代理人是法律为不具有完全行为能力的当事人所设置的代理人。法定代理人与被代理人之间存在着某种特殊关系,他们是被代理人的父母、养父母、监护人和负有保护责任的机关、团体的代表；而诉讼代理人则不一定与被代理人有什么特殊关系，其代理与被代理关系是基于被代理人的委托授权行为而产生的。法定代理人一般享有被代理人的所有权限；而诉讼代理人只享有委托授权的那一部分权利。法定代理人对被代理人的行为后果承担某种相应的法律责任；而诉讼代理人对被代理人的行为后果不承担法律责任，其代理权限内的诉讼行为和法律行为与委托人自己的诉讼行为和法律行为具有同等效力，其行为的法律后果由被代理人承担。

诉讼代理人与辩护人虽然都是法律规定的因委托授权而产生的诉讼参与人，但二者间存在着明显的不同。辩护人享有独立的诉讼地位，其辩护活动不受委托人意志的限制；而诉讼代理人的诉讼地位依附于委托人，其代理活动受委托人授权的限制，越权代理是无效的法律行为。

（二）刑事诉讼律师代理的委托及委托人

依照《刑事诉讼法》第44条的规定，公诉案件的被害人及其法定代理人或者近亲属、附带民事诉讼的当事人及其法定代理人，自案件移送起诉之日起，有权委托诉讼代理人。自诉案件的自诉人及其法定代理人、附带民事诉讼的当事人及其法定代理人，有权随时委托诉讼代理人。人民检察院自收到移送审查起诉的案件材料之日起3日以内，应当告知当事人及其法定代理人有权委托诉讼代理人。人民法院自受理自诉案件之日起3日以内，应当告知自诉人及其法定代理人、附带民事诉讼的当事人及其法定代理人有权委托诉讼代理人。

依照《刑事诉讼法》第41、32条的规定，可以被委托为诉讼代理人的是：①律师；②人民团体、当事人所在单位推荐的人；③当事人的监护人、近亲属、亲友或者其他公民。

每一名被代理人可以委托1～2人作为诉讼代理人。正在被执行刑罚或者依法被剥夺、限制人身自由的人，不得担任诉讼代理人。最高人民法院《刑诉解释》第47、33条对于不得被委托担任诉讼代理人的情形作了进一步的具体规定：

（1）被宣告缓刑和刑罚尚未执行完毕的人；

（2）依法被剥夺、限制人身自由的人；

（3）无行为能力和限制行为能力的人；

（4）人民法院、人民检察院、公安机关、国家安全机关、监狱的现职人员；

（5）本院的人民陪审员；

（6）与本案审理结果有利害关系的人；

（7）外国人或者无国籍人。

前述第（4）、（5）、（6）、（7）项规定的人员，如果是被委托人的近亲属或监护人的，人民法院可以准许。委托诉讼代理不仅是基于被代理人对代理人的委托关系而产生，而且代理人在诉讼中的一切代理活动必须得到被代理人的授权，即代理人在诉讼活动中只能在委托人的授权范围内进行诉讼代理活动。代理权限一般分为一般代理和特别代理两种。在一般代理授权下，代理人只能代理委托人进行一般诉讼行为，无权在诉讼中处分委托人的实体权利。在特别代理授权下，代理人除代理委托人参加诉讼外，还可以在委托人的特别授权范围内，代为处分其相关的实体权利。

《律师法》对于律师担任诉讼代理人提出了一些具体要求：

（1）律师担任诉讼代理人，应当在受委托的权限内，维护委托人的合法权益；委托人可以拒绝律师为其代理，也可以另行委托代理人；

（2）律师接受委托后，无正当理由的，不得拒绝代理；但委托事项违法，委托人利用律师提供的服务从事违法活动或者委托人隐瞒事实的，律师有权拒绝代理；

（3）曾担任法官、检察官的律师，从人民法院、人民检察院离任后两年内，不得担任诉讼代理人；

（4）律师担任诉讼代理人，应当保守在执业活动中知悉的国家秘密和当事人的商业秘密，不得泄露当事人的隐私；

（5）律师不得在同一案件中，为双方当事人担任代理人；

（6）律师不得私自接受委托，私自向委托人收取费用，收受委托人的财物；

（7）律师不得利用提供法律服务的便利，牟取当事人争议的权益，或者接受对方当事人的财物；

（8）律师不得违反规定会见法官、检察官，不得向法官、检察官以及其他有关工作人员请客送礼或者行贿，或者指使、诱使当事人行贿；

（9）律师不得提供虚假证据，隐瞒事实或者威胁、利诱他人提供证据，隐瞒事实以及妨碍对方当事人合法取得证据；

（10）律师不得扰乱法庭秩序，干扰诉讼活动的正常进行。

根据《刑事诉讼法》的有关规定，人民法院、人民检察院应当保障诉讼代理人依法享有的诉讼权利。诉讼代理人对于审判人员、检察人员侵犯其诉讼权利和人身侮辱的行为，有权提出控告。根据《律师法》的有关规定，律师参加诉讼活动，依照诉讼法律的规定，可以收集、查阅与本案有关的材料，出席法庭、参与诉讼以及享有诉讼法律规定的其他权利。律师担任诉讼代理人，其辩论的权利应当依法保障，其在执业活动中的人身权利不受侵犯。

（三）刑事诉讼中律师代理业务的分类

依照委托人委托的时间、案由、权限的不同，一般而言律师刑事诉讼代理业务分为以下几类：

（1）公诉案件的被害人代理；

（2）自诉案件的自诉人代理；

（3）自诉案件被告人提起反诉的，律师可以接受自诉案件反诉人的委托，担任代理人参加诉讼；

（4）附带民事诉讼的当事人代理；

（5）刑事申诉的代理。

刑事诉讼律师代理有利于维护公诉案件的被害人、自诉人、附带民事诉讼当事人的合法权益；有利于司法机关严格遵循诉讼程序；有利于贯彻以事实为根据，以法律为准绳的司法原则；有利于宣传社会主义法制，增强公民的法制观念，提高公民的法律意识。

二、公诉案件被害人的律师代理业务

（一）刑事公诉案件被害人的律师代理的概念及必要性

刑事公诉案件被害人的律师代理，是指律师接受公诉案件的被害人及其法定代理人或者近亲属的委托，以代理人的身份参与刑事诉讼，以维护被害人的合法权益的活动。

虽然，在公诉案件中有公诉人代表国家向人民法院提起诉讼、指控犯罪，但是，被害人的诉讼代理人参与诉讼仍然是十分必要的。这是因为二者有以下不同：

（1）诉讼地位不同。公诉人代表国家行使起诉权，有权决定案件的起诉、不起诉、变更诉讼和撤诉，是独立的诉讼主体；由于被害人只有诉讼上的权利而并无实体权利，被害人不能决定案件的起诉、不起诉、变更诉讼和撤诉，因此，只能在被害人的法定起诉权之内进行诉讼活动的诉讼代理人，也就不是独立的诉讼主体。

（2）诉讼职能不同。公诉人是代表国家执行法律、提起诉讼的，其职能是通过支持公诉、监督审判活动来维护国家意志和国家利益；而被害人的诉讼代理人，是受委托人的委托参加诉讼的，其职能是通过协助司法机关查明案情、正确适用法律惩罚犯罪，维护被害人及其近亲属的合法权益。

（二）刑事公诉案件被害人的律师代理的委托及接受委托的案件

根据《刑事诉讼法》第44条的规定，公诉案件的被害人及其法定代理人或者近亲属、附带民事诉讼的当事人及其法定代理人，自案件移送起诉之日起，有权委托诉讼代理人。人民检察院自收到移送审查起诉的案件材料之日起

3 日内，应当告知当事人及其法定代理人有权委托诉讼代理人。人民法院自受理自诉案件之日起 3 日内，应当告知上述人员有权委托诉讼代理人。

从律师事务所的办案实践来看，在下列情况下，律师一般应当接受担任被害人诉讼代理人的委托：

（1）被害人由于特殊原因（如死亡、残废、患病、身在异处等）不能出庭或不便出庭的案件；

（2）被害人与侦查机关、检察机关意见不一致（如在"是故意杀人还是故意伤害"、"是轻伤还是重伤"、"是主犯还是从犯"、"是未遂还是既遂"的问题上，与公诉人持有异议）的案件；

（3）被害人对公诉人控诉能力有疑虑的案件；

（4）自诉转为公诉的案件。自诉转为公诉案件中，律师通常在自诉阶段已接受委托并了解案情，其继续代理有利于被害人行使诉讼权利；

（5）附带民事诉讼的公诉案件。附带民事诉讼的案件，律师往往接受委托担任附带民事诉讼的代理人，实践中兼任被害人代理人，有利于全面维护被害人的合法权益。

（三）刑事公诉案件被害人的律师代理的工作规则

律师作为被害人的诉讼代理人，在业务活动中应当遵循以下的规则：

（1）在公诉案件中，被害人及其法定代理人或者近亲属所委托的，应当是被害人的诉讼代理人，而不是其法定代理人或者近亲属的诉讼代理人。

（2）律师作为被害人的诉讼代理人只是代理诉讼，而并无代被害人作为证人履行作证的义务。

（3）律师作为被害人的诉讼代理人的代理活动不受委托人的意志所左右。律师在诉讼中行使的是法律有明文规定的诉讼权利，这无需委托人的特别授权，也不受委托人意志控制或制约。

（4）律师作为代理人代理的侧重点在维护被害人的合法权益。在被害人的合法权益受到侵害而司法机关未能加以注意的情况下，律师人应当根据事实与法律提请司法机关加以注意。在被害人的合理诉讼主张被司法机关否定时，律师应当根据法律规定，为被害人提供法律补救措施。

（5）被害人代理中要正确处理与有关机构的关系：①在案件移送审查起诉前的前期法律服务阶段，要协助公安机关、人民检察院做好揭露犯罪、证实犯罪、正确认定犯罪的工作。即帮助被害人向有关机关提供证明被控告人有罪、罪重的情况与证据。②在案件移送审查起诉后，律师应主动向公诉机关提供自己收集、调查的证据材料，以及应当如何追究被告人刑事责任的法律意见，协助公诉机关准确认定案件事实、正确适用法律、恰当地提出公诉意见。

③在庭审阶段，律师应当通过自己的诉讼活动，协助、配合公诉人行使控诉职能。对公诉人的控诉活动可能存在的不足或者问题进行补充指控或者提出修正意见，使法庭的审判做到事实清楚、证据确实充分，定性准确，量刑恰当。

（四）律师在担任公诉案件被害人的代理人时的权限

律师在担任公诉案件被害人代理人时的权限分为两个部分：①《刑事诉讼法》、《律师法》及相关司法解释规定律师享有的特定权利，主要包括查阅、摘抄、复制案卷材料权，调查取证权等；②被害人授予的权利。被害人委托代理律师后，接受委托的律师即取得被害人所享有的各项权利。

一般而言，被害人享有以下几项权利：

（1）在审查起诉中，被害人有权对案件的事实的认定和法律适用提出意见，人民检察院应当予以听取。

（2）对人民检察院决定不起诉的案件，被害人不服的，可以向上一级人民检察院申诉，请求提起公诉，人民检察院应当将复查结果告知被害人；对于人民检察院维持不起诉决定的，被害人可以向人民法院起诉。被害人也可以不经申诉，直接向人民法院起诉。

（3）对于有证据证明对被告人侵犯自己人身、财产权利的行为应当依法追究刑事责任，而公安机关或人民检察院不予追究的案件，被害人有权向人民法院提起自诉。

（4）对审判员、检察人员、侦查人员侵犯其诉讼权利和人身侮辱的行为，有权提起控告。

（5）有权申请有关人员回避，对驳回申请回避的决定，有权申请复议。

（6）在法庭调查阶段，有权就起诉书指控的犯罪事实进行陈述，有权向被告人、证人、鉴定人发问；有权对公诉人向法庭出示的物证、书证、宣读的书面证言及其他证据发表意见；有权申请通知新的证人到庭，并就书证、宣读的书面证言及其他证据发表意见；有权申请调取新的物证，申请重新鉴定或勘验。

（7）在法庭辩论阶段，有权对证据和案件情况发表意见，并与公诉人、其他当事人、辩护人相互辩论。

（8）被害人不服人民法院的第一审判决、裁定的，有权提请人民检察院提起抗诉，人民检察院应将是否抗诉的决定告知被害人。

（9）对已经发生法律效力的判决、裁定，有权向人民法院申诉。

（五）律师担任公诉案件被害人的代理人的具体工作

（1）收案。被害人委托律师代理，应当与律师事务所办理委托代理手续，包括订立委托代理协议，由委托方单方签署的委托授权书。在委托授权书中应明确代理律师的代理权限，对凡是涉及实体权利处分的都必须有被害人的特别授权。对于没有委托行使的诉讼权利，律师不能越权代理。

（2）提供法律咨询。律师接受代理委托后，首先应为被害人提供法律咨询，帮助分析案情，告知被害人为被指控的犯罪应当做哪些工作，告知被害人的诉讼权利。

（3）查阅案卷、调查取证。律师担任刑事案件代理人，可以查阅案卷材料。特别要注意对检察机关的起诉书的查阅，对被告人的犯罪事实和情节的认定，有无遗漏罪行。所认定的犯罪事实的证据是否确实、充分。对被告人犯罪性质的认定，适用法律是否准确等。代理律师通过查阅案卷后，根据自己掌握的事实和法律知识作出评价，如果在认定事实上、适用法律上确有重大出入，代理律师应当忠实于事实，忠实于法律，深入有关单位、个人进行调查，进一步查清有关案件事实，认真做好代理工作。

（4）做好庭前准备工作，拟写代理词。庭审前，代理律师应向人民法院了解是否公开审理，对涉及被害人个人隐私的，可以建议人民法院不公开审理。在开庭前，律师应拟写代理词，代理词内容应包括以下几点：①配合公诉人揭露、控诉被告人的犯罪行为，特别是由于被告人的犯罪行为，对被害人及其近亲属所造成的严重危害。②用事实和证据，来反驳被告人的无理狡辩、辩护人不正确的辩护意见。③提出对被告人适用法律的意见，表述委托人的其他诉讼请求。代理词包括前言、代理意见和结束语三个主要部分。下面举例：

刑事代理词

前言（主要有三项内容：①申明代理人的合法地位；②讲出代理人在出庭前进行了哪些工作；③讲明代理人对全案的基本看法）

代理意见（是刑事代理词的核心内容。刑事代理人为维护刑事被害人的合法权益，应该从被告人的行为事实出发，对照有关法律规定，论证被告人对被害人的侵害行为构成了犯罪，并提出追究被告人刑事责任的意见和根据。因此，通常要对被告人侵犯被害人合法权益的具体行为进行叙述，并围绕是否构成犯罪，属于何种罪名，有无从重的法定条件以及受到侵害的被害人的个人情况等问题上展开论述，以配合和支持公诉）

结束语（是对上述代理意见的归纳和小结。一般要讲明两个观点，即：①表明代理词的中心观点；②向法庭提出与公诉词基本一致的、对被告人的处理建议）

诉讼代理人：

年　月　日

（5）代理律师应出庭，参加法庭调查和法庭辩论。代理律师应当按时出庭，接到出庭通知书后因故不能出庭应与人民法院协商延期审理或改换其他律师出庭。在法庭审理过程中，代理律师应指导、协助或代理被害人行使其诉讼权利，如被害人因受犯罪行为致伤、致残等原因不能出庭，经其授权，可由代理律师出庭参加诉讼。在法庭调查阶段，律师应注意公诉人、审判人员对被告人的讯问，公诉人和辩护人对证人的询问及控辩双方出示或宣读的证据。代理律师可以对被告人、证人、鉴定人发问并对证据进行质证，协助法庭查明事实。在公诉人、被害人发言之后，代理律师应发表代理词，全面阐述自己的意见和主张。一般情形下，公诉人和被害人的代理律师是处于同盟状态，同属控诉一方，双方应积极默契地配合，依法惩罚犯罪，维护法律的尊严和当事人的合法权益。但如果出现代理律师和公诉人在事实认定和法律适用上不一致的情形，代理律师也可以和公诉人互相辩论，人民法院应保障代理律师依法行使自己的职权，从客观公正的角度听取各方的意见，作出审判。

（6）庭审后工作。代理律师应告知被害人阅读法庭笔录，发现差错或遗漏，可以补充、更正，经确认无误后签名盖章。应当征询委托人对一审判决的意见，如委托人对一审判决不服，代理律师可以应委托人的要求，在收到判决书的5日内代为向人民检察院提交抗诉申请书，请求人民检察院提起抗诉。人民检察院经过审查决定不予抗诉的，代理律师可以建议被害人及其法定代理人提出申诉。

三、刑事自诉案件中的律师代理业务

（一）刑事自诉案件律师代理的概念

自诉案件律师代理，是指律师接受自诉人、反诉人的委托，以自诉人或反诉人的名义进行诉讼，在诉讼中为其提供法律服务，以维护委托人的合法权益，正确实施法律的行为。

（二）刑事自诉案件的特征

刑事自诉案件，是指被害人和他的法定代理人或者近亲属，为追究被告人的刑事责任，自行向人民法院提起诉讼，由人民法院直接审理的案件。根据《刑事诉讼法》第204条的规定，自诉案件的范围如下：①法律规定的告诉才处理的案件。如以暴力干涉他人婚姻自由案件，虐待家庭成员案件，侮辱、诽谤案件等与人身权利有关的案件。②被害人有证据证明的轻微刑事案件。如轻伤害案件、重婚案件、遗弃案件、破坏现役军人婚姻案件等罪行轻微的案件。③被害人有证据证明对被告人侵犯自己人身、财产权利的行为应当依法追究刑事责任，而公安机关或人民检察院不予追究被告人刑事责任的案件。

刑事自诉案件具有如下特征：

（1）自诉案件的起诉权，由受害公民自行行使。自诉案件犯罪行为所侵犯的一般是公民的名誉、人身和其他权益，犯罪情节轻微，而且危害不大。有些案件的双方当事人存有亲属关系。同时，这些案件的性质均属于人民内部矛盾。因此，对这些案件是否追究加害者的刑事责任，由受害公民自行决定。

（2）自诉案件应由人民法院直接受理，而不需要经过侦查和提起公诉的诉讼程序。

（3）自诉案件可以调解、和解和允许撤诉。

（4）自诉案件被告人在诉讼中，可以对自诉人提起反诉。

根据《刑事诉讼法》第207条的规定，自诉案件的被告人在诉讼过程中，可以对自诉人提起反诉。反诉适用自诉的规定。反诉成立后，人民法院应将其与自诉案件合并审理，当事人互为原告人和被告人，如查证属实，都要对自己的行为承担刑事责任。反诉属独立之诉，除调解成功或和解撤诉的以外，不能因自诉人撤诉而撤销。律师既可以接受自诉人的委托担任自诉人的代理人，也可接受反诉人的委托担任反诉人的代理人。

（三）刑事自诉案件中的律师代理特征

自诉案件的律师代理分为两种：①律师接受自诉人的委托，担任自诉人的代理人；②律师接受反诉人的委托，担任反诉人的代理人。根据《刑事诉讼法》第207条反诉适用自诉的规定，以下我们仅叙述律师代理自诉人的工作和特征，该工作和特征也适用于律师代理反诉人的情形。

自诉案件律师代理具有如下特征：

（1）律师接受刑事自诉案件自诉人的委托，担任代理人参加诉讼时，只是代理自诉人行使诉讼权利，其行使诉讼权利的范围，受自诉人授予的代理权限的限制。它与律师作为刑事案件辩护人有着明显不同：①诉讼地位不同。律师作为刑事案件的辩护人，是一个独立的诉讼主体，他虽然为被告人的合法权益进行辩护，但不受被告人的意志所约束。而作为自诉人的代理人时，必须根据自诉人授予的代理权限进行诉讼活动，自己没有独立的诉讼地位。②诉讼职能不同。律师作为刑事案件辩护人，执行的是辩护职能，他的诉讼活动是反驳错误的指控，证明被告人无罪、罪轻，以达到减轻或免除被告人刑事责任的目的。而自诉人的代理人，执行的是控诉职能，他的诉讼活动是要求追究被告人的刑事责任，维护自诉人的利益。

（2）律师接受刑事自诉案件自诉人的委托，担任代理人参加诉讼时，只能担任原告代理人，它与律师在民事诉讼中的代理，既有共同点，又相互区别：①共同点。自诉案件中的律师代理与民事诉讼中的律师代理，其代理都必须得到当事人的授权委托或人民法院的指定，代理人的活动受委托人授权的限制，代理中所产生的法律后果，均由被代理人承担。②不同点。律师作为民事诉讼的代理人，可以是民事原告人、第三人的代理人，也可以是被告人的代理人，而在刑事自诉案件中作为自诉人的代理人，则只能是原告代理人。

（3）律师接受刑事案件自诉人的委托，担任代理人参加诉讼，它与公诉案件中被害人的律师代理，也既有共同点，又相互区别：①共同点。自诉案件中的律师代理与公诉案件中被害人的律师代理，都是行使控诉职能，维护被害人的合法权益。②不同点。律师作为自诉案件的代理人，应做反诉的准备，而在公诉案件中被害人的代理律师，则不需做反诉的准备。

（四）律师担任刑事自诉案件代理人时的诉讼地位

根据《刑事诉讼法》和《律师法》及相关司法解释的规定，自诉案件的自诉人及其法定代理人"有权随时委托诉讼代理人"，人民法院自受理自诉案件之日起3日以内应告知自诉人有权委托代理人。

律师接受自诉人及其法定代理人的委托担任诉讼代理人参加刑事诉讼，律师应承担两项职责：①代理律师应当根据事实，依据法律，提出有利于被代理人的意见，一切诉讼代理行为，都要有利于被代理人的利益，而不能做出有损于被代理人利益的行为。②代理律师的根本任务，是维护法律的正确实施，维护国家和集体利益，维护被代理人的合法权益，而不是所有权益。

律师担任刑事自诉案件的代理人，其诉讼地位如下：

（1）自诉人的代理律师在刑事诉讼中不具有独立的诉讼地位，律师只是在自诉人授权范围内开展工作，代表自诉人意志，维护自诉人的合法权益。代理律师在履行自己的职责时，受自诉人意志的约束，不具有独立的诉讼地位。

（2）律师代理诉讼时又具有相对的独立性。当自诉人的要求不符合法律规定，提出的证据不符合客观事实时，代理律师可以教育和帮助他们变更诉讼请求，如本人不予接受，代理律师可以拒绝代理。即使自诉人的请求和诉讼行为都是合法的，代理律师也要根据事实和法律，运用自己的法律专业知识，独立地提出有利于被代理人的意见。代理律师具有这种相对的独立性，既符合法律规定，又有利于自诉人的利益。

（五）律师担任刑事自诉案件代理人时的权限

律师在担任刑事自诉案件代理人时的权限分为两个部分：①《刑事诉讼法》、《律师法》及相关司法解释规定律师享有的特定的权利，主要包括查阅、摘抄、复制案卷材料权，调查取证权等；②自诉人授予的权利。根据《刑事诉讼法》的规定，自诉人是案件中的一方当事人，行使控诉权，自诉人具有独立的诉讼地位，享有广泛的诉讼权利，自诉人委托代理律师后，代理律师一般即取得自诉人所享有的各项权利，为自诉人代为行使。

一般而言，自诉人享有以下诉讼权利：

（1）自诉人对审判人员、检察人员和侦查人员，侵犯其诉讼权利和对其进行人身侮辱的行为，有提出控告的权利。

（2）在开庭审理案件时，有申请审判人员、书记员、翻译人员或鉴定人回避的权利；经审判长许可，有向被告人发问、质证的权利；有参加法庭辩论的权利；法庭调查结束后，有发言的权利。

（3）自诉人由于被告人的犯罪行为而遭受物质损失的，在刑事诉讼中，有提起附带民事诉讼的权利。

（4）在人民法院宣告判决前，有同被告人和解或撤诉的权利。

（5）自诉人如果不服地方各级人民法院的第一审判决或者裁定，有在法定时限内提出上诉的权利。

（六）律师担任刑事自诉案件代理人的具体工作

1. 律师事务所接受委托，与自诉人签订代理合同

律师事务所在与委托人签订代理合同时，应注意以下事项：

（1）审查委托人是否是自诉案件的被害人，或者被害人的法定代理人、近亲属，其他人不能委托律师。

（2）请求代理的案件必须是属于《刑事诉讼法》规定的自诉案件范围，而且不能将已对社会有重大危害的案件仍当自诉案件对待。

（3）请求代理的自诉案件应当基本事实清楚并具备基本证据。所谓基本事实清楚，是指自诉人所指控的对方加害行为和应负的刑事责任基本清楚。所谓基本证据，是指能够证明双方当事人之间具有一定法律关系，被告人侵权及其后果有证可查。

上述三个方面条件具备后，律师可以请委托人到律师事务所办理委托手续，并交纳必要费用。自诉人应当与律师事务所订立委托代理协议，并由自诉人签署授权委托书，对委托的事项及权限作出明确的规定。

应该指出，律师作为自诉案件代理人，不是必须立案以后才能接受委托，而是在立案前就可以接受委托。因为公诉案件是公安、检察机关取证的，而自诉案件全靠原告人。法院一般不去调查收集证据。这就需要律师多做一些工作，如果立案以后再请律师就会失去取证机会，最后可能因证据不足而败诉。接受代理时，委托人必须出具授权明确的委托书。由于自诉人的请求直接涉及其切身利益或血缘关系，所以律师不宜作全权代理人。在委托书中，律师除了代为一般诉讼行为外，其他权利均应由委托人以特别授权，尤其是涉及自诉人实体权利的撤诉、和解，变更、放弃诉讼请求等权利，更应特别授权。

2. 调查证据，提起诉讼

律师接受委托后，应积极协助自诉人收集有关证据。如果自诉人尚未起诉，则代理律师应向自诉人解释法律赋予他的有关诉讼权利，并代写刑事自诉状，向有管辖权的人民法院提起诉讼。刑事自诉状主要由三部分组成，即首部、正文和尾部。具体格式如下：

刑事自诉状

自诉人：×××（姓名、性别、出生年月日、民族、籍贯、职业、工作单位和职务、住址等）

被告人：×××（姓名、性别等情况，出生年月日不详者可写其年龄）

案由：_____（被告人被控告的罪名）

诉讼请求：_____（具体的诉讼请求）

事实与理由：_____（被告人犯罪的时间、地点、侵害的客体、动机、目的、情节、手段及造成的后果，理由应阐明被告人构成犯罪的罪名和法律依据）

证据和证据来源，证人姓名和住址：_____（主要证据及其来源，证人姓名和住址。如证据、证人在事实部分已经写明，此处只需点明证据名称、证人的详细住址）

此致

_____人民法院

自诉人：_____

代书人：_____

年　月　日

附：本诉状副本_____份。

代理律师在起诉时，应携带以下文件：自诉人身份证明；刑事自诉状一式二份；相关证据材料及目录、证人名单；自诉人与律师事务所签订的委托代理协议；自诉人签署的授权委托书；律师事务所出具的律师代理函；律师执业证等。自诉人同时要求民事赔偿的，代理律师应制作刑事附带民事诉状。

3. 出庭准备及参与庭审

自诉人提起诉讼后，代理律师应当帮助自诉人做好出庭前的准备工作。代理律师必须向自诉人详细解释有关自诉案件开庭的法律规定，避免自诉人未准时出庭又未委托律师出庭或擅自中途退庭导致自动撤诉等法律后果。

代理律师在刑事自诉案件开庭审理时，应指导、协助或代理自诉人控制犯罪，并运用相关证据证明被告人犯罪事实的成立；指导、协助或代理自诉人行使诉讼权利，保证法庭调查各个阶段的顺利进行；法庭调查结束后，与被告人及其辩护律师展开法庭辩论，发表代理词指控犯罪，论证被告人依法承担刑事责任的依据，提出对被告人应当如何处罚的意见。

4. 配合法庭调查

根据《刑事诉讼法》第 206 条的规定，人民法院对告诉才处理的案件、被害人有证据证明的轻微案件等自诉案件，可进行调解。律师代理自诉人参加这两类自诉案件的诉讼活动，应当配合人民法院做调解工作。

5. 告知自诉人和解或撤诉

对于自诉案件，自诉人可以在宣告判决前同被告人自行和解或者撤回起诉。代理律师应当将此事项告知自诉人，由自诉人依据自己的意志做出选择。

6. 休庭后的工作

（1）告知自诉人阅读法庭笔录，发现其中遗漏或差错时，可予以补充或更正，经确认无误后签名或盖章。

（2）整理证据和辩论意见，向法庭提交在法庭审理过程中出示的证据材料和书面律师代理意见。

（3）人民法院作出一审判决、裁定后，自诉人如果不服，告知自诉人在法定期限内可以提出上诉，请求上一级人民法院重新审理。

（七）反诉案件的律师代理

根据《刑事诉讼法》第 207 条的规定，自诉案件的被告人，可以在诉讼过程中对自诉人提起反诉。反诉一旦成立，就会出现反诉人的代理问题。由于反诉适用自诉的规定，因此，反诉人的代理所涉及的各方面的问题，就与自诉人的代理基本相同而无需详述。这里有以下几个问题需要说明：

（1）被告人提起反诉，可以委托其辩护人兼作反诉的代理人，但必须补办委托代理手续，在明确代理人的具体权限后，应做好代理人的各项工作。

（2）反诉人委托代理人时，代理人应注意审查能否提起反诉。

（3）反诉的成立，由审理自诉案件的法庭决定，反诉一旦成立，与本诉适用同一诉讼程序。

（4）自诉案件的被告人在诉讼过程中提起反诉并经法庭决定反诉成立的，自诉人可以委托其自诉代理人兼作反诉中的辩护人，但应办理相应的委托手续并做好辩护人的各项工作。

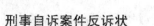
刑事自诉案件反诉状

反诉人：（本诉被告人）（姓名、性别、出生年月日、民族、籍贯、职业或工作单位和职务、住址等）

被反诉人：（本诉自诉人）（姓名、性别、出生年月日等基本情况）

反诉请求：（反诉的具体请求内容）

事实与理由：（被反诉人的罪行事实发生的时间、地点、侵犯客体等具体事实要素，阐明被反诉人罪行的性质及法律依据）

证据和证据来源，证人姓名和住址：（主要证据及来源，主要证人姓名和住址。如证据、证人在事实部分已经写明，此处只需点明名称、证人地址）

此致

_____人民法院

反诉人：_____

代书人：_____

年　月　日

附：本反诉状副本_____份。

四、刑事附带民事诉讼的律师代理业务

（一）刑事附带民事诉讼律师代理的概念

刑事附带民事诉讼的律师代理，是指律师接受刑事附带民事诉讼当事人及其法定代理人的委托担任诉讼代理人，为维护附带民事诉讼当事人的合法权益而进行的诉讼活动。

（二）刑事附带民事诉讼的特征

根据《刑事诉讼法》第99条的规定，刑事附带民事诉讼，是指司法机关在刑事诉讼过程中，在解决被告人刑事责任的同时，解决因被告人的犯罪行为所造成的物质损失的赔偿而进行的诉讼活动。刑事附带民事诉讼的成立必须具备以下条件：

（1）以刑事诉讼的存在为前提。刑事附带民事诉讼是在刑事诉讼过程中提起的，又是在刑事诉讼中附带解决的，因此，只有刑事诉讼已经进行，才有可能进行附带民事诉讼。被害人直接向法院提起损害赔偿请求，则成立独立的民事诉讼。

（2）被告人的犯罪行为对被害人或国家、集体造成物质损失，应当负赔偿责任。

（3）具有赔偿请求权人在刑事诉讼过程中向司法机关提出了损害赔偿的

诉讼请求。

（三）律师担任刑事附带民事诉讼代理人的诉讼地位和权限

刑事附带民事诉讼双方当事人都可以委托律师代理。公诉案件的刑事附带民事诉讼的当事人及其法定代理人可以"自案件移送审查起诉之日委托代理人"，自诉案件的刑事附带民事诉讼的当事人及其法定代理人"有权随时委托诉讼代理人"。律师作为刑事附带民事诉讼当事人的代理人，与民事诉讼代理人并无多大区别。二者均无独立诉讼地位，都在代理权限内完成一定的法律行为，也都由当事人承担律师代理行为所产生的一切后果。两种代理人均不得无权代理或越权代理。其诉讼权利和义务并无二致。

（四）律师担任刑事附带民事诉讼代理人的具体工作

律师担任刑事附带民事诉讼的代理人可以分为两大类：①附带民事诉讼的原告担任代理人；②附带民事诉讼的被告人担任代理人。

1. 刑事附带民事诉讼原告人的律师代理

律师担任刑事附带民事诉讼原告人的代理人的工作程序与担任刑事自诉中自诉人的律师代理和刑事公诉案件中被害人的律师代理工作程序基本相同。但应当注意以下工作内容：

（1）接受委托。律师在接受委托之前，应当注意审查刑事案件是否成立或司法机关是否已经立案；附带民事诉讼原告人是否具备主体资格；被告人的犯罪行为是否给被害人造成物质损失；被害人遭受的物质损失与被告人犯罪行为之间是否存在因果关系；有无事实和相关的证据；刑事诉讼活动是否结束等内容。

符合上述条件的，公诉案件的被害人及其法定代理人、近亲属和自诉案件的自诉人，应当与律师事务所签订委托协议并出具授权委托书。授权委托书应当明确委托的事项和权限，并由委托人签名或盖章。需要律师代为提出、承认、放弃、变更诉讼请求，进行和解和提出上诉的，还应该由委托人进行特别授权。

（2）开庭前的准备工作。律师接受委托以后，附带民事诉讼原告人还没有向人民法院递交附带民事起诉状的，律师应当为其代书附带民事起诉状并协助委托人或经委托人授权代理委托人向人民法院提起附带民事诉讼。刑事附带民事诉讼诉状包括首部、正文、尾部三个主要部分。具体格式如下：

刑事附带民事起诉书

附带民事诉讼原告人：（姓名、性别、出生年月日、民族、籍贯、文化程度、职业或者工作单位和职务、住址等项）

法定代理人：（姓名、性别等身份事项以及与附带民事诉讼原告人的关系）

　　委托代理人：（姓名、性别、工作单位、住址等；系律师的，写明姓名、工作单位和职务）

　　附带民事诉讼被告人：（姓名、性别、出生年月日或写明年龄、民族、籍贯、文化程度、职业或者工作单位和职务、住址等项）

　　诉讼请求：

　　事实与理由：

　　证人姓名和住址，其他证据名称、来源：

　　此致

_____人民法院

附带民事诉讼原告人：（签、印）
年　月　日

　　附：本状副本××份。

　　律师接受委托以后，应当指导、协助委托人收集证据，必要时可以根据法律规定进行调查和申请鉴定。为保证将来判决能够顺利执行，可以建议或帮助委托人向人民法院申请财产保全。

　　律师在开庭之前，可以根据授权，代理委托人参与法庭及其他组织或个人就附带民事诉讼部分的调解活动。律师在开庭之前，应当向法庭提交拟出庭证人名单、证据目录和主要证据复印件。律师应事前准备好代理词和其他出庭材料。

　　（3）法庭审理和判决时的工作。法庭审理阶段可参照自诉代理或公诉案件的代理工作程序，指导、协助或代理委托人行使各项诉讼权利，参加法庭审理活动，积极协助法庭做好调解工作。

　　法庭判决以后，委托人不服的，应当告知委托人可就附带民事诉讼部分提出上诉。可以代书附带民事上诉状。委托人在二审程序中继续委托律师代理的，应当另行办理委托手续。

　　2. 刑事附带民事诉讼被告人的律师代理

　　律师担任刑事附带民事诉讼被告人的代理人，被告人同时是刑事被告人的，其工作程序与被告人辩护律师工作程序基本相同。刑事附带民事被告人是刑事诉讼被告人以外的其他组织或个人的，其工作程序与附带民事诉讼原告人律师代理工作程序基本相同，但应注意以下几方面内容：

（1）接受委托。辩护律师兼任刑事被告人的附带民事诉讼代理人的，应由委托人与律师事务所办理刑事辩护委托手续时，同时或单独办理附带民事诉讼代理手续并出具授权委托书，授权委托书应由委托人签名并注明委托事项和权限。

附带民事诉讼被告人是刑事被告人以外的其他组织或个人的，律师在接受委托时，应由委托人与律师事务所办理委托手续，出具授权委托书。

（2）开庭前的准备工作。律师接受委托以后，应当帮助委托人撰写或代书答辩状。代理律师有权查询、复制、摘抄有关卷宗材料。刑事附带民事诉讼被告人的代理人，有权会见在押的被告人或与被告人通信，代理律师有权依法调查取证、收集相关证据。经委托人授权，有权申请鉴定、申请补充鉴定或申请重新鉴定。

（3）法庭审理和判决时的工作。担任刑事附带民事诉讼被告人的代理律师参加庭审、举证、质证、进行辩护、参与调解、发表代理意见，其诉讼权利和工作程序与刑事附带民事诉讼原告人的代理律师基本相同。

刑事附带民事诉讼被告人对于一审判决附带民事诉讼部分不服的，代理律师可以协助其提起上诉。附带民事诉讼被告人继续委托律师代理的，应当另行办理委托手续。

律师可以担任刑事申诉案件的代理人代为申诉，其详细内容本书另有专章论述。

 学习情境

【实训项目】

在一起放火案中，宏达服装厂的一仓库被他人放火焚烧，直接经济损失达60万元。事后经查明，放火者是另一个服装厂的厂长。案件经过公安机关的侦查终结后，移送人民检察院审查起诉，宏达服装厂提出要委托诉讼代理人。人民检察院则说：公诉案件的被害人是自然人，不包括单位，因而法律上所说的"被害人及其法定代理人或者近亲属有权委托诉讼代理人"不能适用于宏达服装厂。如果宏达服装厂确实要委托诉讼代理人，也只能提起附带民事诉讼，以附带民事诉讼原告人的身份委托诉讼代理人，并且要在人民法院受理案件之后才能委托诉讼代理人。无奈，宏达服装厂只好提了附带民事诉讼的请求，并在案件起诉至人民法院后委托一名在某监狱任职的叶某作为诉讼代理人。在法院审判过程中，叶某去人民法院查阅、复制案件有关材料，了解案

情，人民法院没有准许。叶某因此辞去诉讼代理人的职务。宏达服装厂要求另行委托诉讼代理人，被人民法院告知：只能在法庭开庭审理中的阶段，因而宏达厂不能再委托诉讼代理人了。人民法院最后作出了刑事附带民事判决。

请从刑事代理实务角度分析：

（1）本案中，人民检察院、人民法院的做法存在什么问题？

（2）假设你作为宏达厂的诉讼代理人将如何开展诉讼代理业务？

（3）根据案情和相关文书写作要求拟写一份刑事附带民事诉讼诉状。

思考与练习

1. 简述律师刑事代理工作的意义。

2. 简述刑事公诉案件律师代理的范围。

3. 试论律师刑事辩护与律师刑事代理的区别。

附：相关法律条文

《中华人民共和国刑事诉讼法》

第四十四条　公诉案件的被害人及其法定代理人或者近亲属，附带民事诉讼的当事人及其法定代理人，自案件移送审查起诉之日起，有权委托诉讼代理人。自诉案件的自诉人及其法定代理人，附带民事诉讼的当事人及其法定代理人，有权随时委托诉讼代理人。

人民检察院自收到移送审查起诉的案件材料之日起三日以内，应当告知被害人及其法定代理人或者其近亲属、附带民事诉讼的当事人及其法定代理人有权委托诉讼代理人。人民法院自受理自诉案件之日起三日以内，应当告知自诉人及其法定代理人、附带民事诉讼的当事人及其法定代理人有权委托诉讼代理人。

第九十九条　被害人由于被告人的犯罪行为而遭受物质损失的，在刑事诉讼过程中，有权提起附带民事诉讼。被害人死亡或者丧失行为能力的，被害人的法定代理人、近亲属有权提起附带民事诉讼。

如果是国家财产、集体财产遭受损失的，人民检察院在提起公诉的时候，可以提起附带民事诉讼。

第二百零四条　自诉案件包括下列案件：

（一）告诉才处理的案件；

（二）被害人有证据证明的轻微刑事案件；

（三）被害人有证据证明对被告人侵犯自己人身、财产权利的行为应当依法追究刑事责任，而公安机关或者人民检察院不予追究被告人刑事责任的案件。

第二百零六条 人民法院对自诉案件，可以进行调解；自诉人在宣告判决前，可以同被告人自行和解或者撤回自诉。本法第二百零四条第三项规定的案件不适用调解。

人民法院审理自诉案件的期限，被告人被羁押的，适用本法第二百零二条第一款、第二款的规定；未被羁押的，应当在受理后六个月以内宣判。

第二百零七条 自诉案件的被告人在诉讼过程中，可以对自诉人提起反诉。反诉适用自诉的规定。

第六单元　刑事法律援助

学习目标：

- ●明确法律援助的概念及特征；
- ●了解刑事法律援助的特点；
- ●掌握刑事法律援助的程序。

导入案例

　　张某某，男，未成年人，云南省玉溪市江川县大街镇人。2005年6月，张某某等人随意殴打他人，并致他人轻伤，达十级伤残，被检察机关以涉嫌寻衅滋事犯罪为由起诉到人民法院。2006年8月15日，张某某随同其母亲到江川县法律援助中心申请法律援助。经审查，江川县法律援助中心认为张某某符合法律援助的条件，决定给予法律援助，指派法律援助中心律师承办此案，为张某某担任涉嫌寻衅滋事一案的辩护人。援助中心律师接受指派后，对整个案件材料进行详细地审阅和研究。在研究过程中，律师发现张某某有自首情节，但现有证据难以证实。律师到公安机关了解落实后，要求公安机关办案干警出具了张某某投案自首的情况说明，收集到了张某某有自首情节的证据材料；另外，辩护律师还发现，此案涉及诈骗、寻衅滋事、故意伤害、非法拘禁、非法侵入住宅等多个罪名，属多案合并为一案审理的特殊案件，并且公诉机关的起诉书认定为集团犯罪案件。为此，针对此案的特殊情况和张某某的参与情况，律师及时确定了张某某不属于集团犯罪成员的辩护思路。在庭审过程中，辩护律师针对张某某的情况提出了张某某不属于犯罪集团成员，有自首情节，系初犯，且为未成年犯罪及认罪态度较好，有悔罪表现，犯罪情节较轻，符合刑法及相关司法解释规定的免予刑事处罚条件，应免予刑事处罚的辩护意见。法院对辩护律师的辩护意见给予了全部采纳，判决张某某免予刑事处罚。[1]

---

　　〔1〕　云南省司法厅编：《云南省法律援助百佳案例》，2010年2月。

一、法律援助制度概述

（一）法律援助制度的概念和特征

1. 法律援助制度的概念

法律援助制度，也称法律救助、法律扶助制度，是世界上许多国家都采用的一种司法救济制度。其含义因国家和地区的不同而有所差异。但在具有普遍意义的含义上，这一制度指的是，对于因经济困难或者存在其他因素，从而难以通过通常意义上的法律救济手段保障自身基本社会权利的社会弱势群体，由国家出面，通过减免收费的方式为其提供法律帮助的一项法律保障制度。[1]

我国司法部1997年5月20日颁布的《关于开展法律援助工作的通知》明确指出，法律援助，是指在国家设立的法律援助机构的指导和协调下，律师、公证员、基层法律工作者等法律服务人员为经济困难或特殊案件的当事人给予减、免收费提供法律帮助的一项法律制度。2003年7月21日公布、同年9月1日起生效的国务院《法律援助条例》中，明确规定我国的法律援助是无偿的法律服务。

在上述案例中，张某某遇到了与法律相关的问题，作为未成年人，他属于社会的弱势群体，如果让他自己解决而没有国家的帮助，可能会由于不懂法律或者难以支付律师费，而无法维护自己的合法权益，那么，法律上的平等就无从谈起。如果他可以到政府设立的法律援助机构申请援助，由法律援助机构出面，无偿为他处理案件，使他得到法律帮助，维护他的合法权益，将能够保障他的合法权益，从而维护社会的公平，这就是法律援助。

法律历来被人们看成是公平和正义的化身，可在现实生活中，基于各种原因，社会上总存在着一些弱者，当他们的基本权利受到侵害时，因经济贫困或者其他原因，无法获得法律的切实保护。正是在这样的情况下，对弱者的法律援助，为其解决寻求法律保护时遇到的困难，以实现司法中的平等，逐渐成为一种法律制度，并随着社会的发展而不断完善。法律援助制度起源于15世纪的英国，在西方国家已有500多年的历史。早在1424年，苏格兰的一项法规创立了"穷人登记册"，如果在册者提出诉讼，则可免费得到法律顾问或者代理人的帮助，这就是法律援助制度的雏形。随着资本主义国家法律制度向前发展，法律援助制度也逐渐普及并不断发展，目前世界上共有140多个国家确立了这一制度。特别是在英、美、法、意、日、德等经济发达国家，法律援助制度已经非常完善。

---

〔1〕　新华："法律援助制度"，载《衡水日报》2005年3月3日。

由于种种原因，我国的法律援助制度起步较晚，1994 年我国才建立了法律援助制度，此后经过了一个快速的发展过程，1996 年的《刑事诉讼法》、《律师法》都对这一制度有了相关规定，各种工作规范、规章制度、协调衔接机制逐步建立，并逐渐进入了发展完善阶段。2003 年 9 月《法律援助条例》的实施，标志着我国法律援助制度的正式确立。确立法律援助制度是贯彻我国宪法规定的"法律面前人人平等"原则和实现司法公正终极目标的必然要求，是落实"司法为民"的具体需要，是保障弱势群体基本人权的重要举措。

2. 我国法律援助制度的特征

自 1994 年初开始提出法律援助，在经历了近 10 年的探索实践后，以 2003 年 9 月 1 日实施《法律援助条例》为标志，我国正式建立了法律援助制度。综观我国法律对法律援助的有关规定，我国的法律援助制度具有以下基本特征：

（1）法律援助是政府的责任。在国务院《法律援助条例》第 3 条中明文规定：法律援助是政府的责任。这在立法上明确规定了我国法律援助的责任主体，即由人民政府承担为符合援助条件的当事人提供法律援助的责任。

现代意义上的法律援助制度，本质上是以国家力量来保障公民平等的实现法律赋予的权利，这从根本上区别于法律援助制度产生初期的慈善性、道义性的法律援助行为。因此，现代法律援助制度的理论体系，是建立在国家负有法律援助责任和公民享有法律援助权利的基础上的：国家与公民之间存在着提供和享有法律援助的法律关系，国家负有为社会的贫、弱群体提供法律援助的义务，社会的贫、弱群体享有国家提供法律援助的权利。对于有经济支付能力的一般公民来说，获得法律服务必须支付与之对应的服务费用，这是法律服务市场实现有偿机制的必然。但是，公民在因经济困难或者其他特殊原因不能支付法律服务费用时，不能就此剥夺了该公民应享受的法律平等的权利。为此，国家及政府应专门为其提供法律援助，使其能享受到免费的法律服务，这是政府对公民应尽的义务和责任。基于立法的规定，国家有责任通过制定法律、设立机构、财政拨款和组织协调等手段保障法律援助的顺利实施。

当然，法律援助职能不可能由政府来具体实施，只能由政府所设立的相关职能部门来组织实施。根据司法部有关规定，司法部设立法律援助中心，指导和协调全国的法律援助工作；各级司法行政机关所设的法律援助中心指导、协调、组织本地区的法律援助工作；律师事务所、公证处、基层法律服务机构在本地区法律援助中心或司法行政机关统一协调下具体实施法律援助工作。

（2）法律援助是法律化、制度化的国家行为。法律援助制度是我国的一项法律制度，与之相关的主要内容，如法律援助的责任主体、实施主体、权利主体、程序等都由我国的行政法规和地方性法规做出了明确的制度性规定，这有别于传统的律师个人的道义行为和社会团体的慈善行为。到目前为止，全国已有20多个省、市、自治区以地方人大立法或政府规章的形式法律化了这项国家行为。特别是国务院于2003年颁布的《法律援助条例》，以法律的形式，确立了我国法律援助制度的基本框架，明确了经济困难的公民申请并获得免费法律服务的权利，明确了法律援助是政府责任、政府应当为法律援助提供财政支持的原则，明确了司法行政机关管理监督法律援助工作和法律援助机构组织提供法律援助的职责，规定了社会力量参与法律援助的原则以及法律援助各方的权利义务和法律责任等。[1]

（3）受援对象的范围广泛。《法律援助条例》第10条第1款规定："公民对下列需要代理的事项，因经济困难没有委托代理人的，可以向法律援助机构申请法律援助：①依法请求国家赔偿的；②请求给予社会保险待遇或者最低生活保障待遇的；③请求发给抚恤金、救济金的；④请求给付赡养费、抚养费、扶养费的；⑤请求支付劳动报酬的；⑥主张因见义勇为行为产生的民事权益的。"第11条："刑事诉讼中有下列情形之一的，公民可以向法律援助机构申请法律援助：①犯罪嫌疑人在被侦查机关第一次讯问后或者采取强制措施之日起，因经济困难没有聘请律师的；②公诉案件中的被害人及其法定代理人或者近亲属，自案件移送审查起诉之日起，因经济困难没有委托诉讼代理人的；③自诉案件的自诉人及其法定代理人，自案件被人民法院受理之日起，因经济困难没有委托诉讼代理人的。"第12条："公诉人出庭公诉的案件，被告人因经济困难或者其他原因没有委托辩护人，人民法院为被告人指定辩护时，法律援助机构应当提供法律援助。被告人是盲、聋、哑人或者未成年人而没有委托辩护人的，或者被告人可能被判处死刑而没有委托辩护人的，人民法院为被告人指定辩护时，法律援助机构应当提供法律援助，无须对被告人进行经济状况的审查。"此外，《最高人民法院、司法部关于刑事法律援助工作的联合通知》规定，外国籍被告人没有委托辩护人的，可以经人民法院指定获得法律援助。从上述规定可看出，我国法律援助的受援对象，既包括经济困难无力支付法律服务费用的符合法律援助条件者，也包括法律有特别规定的弱者和残疾者，而且在刑事诉讼中还包括外国籍被告。其覆盖面非常广泛。在案例导入中，张某某作为未成年人，属于《法律援助条例》第12条规定的受援对象，符合法律规定。

（4）对受援者提供免费的法律服务。《法律援助条例》明确规定法律援助

---

〔1〕 贾午光主编：《国外境外法律援助制度新编》，中国方正出版社2008年版，第11页。

为政府的职责，第 2 条规定，符合本条例规定的公民，可以依照本条例获得法律咨询、代理、刑事辩护等无偿法律服务；第 22 条规定提供法律援助不得收取任何财物；在"法律责任"一章里则对从事有偿法律服务行为的人员规定了应承担的法律责任。这些规定都明确了对符合法律援助条件的受援者给予完全的免费服务，这是法律援助的关键点。

我国建立法律援助制度之初，对受援人采用的是减、缓收法律服务费用的方式。但这容易使法律援助机构变相搞有偿法律服务，导致法律援助机构因利益驱动而与社会执业律师进行"不正常竞争"，破坏法律服务中介市场次序，损害法律援助的形象与声誉，与我国设立法律援助制度的初衷背道而驰。为此，《法律援助条例》明确了对受援者提供免费的法律服务。

（5）法律援助形式多样。《法律援助条例》没有明确规定法律援助的形式，但是从全文来看，其涉及的法律援助的形式是比较广泛的，涵盖了诉讼与非诉讼两种形式。综观相关法律法规的规定，我国法律援助常见的形式有：①法律咨询。即法律援助工作人员为受援人解答法律问题，提供法律意见，排除疑难，代为起草法律文书等。②代理。代理主要是指在民事案件和行政诉讼案件中担当一方当事人的代理人，代为参加诉讼，维护被代理人的合法权益。另外，在刑事诉讼中也存在诉讼代理的情形。比如，在公诉案件中担任被害人的代理人，在自诉案件中担任自诉人的代理人，以及在刑事附带民事诉讼中担任附带民事诉讼原告或者被告的代理人等。③刑事辩护。是指在刑事公诉或者自诉案件中，担任受援人的辩护人，针对公诉方的指控，从事实和法律方面提出有利于犯罪嫌疑人、被告人的证据材料，为其进行辩护，维护其合法权益，论证犯罪嫌疑人、被告人无罪、罪轻或者应当减轻、免除刑罚的诉讼活动。案例导入中的律师就是以这种形式进行法律援助的。④承担非诉讼法律事务代理。例如，法律援助人员接受受援人的委托参加调解、制裁活动，出具公证证明材料、解答受援人提出的有关法律问题的询问、为受援人代写诉讼文书和有关法律事务的其他文书，以及接受受援人的委托，代理当事人办理共同财产分割、遗嘱的执行、遗产的分配等。

（6）法律援助的实施主体广泛。法律援助的实施主体，就是直接为受援人提供援助，具体办理法律援助案件的工作人员。在法律援助实施主体的范围和对象上，我国的法律法规根据我国的实际，参照西方国家的法律援助制度，作出了两个方面的规定：一方面通过《刑事诉讼法》、《律师法》、《法律援助条例》和司法部《关于律师和基层法律服务工作者开展法律援助工作暂行管理办法》，确定了由律师、基层法律工作者共同组成的主体；另一方面对其他社会力量参与法律援助工作作出了灵活的、倡导性的规定。

《法律援助条例》第 21 条规定："法律援助机构可以指派律师事务所安排律师或者安排本机构的工作人员办理法律援助案件；也可以根据其他社会组织的要求，安排其所属人员办理法律援助案件。……"可见，在我国，法律援助的实施主体有三类：一是律师事务所的律师；二是法律援助机构的工作人员及基层法律工作者；三是其他社会组织的所属人员。

律师是指通过国家司法考试，依法取得律师执业证书，为社会提供法律服务的执业人员。律师的性质和职业特点决定了律师是法律援助工作的首要实施者。参照西方国家的法律援助制度，我国《法律援助条例》规定了由律师作为法律援助工作的实施者。律师都接受过法律专业知识的训练，通过国家司法考试并取得执业证书，具有丰富的法律专业知识和办案实践经验，具有明显的办案优势和更多的诉讼权利，并且律师都归属于某个律师事务所，一方面对其所承办的疑难案件一般都可以邀请同行进行集体讨论，集思广益，取长补短，保证办案工作的质量，另一方面律师受到严格的执业纪律和职业道德的约束，同时还受到行业协会的监督。因此，律师提供的法律援助是其他专业人员无法替代的。

法律援助机构的工作人员包括：行政管理人员和专业人员两部分。专业人员又包括：一是具有律师资格，本身就是注册律师的专职法律援助律师；二是没有律师身份，具有一定的法律专业知识和经验的法律工作者。他们承担了组织实施法律援助和具体提供法律援助服务的职能。具有律师资格者可以提供所有形式的法律援助，并以诉讼代理和刑事辩护为主。而一般的法律援助工作者则以提供咨询、代书、非诉讼代理为主。基层法律工作者是指依据有关法律、法规取得法律服务执业证、从事基层法律服务的执业人员。他们通过开展法律服务工作，宣传国家的法律法规，维护国家、集体、公民的合法权益，他们的工作对于促进基层民主法制建设、构建社会主义和谐社会起到十分重要的作用。基层需要大量的法律服务人员，他们成为了我国法律援助的重要的实施主体。

就全国的情况来看，一方面律师资源不足，分布又很不均衡，其中北京、天津、上海等 10 个沿海省市就有执业律师 85 055 名，占全国执业律师的54.27%。[1]而比如内蒙、云南、贵州等 12 个西部地区只有律师 31 769 名，有的县甚至没有一名律师，法律援助提供能力明显不足。另一方面，工会、妇联、团组织、残联等社会团体在长期的发展中，为了履行维护本团体成员的权

---

〔1〕　司法部法律援助中心主办：《中国法律援助》，2010 年第 1 期，第 36 页。

益保障职能，设有专门的权益保障部门。随着法制的逐步健全，这种权益保障的内容和形式越来越多地体现为法律保障，由其权益保障部门为本团体成员提供法律援助。此外，一些设有法律院、系的大专院校为了把法学教育与社会实践相结合，为学生提供一个运用所学知识服务、奉献于社会的"用武之地"，借鉴国外在大学设立法律援助"诊所"的经验组建了以高年级本科生、研究生为主体的法律援助组织。为了不因律师的缺乏导致法律援助工作的不能开展，《法律援助条例》将上述人员纳入到法律援助的实施主体中，在第8条作出了倡导性规定："国家支持和鼓励社会团体、事业单位等社会组织利用自身资源为经济困难的公民提供法律援助。"

可见，我国的法律援助实施主体更具有多样性和广泛性，不仅包括法律援助管理者、律师和基层法律工作者这样的义务承担者，也包括其他社会组织工作的人员、院校学生和一切自愿致力于法律援助的工作人员。

（二）我国法律对法律援助制度的相关规定

我国从1994年开始建立法律援助制度到今天，经过十多年的发展，先后出台了不同位阶的法律法规，对法律援助制度进行规定。依据宪法原则，我国在《刑事诉讼法》、《律师法》、《残疾人保障法》、《妇女权益保障法》、《未成年人保护法》等法律及国务院《法律援助条例》、司法部《通知》等部门规章及地方性法规中，都对法律援助制度作了规定。

1. 宪法的规定

在我国现行《宪法》中，没有关于法律援助制度的具体规定，但宪法在第33条中明文规定"中华人民共和国公民在法律面前一律平等"，在2004年第四次宪法修正案中增加了"国家尊重和保障人权"的规定。要落实宪法的上述规定，需要相关法律制度的完善和司法机制的保障。所以，宪法的上述规定成为了在我国建立法律援助制度的直接的宪法依据。

2. 法律的规定

1996年3月17日第八届全国人民代表大会第四次会议通过了《关于修改〈中华人民共和国刑事诉讼法〉的决定》，修改后的《刑事诉讼法》第34条规定："公诉人出庭公诉的案件，被告人因经济困难或者其他原因没有委托辩护人的，人民法院可以指定承担法律援助义务的律师为其提供辩护。被告人是盲、聋、哑或者未成年人而没有委托辩护人的，人民法院应当指定承担法律援助义务的律师为其提供辩护。被告人可能被判处死刑而没有委托辩护人的，人民法院应当指定承担法律援助义务的律师为其提供辩护。"这是在我国立法史上，首次将"法律援助"明确写入法律，首次以立法的形式规定了我国刑事法律援助的基本原则和范围，是我国法律援助制度建设的一个重要里程碑。

1998 年 6 月 29 日最高人民法院通过了《关于执行〈中华人民共和国刑事诉讼法〉若干问题的解释》，在第 36、37、39 条中，进一步明确了刑事法律援助的对象、范围等。2012 年 3 月 14 日，第十一届全国人民代表大会又一次通过了对《刑事诉讼法》的修正案，将第 34 条修改为"犯罪嫌疑人、被告人因经济困难或者其他原因没有委托辩护人的，本人及其近亲属可以向法律援助机构提出申请。对符合法律援助条件的，法律援助机构应当指派律师为其提供辩护。犯罪嫌疑人、被告人是盲、聋、哑人，或者是尚未完全丧失辨认或者控制自己行为能力的精神病人，没有委托辩护人的，人民法院、人民检察院和公安机关应当通知法律援助机构指派律师为其提供辩护。犯罪嫌疑人、被告人可能被判处无期徒刑、死刑，没有委托辩护人的，人民法院、人民检察院和公安机关应当通知法律援助机构指派律师为其提供辩护。"扩大了法律援助在刑事诉讼中的适用。

1996 年 5 月 15 日通过的《律师法》对法律援助的有关内容作了专章规定。《律师法》第六章第 41、42、43 条分别从有关公民法律援助的权利、律师的法律援助义务、法律援助职能归属三方面规定了法律援助问题。第 41 条规定："公民在赡养、工伤、刑事诉讼、请求国家赔偿和请求依法发给抚恤金等方面需要获得律师帮助，但是无力支付律师费用的，可以按照国家规定获得法律援助。"第 42 条规定："律师必须按照国家规定承担法律援助义务，尽职尽责，为受援人提供法律服务。"这一规定成为律师负有法律援助义务的主要法律依据。第 43 条规定："法律援助的具体办法，由国务院司法行政部门制定，报国务院批准。"这一规定明确了法律援助职能归属司法行政部门，并授权司法行政部门制定实施法律援助的具体办法。这几条规定明确了公民获得法律援助的范围和律师必须依法承担的法律援助义务，并为今后制定法律援助的专门立法奠定了法律基础。2007 年修改的《律师法》取消了"法律援助"一章，但在"律师的业务和权利、义务"一章中明确规定：律师、律师事务所应当按照国家规定履行法律援助义务，为受援人提供符合标准的法律服务，维护受援人的合法权益。并且规定了拒绝履行法律援助义务的律师和律师事务所要承担法律责任。这样的规定，进一步明确了律师的法律援助义务，而且使得其具有更大的可操作性。

1996 年 8 月 29 日全国人大常委通过的《老年人权益保障法》明确规定了对老年人提供法律援助的内容。该法第 39 条规定："老年人因其合法权益受侵害提起诉讼交纳诉讼费确有困难的，可以缓交、减交、或者免交；需要获得律师帮助，但无力支付律师费用的，可以获得法律援助。"

此外，我国《残疾人保障法》、《妇女权益保障法》、《未成年人保护法》、

《民事诉讼法》、《公证法》等法律中都规定有体现法律援助的原则和精神的内容。

3. 行政法规的规定

1997 年 1 月，司法部法律援助中心成立。随后，中国法律援助基金会经国务院批准成立。2003 年 7 月 16 日，国务院通过并公布了《法律援助条例》，自 2003 年 9 月 1 日起施行。这是我国第一部全国性的有关法律援助的专门行政法规，成为规范我国法律援助工作的基本法律。《法律援助条例》认真总结了我国近十年来开展法律援助工作的成功经验，吸收和借鉴了西方国家法律援助制度的相关规定，对我国法律援助的性质、任务、组织机构、范围、程序、实施和法律责任等基本问题做出了全面、具体的规定。它的公布实施，标志着我国法律援助工作进入了法制化、规范化的新阶段，为进一步促进和规范法律援助工作提供了必要的法律法规保障。

4. 部门规章

为了顺利实施我国法律有关法律援助的规定，作为我国法律援助工作的主管机关，司法部颁发了许多有关法律援助工作的规范性文件，指导全国的法律援助工作：1997 年 4 月最高人民法院与司法部联合发布了《关于刑事法律援助工作的联合通知》；同年 5 月司法部发出了《关于开展法律援助工作的通知》；1999 年 4 月，最高人民法院与司法部又联合下发了《关于民事法律援助工作若干问题的联合通知》；2000 年 4 月，最高人民检察院与司法部联合下发了《关于在刑事诉讼活动中开展法律援助工作的联合通知》；2001 年 4 月，司法部与公安部联合下发了《关于在刑事诉讼活动中开展法律援助工作的联合通知》；2005 年 9 月，最高人民法院、最高人民检察院、公安部、司法部联合下发了《关于刑事诉讼法律援助工作的规定》等。上述部门规章具体规范了我国刑事、民事法律援助工作。

5. 地方性法规

在 2003 年《法律援助条例》实施前后，各地纷纷出台了有关法律援助工作的地方性法规。如北京、广东、江苏、云南等多个省、市、自治区相继颁布法律援助的地方性法规，对法律援助的对象与形式、管辖、程序、法律责任等内容作出具体规定。此外，许多省、市及地方司法行政部门还出台了大量有关法律援助工作的政府规章和规范性文件，规范和指导当地的法律援助工作。

二、刑事法律援助

（一）刑事法律援助的概念和特征

1. 刑事法律援助的概念

刑事法律援助又称刑事法律帮助、刑事法律救济，是在刑事诉讼领域中，为了保持控辩平衡、保障社会弱者平等诉讼机会和合法权利，为了实现司法正义的制度设计。对于刑事法律援助概念的诠释，正如法律援助的概念一样，学者及论著者可谓见仁见智，表述不尽一致。由于刑事法律援助是一个国家法律制度的组成部分，所以受制于本国的相关法律规定。综观我国的相关规定，我国的刑事法律援助是指在刑事诉讼中，国家依照法律的规定，对经济困难无力聘请律师帮助，或者特定案件中的符合条件的当事人，免费提供法律咨询、辩护或者代理的法律制度。

刑事法律援助是法律援助中的一种重要的分类，也是法律援助的一项重要内容。从当今世界各国的司法实践来看，法律援助在很大的程度上是为处于贫困地位的刑事被告人提供的。[1]刑事诉讼是代表国家的公诉机关，基于国家利益或者公共利益而与被追诉方的较量。对于被追诉者，他面对的是强大的公权力的挑战，这种挑战直接威胁的是公民最基本的自由权、财产权乃至生命权。因此，世界各文明国家在民主和法治的建设进程中都给予刑事法律援助特殊的关注和重视。

2. 我国刑事法律援助的特点

根据我国法律对刑事法律援助的相关规定，与民事、行政法律援助相比，我国的刑事法律援助有以下特点：

（1）法律援助在刑事诉讼过程中的完整性。法律援助在刑事诉讼过程中的完整性这个特点，是指承担刑事法律援助责任的律师为刑事被告人、犯罪嫌疑人提供法律服务，贯穿于整个刑事诉讼的全过程。

刑事法律援助的这个特点是基于刑事诉讼并不仅限于法庭审判而产生的。绝大多数的公诉案件都要经历侦查和起诉这两个阶段之后，才进入审判阶段，而刑事被告人（侦查阶段则被称为犯罪嫌疑人）作为被刑事追诉的对象，则始终处于刑事诉讼从侦查到起诉和审判全过程的中心，因此，他所需要获得的法律帮助，也应反映在刑事诉讼从侦查到起诉和审判全过程之中。显然，如果刑事诉讼只有在起诉或审判阶段，刑事被告人才能获得相应的刑事法律援助，而处于侦查阶段的犯罪嫌疑人不能获得相应的刑事法律援助，那么，刑事法律

---

〔1〕　李汉昌、詹建红：“刑事法律援助制度论要”，载《法学评论》2000 年第 5 期。

援助维护刑事被告人、犯罪嫌疑人合法权益的积极意义必将遭受严重损害。在我国的刑事诉讼中，侵犯被追诉人合法权益的现象主要发生在侦查阶段，并且侦查机关在侦查阶段的工作对于被追诉人有着至关重要的作用。为此，应当使刑事法律援助贯穿于整个刑事诉讼的全过程，使处于侦查阶段的犯罪嫌疑人也能获得相应的刑事法律援助，这样才能充分发挥刑事法律援助的作用。

正是出于这样的考虑，《法律援助条例》第11条明确规定，犯罪嫌疑人在被侦查机关第一次讯问后或者采取强制措施之日起就可以向法律援助机构申请刑事法律援助。这样的规定，使处于侦查阶段的犯罪嫌疑人也能得到相应的刑事法律援助，对于完善我国的刑事法律援助制度具有积极意义。这与民事、行政法律援助主要集中在庭审阶段有所不同。

（2）刑事法律援助的实施者仅指律师。在刑事法律援助中，援助的实施者仅限于律师，不包括基层法律工作者、公证员以及法律服务志愿者。

根据我国刑事诉讼法及相关法律的规定，在刑事案件的侦查、起诉和审判活动中，律师享有较多的诉讼权利，有权会见被关押的犯罪嫌疑人、被告人，有权查阅、摘抄、复制所指控的犯罪事实材料，有权收集有利于犯罪嫌疑人、被告人的证据材料，提出犯罪嫌疑人、被告人无罪、罪轻或者应当减轻、免除处罚的材料和意见等。法律的规定赋予了律师更多的诉讼权利，与其他法律服务人员相比较，律师更具有执业上的优势。导入案例中的律师，接受法律援助中心的指派担任张某某的辩护人，由于其律师身份，可以行使广泛的诉讼权利，为张某某调查取证证明其罪轻，切实维护了未成年人张某某的合法权益。

（3）刑事法律援助受援对象包括犯罪嫌疑人、被告人、公诉案件的被害人、自诉案件的自诉人。《法律援助条例》在第11条明确规定了因经济困难没有聘请律师、没有委托诉讼代理人的犯罪嫌疑人、被告人、公诉案件的被害人、自诉案件的自诉人可以申请法律援助；第12条则规定，对于特殊案件的被告人，无须对其进行经济状况的审查就提供法律援助。这样的规定与民事、行政法律援助的受援对象及提供援助的原因是不一样的。民事、行政法律援助的受援对象主要是诉讼中的原告人，而刑事法律援助的对象则主要是刑事被告人；相对于民事诉讼和行政诉讼中的法律援助而言，提供刑事法律援助的原因既由于援助对象的贫穷，也是出于案件性质的特殊。

刑事法律援助的对象与民事诉讼或者行政诉讼中的法律援助对象相比所具有的这些特殊性，原因在于：①在民事诉讼或者行政诉讼中，部分特定案件中的原告人，因为经济上的原因，使得其处于弱势。物质财富的拥有可以有多寡之分，而司法正义的获得则不然，所以，由国家对这些人给予免费的法律援助；在刑事公诉案件中，从某种意义上可以说，相对于检察机关，所有的刑事被告人均因处于弱势而有法律援助的必要。至于刑事被告人是盲、聋、哑人及未成年人，则更显出其所处的弱势地位，应无条件给予法律援助。②由于刑事诉讼事关刑事被告人的财产权、自由权甚至于生命权等重要权利，因此，对其在诉讼中的权益有重要保障作用的律师，尤其不应缺少，在特殊案件中，如被告人是盲聋哑、未成年人或者可能判处无期徒刑、死刑的，更应予以充分保障。所以，对于这样的案件，就无须审查被告人的经济状况。

（4）刑事法律援助的强制性。刑事法律援助的强制性是指，在特殊的案件中，主持审判的法院为援助对象指定辩护律师、为其提供刑事法律援助是一种责任，具有强制性。[1]

根据我国《刑事诉讼法》第34、267条和《法律援助条例》第12条的规定，犯罪嫌疑人、被告人是盲、聋、哑人，尚未完全丧失辨认或者控制自己行为能力的精神病人，或者未成年人而没有委托辩护人的，可能被判处无期徒刑、死刑而没有委托辩护人的，人民法院、人民检察院和公安机关应当通知法律援助机构指派律师为其提供辩护。

盲、聋、哑或者尚未完全丧失辨认或控制自己行为能力的精神病人和未成年的犯罪嫌疑人、被告人，他们由于自身情况的特殊，身心发育不全而没有健全的成年人那样的辩护能力，如果没有辩护人帮助，他们很难真正行使法律赋予自己的辩护权利，其合法权益难以得到有效的保障；"犯罪嫌疑人、被告人可能被判处无期徒刑、死刑"的案件，是非常严重的犯罪案件，在这样的案件中，被告人长期的人身自由权或生命权面临被剥夺的可能，如果被告人没有委托辩护人，一方面使得控辩双方的力量明显不平衡而使得审判的公正性无法保证，另一方面也不利于人民法院查明案情。为了保证案件得到公正而正确的处理，如果他们没有委托辩护人，无论是出于何种原因，人民法院、人民检察院和公安机关应当通知法律援助机构指派律师为他们提供辩护。

当然，刑事法律援助的强制性的特点，对刑事诉讼中的不同主体而言具有不同的意义。就我国现在的情况来看，这种强制性主要体现在两个方面。一方面，对公、检、法机关来说，在办理可能判处无期徒刑、死刑的案件，犯罪嫌疑人、被告人是未成年人的案件以及犯罪嫌疑人、被告人是盲、聋、哑或尚未完全丧失辨认或控制自己行为能力的精神病人的刑事案件时，如果犯罪嫌疑人、被告人没有委托辩护人，不论其是否因为经济困难抑或别的原因，均应通知法律援助机构指派律师为他们提供辩护，否则整个刑事诉讼活动将被视为无

---

〔1〕 王敏远："法律援助与刑事辩护"，载 http://www.cass.net.cn/file/2005102550196.html.

效；另一方面，对法律援助机构而言，在接到上述机关的通知时，其负有提供法律援助的责任。这样的强制性法律援助在民事、行政法律援助中是没有的。

刑事法律援助的强制性特点，有助于使刑事法律援助在更大范围适用，以充分发挥其对于保障刑事诉讼中的人权、促进司法公正的积极意义。

（5）刑事法律援助形式的多样性。刑事法律援助形式的多样性是指，相对于民事法律援助等其他类型的法律援助来说，承担刑事法律援助责任的律师，需要为法律援助对象提供内容更为广泛的法律服务。具体而言，承担刑事法律援助责任的律师，需要为法律援助对象提供的法律服务，既包括以庭审中的刑事辩护为主要内容的辩护工作，也包括依法为刑事被告人、犯罪嫌疑人提供其所需的其他有关方面的法律服务工作，如为被逮捕的刑事被告人、犯罪嫌疑人申请取保候审等。此外，承担法律援助责任的律师还要为公诉案件的被害人、自诉案件的自诉人提供刑事代理。

（二）刑事法律援助的特殊意义

法律援助制度是体现司法文明及保障人权的一项重要制度。由于刑事诉讼涉及到对当事人的定罪和量刑，涉及到对当事人人身自由、财产权剥夺乃至生命权的剥夺，刑事诉讼程序的公正与否对公民人权的保障具有重要作用。所以，在刑事诉讼中对当事人的法律援助就更加显现出其特别重要的意义。

1. 刑事法律援助能够保障刑事司法过程的公平正义

刑事诉讼是由检察机关代表国家对犯罪提起控诉，被告人处于被控诉的地位。刑事诉讼的基本要求就是公正，通常所说的司法公正主要包括两个方面的内容：司法程序公正和实体法律公正，而实体法律公正的实现往往必须要依靠程序上的公正。有法谚曰："正义不仅要实现，而且要以人们看得见的方式实现。"正因为如此，刑事诉讼程序强调控辩双方均衡对抗，法官居中裁判。然而，我国现行的司法制度决定了在刑事诉讼过程中控辩双方力量的不均衡，双方的差距悬殊和明显。检方处于强者的地位，与被告人相比，检方是代表国家的公诉人，他们精通法律、业务能力强、诉讼技巧熟，加之处于主动进攻态势，对所诉事由早有准备；而被告方本身就处于被羁押的状态，加上法律知识的欠缺，该说理的不会为自己说理，该引用法条的不会引用法条为自己申辩或者辩护，更无法收集证据为诉讼做准备。很多被告人由于无钱请律师帮助，更请不到较高水平的律师，自己的诸多合法权利得不到保护，法院在这种情况下也无能为力，只有根据证据规则进行断案。因而控辩如果在审判过程中没有律师的参与，一般都会被认为是程序上的不公正，因此在刑事诉讼过程中辩护律师的介入是体现程序公正的重要标准。因此，如果想要保障司法上的公正就必须要保证所有的刑事诉讼当事人在诉讼的各个阶段都能得到律师有效的帮助，不因经济贫困而受到不公正的对待，这也是我国建立刑事法律援助制度的重要意义所在。由律师事务所选派的律师为应诉的被告人提供法律援助，通过调查取证，参加法庭诉讼活动等，能帮助其行使本应得到而限于客观条件享受不到的权利，就能使原、被告（控、辩）双方的力量趋于平衡，实现对司法公正的保障。

2. 保障犯罪嫌疑人、被告人充分行使辩护权

辩护是现代刑事诉讼赖以生存和发展的三大职能之一。刑事诉讼的运作必须以控诉、辩护、审判三职能为中心。控诉职能是检察机关代表国家以指控、追究犯罪为根本任务，辩护职能是以反驳控诉为基本内容，审判职能的运作则是在控辩双方对抗的基础上充当公正的裁判者。这种等腰三角形结构的维持有利于控辩双方力量的均衡。从个人对抗国家的角度来说，当前我国司法实践确实应加强辩护职能，所以正确贯彻被告人有权获得辩护的原则无疑是最基本的，是实现刑事诉讼基本价值——公正、民主的最集中体现。

我国宪法规定，被告人有权获得辩护。《刑事诉讼法》为了充分贯彻落实宪法的规定，专门在第四章规定了作为我国刑事诉讼基本制度之一的辩护制度，其他法律法规也从不同角度规定了被告人的辩护权。可以说，辩护权是法律赋予犯罪嫌疑人、被告人的最基本、最重要的诉讼权利，位于其他诉讼权利的核心。然而，这些规定都是写在字面上的法律条文，有辩护权不等于已经行使了辩护权。同样是行使辩护权，因为各种主客观因素的制约，其行使效果必然会存在较大差异。对于欠缺法律知识，处于被追究地位，甚至失去人身自由的犯罪嫌疑人、被告人而言，可能不敢或者不会从事实和法律的角度有效行使辩护权，即便进行了辩护，其辩护一般也会缺乏说服力，起不了多大作用，其合法权利无法得到切实维护，也不利于司法机关全面查明案情，正确定罪量刑。律师的辩护则另当别论，辩护律师在刑事诉讼法中的法律地位是独立的诉讼参与人，是犯罪嫌疑人、被告人合法权益的专门维护者。辩护律师与公诉人的诉讼地位是平等的。律师有专门的法律知识，有丰富的办案经验。律师进行辩护，往往会从证据、事实和法律方面进行必要的论证，再提出对被告人有利的观点，切实维护被告人的合法权益。这样的辩护效果当然与一般的被告人自行辩护不可同日而语。刑事法律援助制度，使得因经济原因请不起律师的犯罪嫌疑人、被告人的辩护权也能够得到充分的行使。

3. 刑事法律援助具有预防犯罪的特殊作用

犯罪嫌疑人、被告人由于不懂法，往往存在各种思想顾虑，比如怕受更重的惩罚而不敢交代自己的全部罪行，或者为了争取宽大处理而承认一些不实的指控等。在刑事法律援助的实施过程中，律师与犯罪嫌疑人、被告人有多次的

接触，往往向其讲解法律知识，有针对性地对其进行思想教育工作，帮助他们提高法制观念，实事求是地对待自己的问题。经过这样的教育，再结合法庭上的辩护，明辨了是非，容易使犯了罪的人心服口服，认罪服法，在服刑过程中认真接受教育改造，释放后不至于再犯罪；也会使无罪的人进一步明辨是非，达到预防和减少犯罪的目的。

（三）刑事法律援助的对象

刑事法律援助对象是指在刑事诉讼中有权或者有资格申请并获得法律援助的人。刑事法律援助的对象是刑事法律援助制度的重要组成部分，对刑事法律援助制度功能的发挥起着至关重要的作用。[1]

在我国，刑事被告人的法律援助权利在 1996 年修订《刑事诉讼法》时被立法正式确认，规定了可以获得刑事法律援助的对象是盲、聋、哑、未成年被告人、可能判处死刑的案件的被告人以及公诉案件中有公诉人出庭而没有委托辩护人的被告人等。这些规定都把刑事法律援助的对象确定为处于被追诉一方的特定的被告人，即公诉案件中被检察机关正式向人民法院提起公诉以后或者自诉案件中被自诉人提起自诉的被追诉者，而不包括"犯罪嫌疑人"。标志着我国法律援助制度正式确立的《法律援助条例》，对于刑事法律援助对象做了进一步的明确的规定。该条例肯定了《刑事诉讼法》、《律师法》明确规定的上述援助对象，而且在第 11 条突破了原《刑事诉讼法》的规定，在《刑事诉讼法》的基础上将刑事法律援助的时间提前，同时扩大了援助对象的范围，包括犯罪嫌疑人、被害人和自诉人。2012 年再次修订的《刑事诉讼法》完善了原《刑事诉讼法》的规定。至此，我国的刑事法律援助对象既包括处于被追诉一方的犯罪嫌疑人、被告人，又包括处于控诉一方的公诉案件被害人、自诉案件自诉人。具体而言，我国的刑事法律援助对象包括：

（1）因经济困难没有聘请律师的犯罪嫌疑人，在被侦查机关第一次讯问后或者采取强制措施之日起，可以申请刑事法律援助。《法律援助条例》第 11 条第 1 项规定，犯罪嫌疑人在被侦查机关第一次讯问后或者采取强制措施之日起，因经济困难没有聘请律师的，可以向法律援助机构申请法律援助。这一规定把可以申请法律援助的时间提前到侦查阶段，与《刑事诉讼法》96 条规定的律师为侦查阶段的犯罪嫌疑人提供法律服务的规定相呼应，使得犯罪嫌疑人因为经济困难而无法在侦查阶段获得律师提供的法律服务的现实有了法律上的救济途径。如果在这个阶段犯罪嫌疑人获得了法律援助，律师可以为他提供的

---

〔1〕 肖沛权："刑事法律援助对象之研究"，载《襄樊职业技术学院学报》2009 年第 4 期。

法律服务有：解答法律咨询；代理申诉、控告；代替犯罪嫌疑人申请取保候审；代理申请回避。

（2）因经济困难没有委托诉讼代理人的公诉案件的被害人及其法定代理人或者近亲属，自案件移送审查起诉之日起，可以申请刑事法律援助。《法律援助条例》第11条第2项规定，公诉案件中的被害人及其法定代理人或者近亲属，自案件移送审查起诉之日起，因经济困难没有委托诉讼代理人的，可以申请法律援助。尽管《刑事诉讼法》赋予了公诉案件被害人当事人地位，但按照该法及相关司法解释的规定，法律援助的对象只限于被追诉者，而不包括"被害人"。《法律援助条例》基于公平的考量，首次赋予被害人以申请刑事法律援助的权利，对于符合条件的被害人，通过提供刑事法律援助使其获得诉讼代理人，切实维护其合法权益。

（3）因经济困难没有委托诉讼代理人的自诉案件的自诉人及其法定代理人，自案件被人民法院受理之日起，可以申请法律援助。《法律援助条例》第11条第3项规定，自诉案件的自诉人及其法定代理人，自案件被人民法院受理之日起，因经济困难没有委托诉讼代理人的，可以申请刑事法律援助。

在刑事自诉案件中，从表面看，自诉人与被告人地位平分，诉讼权利呈对等状态；但实质上由于自诉人承担着证明被告人有罪的举证责任，而刑事诉讼的证明标准又比较高，自诉人的举证能力有限，因此仅凭自诉人自身的力量难以完成证明责任。在此情况下，及时的法律援助就成为自诉案件顺畅运行的重要支持。为了切实保障自诉人的合法权益，《法律援助条例》首次明确规定了自诉人可以申请刑事法律援助。

（4）公诉人出庭公诉的案件，因为经济困难或者其他原因没有委托辩护人的被告人。《刑事诉讼法》第34条规定，犯罪嫌疑人、被告人因经济困难或者其他原因没有委托辩护人的，本人及其近亲属可以向法律援助机构提出申请。对符合法律援助条件的，法律援助机构应当指派律师为其提供辩护。犯罪嫌疑人、被告人是盲、聋、哑人，或者是尚未完全丧失辨认或者控制自己行为能力的精神病人，没有委托辩护人的，人民法院、人民检察院和公安机关应当通知法律援助机构指派律师为其提供辩护。犯罪嫌疑人、被告人可能被判处无期徒刑、死刑，没有委托辩护人的，人民法院、人民检察院和公安机关应当通知法律援助机构指派律师为其提供辩护。

《律师法》规定，公民因刑事诉讼需要获得律师帮助，但无力支付律师费用的，可以按国家规定获得法律援助。《司法部关于开展法律援助工作的通知》规定，我国公民有充分理由证明为了保障自己合法权益需要帮助，但因经济困难无能力或者无完全能力支付法律服务费用的，可以申请法律援助。综上，因经济困难或者其他原因没有委托辩护人的被告人，可以申请法律援助。

以上四种人是可以向法律援助机构提出法律援助申请的刑事案件的当事人，至于是否为他们提供刑事法律援助，则要由有权决定的机构进行审查，符合条件的，则为其提供援助。

（5）必须提供刑事法律援助的情况：犯罪嫌疑人、被告人是盲、聋、哑人，尚未完全丧失辨认或者控制自己行为能力的精神病人，未成年人或者可能判处无期徒刑、死刑而没有委托辩护人的。我国法律在规定了前述四种对象在刑事诉讼中可以向法律援助机构申请法律援助外，还对盲、聋、哑人，尚未完全丧失辨认或者控制自己所为能力的精神病人，未成年被告人和可能判处无期徒刑、死刑的犯罪嫌疑人、被告人的刑事法律援助做了明确的规定，如果他们没有委托辩护人，无论是出于什么原因，公、检、法应当通知法律援助机构指派律师为其提供辩护，法律援助机构应当提供法律援助。在这里，法律规定"应当"，而不是"可以"，无须被告人的申请，只要符合规定，法律援助机构必须为他们指定辩护人。这体现了在特定情况下刑事法律援助的强制性。

盲、聋、哑人以及尚未完全丧失辨认或者控制自己行为能力的精神病人为犯罪嫌疑人、被告人时，因为生理上有残疾，行使诉讼权利会受到影响，而未成年人为犯罪嫌疑人、被告人时，因为其年龄较小，不具备凭其本身的能力去行使其诉讼权利的能力，因而他们都需要特别的保护和帮助。我国法律规定具有这些情况的被告人，只要没有委托辩护人，公、检、法应当通知法律援助机构指派律师为其提供辩护。这样的规定体现了我国对残疾人等社会弱势群体权利的特殊司法保护。而在被告人可能判处无期徒刑、死刑的案件中，由于无期徒刑、死刑是非常严厉的刑罚，涉及的是人的长期的人身自由权或生命权，所以，为了防止错案，法律规定对可能判处无期徒刑、死刑而没有委托辩护人的犯罪嫌疑人、被告人，公、检、法应当通知法律援助机构指派律师为其提供辩护。这一规定体现了我国法律对被告人生命权的重视。

（四）刑事法律援助程序[1]

根据《法律援助条例》的规定，刑事法律援助对象获得法律援助的途径有两种：申请获得和指定获得，两种途径的程序有所区别。

1. 申请获得

《法律援助条例》第 11 条规定了有权提出刑事法律援助申请的申请人包括：犯罪嫌疑人、公诉案件被害人及其法定代理人或近亲属、自诉人及其法定

---

[1]　本部分内容参见刘爱君、郑自文主编：《法律援助实务》，中国政法大学出版社 2010 年版。

代理人。申请获得刑事法律援助的具体程序为：

（1）申请。当上述人员处于刑事诉讼中，自己无经济能力获得法律专业人士的帮助时，可以向法律援助机构提出刑事法律援助申请。申请，是其获得刑事法律援助的第一个环节，也是必经程序。

第一，司法机关的告知义务。2005 年 9 月最高人民法院、最高人民检察院、公安部、司法部联合下发了《关于刑事诉讼法律援助工作的规定》，该规定明确了公检法机关应当履行告知相关当事人可以申请法律援助的义务。根据该规定的内容，公安机关、检察机关在对犯罪嫌疑人依法进行第一次讯问后或者采取强制措施之日起，应当告知其如果经济困难，可以向法律援助机构申请法律援助；人民检察院自收到移送审查起诉的案件材料之日起 3 日内，应当告知犯罪嫌疑人、被害人及其法定代理人或者近亲属如果经济困难，可以向法律援助机构申请法律援助；人民法院对提起公诉的案件自审查完毕之日起 3 日内，应当告知被告人如果经济困难，可以向法律援助机构申请法律援助；人民法院自受理自诉案件之日起 3 日内，应当告知自诉人及其法定代理人，如果其经济困难，可以向法律援助机构申请法律援助。

第二，申请的管辖。《法律援助条例》第 15 条规定，申请应当向审理案件的人民法院所在地的法律援助机构提出；但如果案件在侦查阶段，审理案件的人民法院不确定，申请人难以确定申请的管辖机构。为了弥补这一规定的不足，上述《规定》在第 2 条明确，申请可以向办理案件的公安机关、人民检察院、人民法院所在地的法律援助机构提出。

第三，提出申请的时间。犯罪嫌疑人在被侦查机关第一次讯问或者采取强制措施之日起可以提出申请；公诉案件的被害人及其法定代理人或者近亲属，自案件移送审查起诉之日起可以提出申请；自诉案件的自诉人及其法定代理人，自案件被人民法院受理之日起可以提出申请。

第四，递交申请的渠道。对于人身自由未被剥夺的申请人，应当直接到法律援助机构递交申请；被羁押的犯罪嫌疑人的申请则由看守所在 24 小时内转交法律援助机构，同时通知申请人的法定代理人或者近亲属协助提供申请需要提供的材料。

第五，提出申请的方式。申请应当采用书面形式，填写申请表。如果以书面形式提出申请确有困难的，可以口头申请，但要由法律援助机构工作人员或者代为转交申请的有关机构工作人员作书面记录。申请人采用书面申请形式还是口头申请形式，其作用和法律效果是相同的。

第六，申请应当提交的材料。申请人在申请刑事法律援助时，应当按照《法律援助条例》的规定提交以下材料：身份证或者其他有效的身份证明、经济困难证明材料、与所申请法律援助事项有关的案件材料。如果是由代理人代理申请的，还要提交有代理权的证明材料。

（2）审查。刑事法律援助的审查是指拥有审查权的法律援助机构，依照法律规定的条件对申请的审查。审查是法律援助工作程序中的关键环节，决定申请人能否获得刑事法律援助。

第一，审查内容。法律援助机构在接到申请后，确定符合刑事法律援助管辖的规定后，主要从以下三个方面对法律援助申请进行审查：①审查刑事法律援助申请人的主体资格，是否是因经济困难需要获得刑事法律援助的特定对象；②所申请的事项是否为刑事法律援助的范围；③申请人提交的材料是否齐全，是否真实。

第二，审查方式。审查可以采用书面审查的方式，也可以采用实地审查，即在可能的情况下到申请人居住地或者户口所在地进行实地调查；还可以到专门机构，如银行、税务部门等进行调查。认为申请人提交的材料不齐全的，可以要求申请人作出必要的补充或者说明，申请人未按要求作出补充或者说明的，视为撤销申请。

第三，审查时限。《法律援助条例》对审查的时限没有作出明确规定，一般由地方性法律援助条例或者办法规定。如2010年7月1日起施行的《云南省法律援助条例》第16条规定："法律援助机构应当自收到申请之日起7个工作日内完成审查，并作出是否提供法律援助的书面决定。"

第四，在审查过程中，法律援助机构负责审查和批准援助申请的工作人员有下列情况之一的，应当回避：是援助事项的申请人或者申请人的近亲属；与申请事项有直接利害关系。

第五，审查结果。对刑事法律援助申请进行审查后，法律援助机构应当根据不同情况作出处理：①申请人所提交的证件和证明材料齐全，认为符合刑事法律援助条件的，应当及时决定提供刑事法律援助；②认为申请人提供的证件和证明材料不齐全的，可以要求申请人作出必要的补充或者说明，然后再进行审查；③根据申请人所提交的证件和证明材料，认为不符合法律援助条件的，作出不予援助的决定，并书面通知申请人理由，申请人对该决定有异议的，可以向确定该法律援助机构的司法行政部门提出重新审议一次。

（3）实施。刑事法律援助的实施是指法律援助机构在对援助申请进行审查并作出提供刑事法律援助的决定之后的阶段。刑事法律援助的实施包括以下环节：

第一，出具文书。法律援助机构决定援助后应当为申请人开具相应的法律援助文书，由申请人转交律师事务所、法律服务所或者法律援助工作人员，并建立与律师及当事人的工作联系，以便随时了解法律援助案件的办理情况。

第二，指派或安排有资质的法律援助人员承办案件。根据 2005 年 9 月最高人民法院、最高人民检察院、公安部、司法部联合下发的《关于刑事诉讼法律援助工作的规定》第 7 条规定，法律援助机构应当在作出提供刑事法律援助决定之日起 3 日内指派律师并函告公安机关、人民检察院、人民法院。

第三，接受指派的援助人员办理案件。援助人员接受指派后，应当按照有关规定及时办理委托手续。同时应当尽快熟悉案情，尽快与受援人取得联系，按照《刑事诉讼法》的有关规定，认真履行职责。律师在办理法律援助案件过程中应当尽职尽责，恪守职业道德和执业纪律。法律援助机构对律师的法律援助活动进行业务指导和监督。

（4）结案。承办律师在法律援助案件办结后，应当向法律援助机构提交有关的法律文书副本或者复印件以及结案报告等材料。法律援助机构收到相关材料后，应当向承办律师支付法律援助办案补贴。

2. 指定获得

我国《刑事诉讼法》规定了特定案件由公、检、法机关通知法律援助机构指派律师提供辩护。《法律援助条例》第 12 条规定，人民法院指定辩护时，法律援助机构应当提供法律援助。据此，在这样的案件中，法律援助机构不必进行资格审查，应当在接到公、检、法的通知后，直接安排提供刑事法律援助，受援对象通过人民法院的指定而获得刑事法律援助。具体程序为：

（1）人民法院送交指定辩护通知。人民法院根据《刑事诉讼法》及相关司法解释指定辩护的，在开庭 10 日前将指定辩护通知书和起诉书副本或者判决书副本送交其所在地的法律援助机构；如果人民法院不在其所在地审判的，可以将上述材料送交审判地的法律援助机构。由法律援助机构统一接收并组织实施。

（2）法律援助机构指派承办人。法律援助机构收到通知后，签发指派通知书至本地区的律师事务所，指派承担法律援助义务的律师提供援助，并在法院开庭 3 日前，将确定的承办人的姓名及联系方式函告人民法院。律师接受指派后应当及时向公检法机关提交相关公函和文书。

（3）实施。接受指派的律师在征得被告人同意并办理了委托手续后，就应当按照相关规定进行刑事法律援助的具体工作，严格按照执业规范开展业务，并由法律援助机构对律师的工作进行业务指导和监督。

（4）结案。结案程序与申请获得法律援助的程序相同。

 学习情境

【实训项目】

2009 年 3 月，家庭经济困难的白某（男，30 岁）因琐事与邻居林某夫妇发生口角，怀恨在心的白某回家拿刀后，返回到林某家对林某夫妇实施报复，造成林某当场死亡，其妻子赵某被刺成重伤。经群众报案，白某被及时赶到的公安机关拘留。

问题：

（1）白某是否可以申请法律援助？如果可以，申请的程序是什么？如果不可以，为什么？

（2）如果案件起诉到人民法院，白某没有委托辩护人，人民法院应当怎样处理？

 思考与练习

1. 我国法律援助制度的特征有哪些？
2. 什么是刑事法律援助？我国刑事法律援助的特点是什么？
3. 我国刑事法律援助的对象有哪些？
4. 我国刑事法律援助的获得途径及其程序？

附：相关法律条文

《中华人民共和国刑事诉讼法》

第三十四条 犯罪嫌疑人、被告人因经济困难或者其他原因没有委托辩护人的，本人及其近亲属可以向法律援助机构提出申请。对符合法律援助条件的，法律援助机构应当指派律师为其提供辩护。

犯罪嫌疑人、被告人是盲、聋、哑人，或者是尚未完全丧失辨认或者控制自己行为能力的精神病人，没有委托辩护人的，人民法院、人民检察院和公安机关应当通知法律援助机构指派律师为其提供辩护。

犯罪嫌疑人、被告人可能被判处无期徒刑、死刑，没有委托辩护人的，人民法院、人民检察院和公安机关应当通知法律援助机构指派律师为其提供辩护。

第二百六十七条 未成年犯罪嫌疑人、被告人没有委托辩护人的，人民法

院、人民检察院、公安机关应当通知法律援助机构指派律师为其提供辩护。

《最高人民法院关于执行〈中华人民共和国刑事诉讼法〉若干问题的解释》

第三十六条　被告人没有委托辩护人而具有下列情形之一的，人民法院应当为其指定辩护人：

（一）盲、聋、哑人或者限制行为能力的人；

（二）开庭审理时不满十八周岁的未成年人；

（三）可能被判处死刑的人。

第三十七条　被告人没有委托辩护人而具有下列情形之一的，人民法院可以为其指定辩护人：

（一）符合当地政府规定的经济困难标准的；

（二）本人确无经济来源，其家庭经济状况无法查明的；

（三）本人确无经济来源，其家属经多次劝说仍不愿为其承担辩护律师费用的；

（四）共同犯罪案件中，其他被告人已委托辩护人的；

（五）具有外国国籍的；

（六）案件有重大社会影响的；

（七）人民法院认为起诉意见和移送的案件证据材料可能影响正确定罪量刑的。

第三十九条　人民法院指定的辩护人，应当是依法承担法律援助义务的律师。

《法律援助条例》

第二条　符合本条例规定的公民，可以依照本条例获得法律咨询、代理、刑事辩护等无偿法律服务。

第三条　法律援助是政府的责任，县级以上人民政府应当采取积极措施推动法律援助工作，为法律援助提供财政支持，保障法律援助事业与经济、社会协调发展。

法律援助经费应当专款专用，接受财政、审计部门的监督。

第四条　国务院司法行政部门监督管理全国的法律援助工作。县级以上地方各级人民政府司法行政部门监督管理本行政区域的法律援助工作。

中华全国律师协会和地方律师协会应当按照律师协会章程对依据本条例实施的法律援助工作予以协助。

第十一条　刑事诉讼中有下列情形之一的，公民可以向法律援助机构申请法律援助：

（一）犯罪嫌疑人在被侦查机关第一次讯问后或者采取强制措施之日起，因经济困难没有聘请律师的；

（二）公诉案件中的被害人及其法定代理人或者近亲属，自案件移送审查起诉之日起，因经济困难没有委托诉讼代理人的；

（三）自诉案件的自诉人及其法定代理人，自案件被人民法院受理之日起，因经济困难没有委托诉讼代理人的。

第十二条　公诉人出庭公诉的案件，被告人因经济困难或者其他原因没有委托辩护人，人民法院为被告人指定辩护时，法律援助机构应当提供法律援助。

被告人是盲、聋、哑人或者未成年人而没有委托辩护人的，或者被告人可能被判处死刑而没有委托辩护人的，人民法院为被告人指定辩护时，法律援助机构应当提供法律援助，无须对被告人进行经济状况的审查。

第十五条　本条例第十一条所列人员申请法律援助的，应当向审理案件的人民法院所在地的法律援助机构提出申请。被羁押的犯罪嫌疑人的申请由看守所在 24 小时内转交法律援助机构，申请法律援助所需提交的有关证件、证明材料由看守所通知申请人的法定代理人或者近亲属协助提供。

第十八条　法律援助机构收到法律援助申请后，应当进行审查；认为申请人提交的证件、证明材料不齐全的，可以要求申请人作出必要的补充或者说明，申请人未按要求作出补充或者说明的，视为撤销申请；认为申请人提交的证件、证明材料需要查证的，由法律援助机构向有关机关、单位查证。

对符合法律援助条件的，法律援助机构应当及时决定提供法律援助；对不符合法律援助条件的，应当书面告知申请人理由。

第二十条　由人民法院指定辩护的案件，人民法院在开庭 10 日前将指定辩护通知书和起诉书副本或者判决书副本送交其所在地的法律援助机构；人民法院不在其所在地审判的，可以将指定辩护通知书和起诉书副本或者判决书副本送交审判地的法律援助机构。

第二十一条　法律援助机构可以指派律师事务所安排律师或者安排本机构的工作人员办理法律援助案件；也可以根据其他社会组织的要求，安排其所属人员办理法律援助案件。对人民法院指定辩护的案件，法律援助机构应当在开庭 3 日前将确定的承办人员名单回复作出指定的人民法院。

第七单元 刑事辩护的策略与技巧

学习目标：

- ●掌握刑事辩护策略的概念与特征。
- ●掌握刑事辩护各阶段刑事辩护策略的主要内容。
- ●掌握会见犯罪嫌疑人/被告人、申请取保候审、调查取证、分析案卷材料、庭审辩护等刑事辩护的技巧。

导入案例

2009 年 4 月 7 日犯罪嫌疑人安某（男，初中文化，1983 年 3 月 17 日生于××省××市××县）的妻子顾某，来到 B 律师事务所。经顾某陈述，安某因绑架高某、刘某，涉嫌绑架罪被公安局刑事拘留。2009 年 4 月 8 日 B 律师事务所接受了安某之妻顾某的委托，并指派毕律师为安某进行辩护。

一、刑事辩护的策略概述

（一）刑事辩护策略的概念

"策略"是指为了实现某一个目标，预先根据可能出现的问题制定出若干对应的方案，并在实现目标的过程中，根据形势的发展和变化来调整相应的方案，最终落实所确定的方案以实现目标。那么刑事辩护策略又是指什么呢？根据上述对"策略"的定义，我们认为要理解并掌握刑事辩护策略，就应当首先理解并掌握以下四个方面的内容：一是刑事辩护的目的；二是在一个完整的刑事辩护过程中会出现哪些主要的形势发展和变化；三是如何根据形势的发展和变化来制定或调整方案；四是如何最终实现刑事辩护的目标。

1. 刑事辩护的目标

《中华人民共和国刑事诉讼法》（以下简称《刑事诉讼法》）第 35 条规定："辩护人的责任是根据事实和法律，提出犯罪嫌疑人、被告人无罪、罪轻或者减轻、免除其刑事责任的材料和意见，维护犯罪嫌疑人、被告人的诉讼权利和其他合法权益。"据此，刑事辩护的主要目标在于维护犯罪嫌疑人、被告人的合法权益。而此处的合法权益包括实体权益和程序性权益两个方面。前者系在罪刑法定原则、罪责刑相适应原则的指导下，以事实为依据，以法律为准绳对当事人所涉嫌的犯罪行为予以公正认定的利益。由此展开的刑事辩护的目标在于证明犯罪嫌疑人、被告人无罪、罪轻或应当减轻、免除其刑事责任。后者则是指犯罪嫌疑人、被告人人身安全权、人格尊严权、知情权、申诉权、控告权等获得保障的权利。据此展开的刑事辩护的目标则是保障犯罪嫌疑人、被告人在被追究刑事责任的过程中享有合法的权益，避免受到不法行为的侵害。此外，根据《中华人民共和国律师法》（以下简称《律师法》）第 2 条的规定，在刑事辩护中，律师不仅应维护当事人合法权益，同时也应维护法律正确实施，维护社会公平和正义。故律师进行刑事辩护的目标在于实现对当事人合法权益的维护与对社会公平、正义维护的统一，最终推进我国法治社会的进程。

2. 刑事辩护中主要的形势发展和变化

就公诉案件而言，涉嫌犯罪的当事人在侦查阶段、审查起诉阶段被称为犯罪嫌疑人，在审判阶段被称为被告人。就自诉案件而言，涉嫌犯罪的当事人被称为被告人。在上述各个阶段中，律师的地位及其职权是有所不同的，因而也应当对刑事辩护策略中的方案作出相应的调整。故此，一般情况下，在一个完整的刑事辩护中，其形势发展和变化主要由侦查阶段、审查起诉阶段及审判阶段三个部分构成。[1]

3. 刑事辩护方案的制定

刑事辩护需要预先制定一套系统的、完备的辩护方案，并随着刑事辩护形势的发展和变化进行调整。同时，需要注意的是刑事辩护方案的制定是一个法律运用的实践过程，其离不开对案件事实全面系统的分析和对所涉及的相关法律法规的掌握。具体而言，是指在对案件事实详细情况的掌握、对证据材料系统全面的梳理、对案件所涉及的各种基本法律、相关司法解释、司法改革及学术动态的准确理解的基础上依照一定方法组织相关案件材料，制定细致的刑事辩护实施方式及内容的过程。

4. 刑事辩护方案的落实

刑事辩护方案制定后必须严格地执行，才能实现刑事辩护的目标，维护当事人的合法权益、维护社会的公平与正义。这里需要注意的是，刑事辩护方案是一个随着刑事辩护形势的发展和变化而需要调整变化的方案，但对刑事辩护方案的执行并非等到最终方案确定之时才予以执行，对于方案中必然确定的内容，则必须立即开展相关工作。例如在侦查阶段，律师和犯罪嫌疑人初步确定的辩护方向为罪轻辩护，到了审判阶段经过对案件进一步的分析和掌握，辩护

---

〔1〕 自诉案件的刑事辩护主要涉及审判阶段。本书在编写过程中，主要以公诉案件进行说明，涉及自诉案件的可以参看公诉案件相关内容。

方向调整为无罪辩护。而方案中所涉及的有关会见犯罪嫌疑人、调查取证、申请取保候审等内容则需要在最初方案制定之时就立即严格执行。

综上所述，我们可以给刑事辩护策略下这样一个定义，即为维护社会公平、正义，维护当事人合法权益，根据对案件事实的掌握和对相关法律法规的准确理解，制定辩护方案，并根据侦查阶段、审查起诉阶段、审判阶段等刑事辩护形势的发展或变化调整原定方案，最终通过严格地执行实现辩护目的，促进社会法治进程的，具有合法性、系统性、务实性的辩护思路与举措。

（二）刑事辩护策略的特征

在刑事辩护的实践中，刑事辩护策略具有以下特征：

1. 合法性

刑事辩护是一个法律实践的过程，其涉及对案件事实的熟悉、对证据的调查与判断，包括会见当事人、制作会见笔录、调查取证、组织材料、确定辩护方向、庭审辩护、撰写法律意见等多项工作。所有这些工作都体现了刑事辩护的合法性，具体表现为以下两个方面。①在工作方式上，都必须依法进行，这是作为法律工作者维护法律尊严的必然要求，同时也是律师维护自身利益、防范风险的需要。在调查取证过程中，律师访问受害人，要得到检察机关的许可并征得被害人的同意；在庭审辩护中，律师应当遵守法庭纪律；在会见当事人过程中，申请取保候审过程中，律师应当依法提交相关材料；等等。②工作内容上，辩护必须依据法律规定进行。例如在一个主张正当防卫的刑事辩护中，根据《刑法》第 20 条的规定，正当防卫一般需要具备以下几个构成要件：一是，为了使国家、公共利益、本人或者他人的人身、财产和其他权利不受到侵害；二是，该侵害来源于不法行为；三是，该不法行为正在进行；四是，没有明显超过必要限度造成重大损害。在撰写辩护意见的过程中，所有的证据材料就必须围绕着上述构成要件进行组织，否则单纯地罗列证据材料，辩护意见将很难得到公诉机关、法院的采纳。[1]

2. 体系性

刑事辩护策略具有体系性，从侦查阶段到审查起诉阶段再到最终辩护目的实现都是环环相扣的。例如在侦查起诉阶段如果根据《刑事诉讼法》相关规定，因"可能判处管制、拘役或者独立适用附加刑"的事由，为犯罪嫌疑人争取获得取保候审，那么在审查起诉阶段，通过律师的辩护将可能使得公诉机关作出不起诉的决定或以一个比起诉意见书确定的罪名较轻的罪名或不那么严

---

〔1〕 辩护不只是存在法庭审判阶段。就对发表正当防卫的辩护意见而言，在审查起诉阶段律师也同样存在辩护，其目的是让公诉机关依法免予对犯罪嫌疑人起诉或以较轻的罪起诉。

重的犯罪情节和犯罪性质向法院提起公诉。这样一来，到了审判阶段，对律师的辩护工作而言，前期工作的铺垫已经为后续工作的开展形成了较好的局面。再例如从侦查阶段第一次会见犯罪嫌疑人到庭审中询问被告人再到庭审后会见被告人，每次与当事人的谈话都是有不同的目的的，且逐步递进并服务于辩护目标最终实现的。就侦查阶段第一次会见犯罪嫌疑人而言，其主要工作内容包括向犯罪嫌疑人介绍自己、为犯罪嫌疑人提供法律咨询、让犯罪嫌疑人确认授权委托书、向犯罪嫌疑人了解案件情况。而工作的目的除了初步了解相关案情外，同时也是为了让犯罪嫌疑人从被抓捕后的焦虑、惊恐中冷静下来，并与律师建立信任关系，从而保障后续工作的顺利进行。审查起诉阶段会见犯罪嫌疑人其工作的目标则更多是进一步对案情事实进行确切掌握，从而与犯罪嫌疑人确定辩护方向。而在庭审前会见被告人，其工作的目的则包括了对被告人心理的安慰，尽量缓解其即将走上法庭的紧张心情。在庭审中对被告人的询问，则是在前面相关工作开展的情况下，引导被告人向法院依法陈述案件事实。而庭审后的会见，则是在判决有罪的情况下，听取被告人对判决的意见，征求其是否上诉或申诉的意见，以便进行后续工作。

3. 务实性

刑事辩护策略的另一个特征是务实性，其具体表现为：①在方案的制定中切忌出现"花架子"式的内容；②在方案的执行上，应当尽职尽责。就前者而言，一名称职的律师要铭记，你的职责是依法为犯罪嫌疑人或被告人行使辩护权，维护其合法权益，而不是其"感情宣泄的工具"，把"满腹的牢骚"在法庭上尽情宣泄；也不能为迎合犯罪嫌疑人或被告人的需要，把本来应该进行罪轻辩护的案件，牵强地进行无罪辩护；更不应该把刑事辩护当成个人表演的舞台，在辩护过程中脱离案件本身，发表个人的政治观点，所有的辩护工作都应当紧紧围绕着案件本身进行。就后者而言，辩护律师应当尽心尽责，认真准备辩护工作，用足够的时间去熟悉案件事实，分析证据材料，掌握相关的法律，并严格依照法定时间开展工作。例如在庭审之前，律师应当提前20分钟到法院，准备好各项证据材料，理清辩护思路，做好工作底稿，检查笔、纸、电脑是否能正常使用，而非庭审时间已到才匆匆赶到。一言蔽之，律师应把所有的辩护工作都"做好、做细、做精"。

二、刑事辩护策略的基本要求

刑事辩护策略的基本要求可概括为两个层次：

第一个层次，是刑事辩护的总体策略，包括以下两种选择：①无罪辩护与罪轻辩护；②实体性刑事辩护与程序性刑事辩护。

第二个层次，是刑事辩护的具体技巧，包括以下八项技巧：①宏观上抓住主要矛盾（辩护词排序）；②处理好辩护律师与被告人的互动技巧（如律师进行无罪辩护、被告人客观陈述事实但是"认错悔过"，被告人也可以直接承认有罪或者不直接承认有罪）；③精心安排处理好依法调查取证；④最大限度地重视庭审质证，庭审质证时坚持"寸土必争"；⑤竭尽全力安排好法庭辩论，紧扣重点核心，捕捉控方弱点与辩方亮点；⑥大胆地对法律及司法解释进行"合理解释"，对确实存在问题的司法解释予以否定；⑦善于说法律格言、打比方，增强辩护感染力；⑧被告人最后陈述技巧。

（一）无罪辩护与罪轻辩护

刑事辩护业务中的具体案件，首先需要确定的策略问题，就是根据具体的案件情况恰当地确定进行无罪辩护还是罪轻辩护。

确定原则是：只要实体上存在不构成犯罪的因素，如不具有社会危害性或者社会危害性不大的案件，不符合犯罪构成条件的案件，或者程序上严重违法或者证据不足的案件，就应当进行无罪辩护；只要有可能做无罪辩护的案件，原则上不应做罪轻辩护。

不具有社会危害性或者社会危害性不大的案件，如安乐死案件、法律规定不明确的案件、特殊的重婚案件、轻微的寻衅滋事案件、轻微的过失犯罪案件、数额不大的内部盗窃案件和未成年人盗窃案件等，就属于不具有社会危害性或者社会危害性不大的案件，应当进行无罪辩护。

但是，有些案件犯罪事实清楚、证据确实充分，就只能做罪轻辩护，既切合实际又有利于被告人的合法利益。罪轻辩护中的关键，是要寻找和收集免除处罚、从轻或者减轻处罚的情节，包括法定情节和酌定情节，都要充分地予以列举和论证。例如，在辩护词或者法庭辩论中，要总结性地说明诸如"被告人具有以上两个法定从宽处罚情节和三个酌定从宽处罚情节，显然应当依法如何如何从宽处罚、如何如何判决处理"等意见，以明确地提示合议庭。

（二）实体性刑事辩护与程序性刑事辩护

所谓实体性刑事辩护，是指针对案件有关刑事实体问题所进行的抗辩，以行为人的行为在实体上不构成犯罪、存在从轻、减轻或者免除处罚情节等为由，提出证明犯罪嫌疑人、被告人无罪、罪轻或者减轻、免除刑事责任的材料和意见。所谓程序性刑事辩护，是指在刑事辩护中以侦查机关、审查公诉机关、审判机关以及其他有关部门的调查取证、侦查行为、审查起诉、审判活动等程序违法为由，提出证明犯罪嫌疑人、被告人无罪、罪轻或者减轻、免除刑事责任的材料和意见。

应当说明的是：①无论是实体性刑事辩护还是程序性刑事辩护，都可能是颠覆性刑事辩护或者非颠覆性刑事辩护，即无罪辩护与罪轻辩护。②实体性刑事辩护与程序性刑事辩护往往可以交叉运用、同时并用。比如，有些毒品犯罪案件，运用"警察圈套"原理进行程序性辩护，有时也能达到很好的辩护效果。

（三）宏观上抓住主要矛盾

针对具体的案件情况，应当恰当确定案件的主要矛盾和辩护的重点，其中包括辩护词排序安排等。这里可能有两个问题：第一个问题是，总体上是几个罪、几个问题，从而确定哪个罪或者哪个问题是主要矛盾，要集中火力；第二个问题是，针对具体某项罪名指控，要恰当地确定哪个要件、哪个辩护点是最关键的且最容易为法官所接受的，也要集中火力。

（四）处理好辩护律师与被告人的互动技巧

一般来说，辩护律师和被告人可以完全一致进行辩护，但是，有些案件由于各种复杂原因而并不明朗，如果完全做无罪辩护，又担心被定罪后得不到从宽处理；如果做有罪辩护，又于心不甘且担心法院判决无罪。这时，就需要处理好辩护律师与被告人的互动技巧，例如律师可以进行无罪辩护，但是让被告人客观陈述事实且"认错悔悟"，被告人甚至也可以直接承认有罪或者不直接承认有罪，达到周全无错的效果。

（五）精心安排处理好依法调查取证

刑事辩护必须依法、依据证据，因此调查取证就十分关键。可以说，只要证据有利，辩护就可能成功，因此，必须精心安排处理调查取证工作。同时，又要注意风险，不能违法，尤其要防止《刑法》第306条的威胁。有的辩护律师根本不取证，其实这是很不负责任的做法。

三、刑事辩护策略的主要内容

刑事辩护策略是为了最终实现当事人合法利益及维护社会公平正义，在刑事诉讼全过程中，根据案件事实，依据法律规定所开展的一系列的法律工作。同时，根据前文所述刑事辩护策略是一项体系性的工作，在刑事辩护的每个阶段，由于刑事辩护的形势不同，故阶段性目标也不同，具体工作也有所区别。但总体而言，刑事辩护策略的主要内容可以总结如下："依法定位角色，铭记工作职责；掌握案件事实，分析案件性质；确定辩护方向，组织证据材料；系统准备辩护，尽心开展工作。"兹主要以安某涉嫌绑架罪一案（基本情况见本单元导入案例）的律师办案过程为例，分别就侦查阶段、审查起诉阶段以及审判阶段的刑事辩护策略的主要内容进行说明。

（一）侦查阶段刑事辩护策略的主要内容

律师在侦查阶段应当开展什么样的工作？如何进行角色定位？

一般而言，侦查阶段的刑事辩护工作包括建立委托关系并向犯罪嫌疑人家属了解案件情况，对《拘留通知书》等文件进行分析，联系侦查机关了解罪名并申请会见，查阅相关法律法规，会见犯罪嫌疑人，帮助犯罪嫌疑人控告、申诉或申请取保候审等内容。其中，为犯罪嫌疑人提供相关法律咨询，代其申诉、控告、申请取保候审是侦查阶段律师工作的首要任务，是对犯罪嫌疑人本身合法权益的一种维护。设想在犯罪嫌疑人被逮捕的情况下依法为其申请取保候审，让他获得相对的自由，是其多么渴望实现的事情。此外，律师在侦查阶段的工作又是整个刑事辩护的起点，建立好委托关系并取得授权，获得犯罪嫌疑人的信任，初步了解涉嫌犯罪的情况，查阅所有与之相关的法律、法规等工作均系后续辩护工作开展的必要前提。

1. 向犯罪嫌疑人家属了解相关情况并建立委托关系

律师开展刑事辩护工作必须与当事人建立委托关系。在刑事司法实践中，因犯罪嫌疑人往往被刑事拘留，而前往律师事务所咨询并办理委托的人是其亲属或朋友。尽管他们并非是案件的当事人，但他们或多或少对案件事实有所了解。在此情况下，在建立委托关系之前，律师需要向他们询问相关案件事实，查阅其所能提供的资料，明确委托目的。之后，若律师提供的法律服务和他们的需求是一致的，且具有承办案件的能力，则由他们与律师事务所签订协议，建立委托关系。

2. 查阅《拘留通知书》

在委托人提供的材料中，《拘留通知书》是一份重要的材料，通过对该材料的查阅，律师可以了解到犯罪嫌疑人涉嫌的罪名以及其被羁押的时间和地点。对这些信息的掌握，便于律师联系侦查机关、会见犯罪嫌疑人等相关工作的开展。

在上文安某涉嫌绑架罪一案中，顾某向毕律师提供了 A 区公安分局的《拘留通知书》：

某市公安局 A 分局

拘留通知书

某公 A（B）刑拘通字（2009）×× 号

顾某：

  根据《中华人民共和国刑事诉讼法》第六十一条之规定，我局已于 2009 年 4 月 6 日 9 时将涉嫌绑架罪的安某刑事拘留，现羁押在 A 区第一看守所。

（A 区分局盖章）

二〇〇九年四月六日

从该《拘留通知书》中，律师掌握了下列信息：①安某涉嫌的罪名是绑架罪；②其被拘留的时间是 2009 年 4 月 6 日 9 时；③其被拘留的地点是 A 区第一看守所；④此案的侦查机关是 A 区公安分局。据此，律师便可联系侦查机关，核实涉嫌罪名、要求安排会见并为会见做其他准备工作。

3. 联系侦查机关，核实涉嫌罪名、要求安排会见

刑事辩护律师在接受犯罪嫌疑人家属的委托后，对案件情况的了解，仅能从《拘留通知书》及其家属简单的口述中获取初步信息。其他有关案件的重要信息仍然需要进一步落实，为了更好地向犯罪嫌疑人提供法律帮助，此时律师应该尽快与侦查机关联系，进一步了解犯罪嫌疑人涉嫌的罪名并向其提出会见犯罪嫌疑人的要求。

（1）提交委托书与律师事务所函。律师在接受委托后，应当及时与《拘留通知书》上写明的侦查机关取得联系。与侦查机关联系时，律师应当向侦查机关提交嫌疑人家属签署的授权委托书、律师事务所指派律师参与诉讼的律师事务所函，出示律师执业证并留下复印件，告知侦查机关委托律师已经正式介入到该案件中。

（2）了解涉嫌的罪名。律师虽然从嫌疑人家属那里了解到嫌疑人涉嫌的罪名，但在与侦查机关案件承办人接洽后，律师还应向其了解犯罪嫌疑人涉嫌的罪名，这不仅可以对已知情况进行确认，而且还可以探查是否还有其他罪名。

（3）提出会见嫌疑人的要求。律师在与侦查机关案件承办人接洽时，还应当及时向其提出会见犯罪嫌疑人的要求，向侦查机关提交律师会见犯罪嫌疑人的函。

（4）涉及国家秘密案件的特殊流程。如果犯罪嫌疑人的案件涉及国家秘密，律师要求会见，除了提交授权委托书，律师事务所函和律师会见在押犯罪嫌疑人的函外，还应该向侦查机关提交会见犯罪嫌疑人申请表。

4. 侦查阶段会见犯罪嫌疑人

侦查阶段会见犯罪嫌疑人有其自身的特点，区别于审查起诉阶段对犯罪嫌疑人的会见、审判阶段对被告人的会见，其目的在于建立信任关系、了解犯罪事实、为犯罪嫌疑人提供咨询、确认授权委托。

（1）自我介绍，初步建立信任关系。犯罪嫌疑人被拘留或逮捕后，由于在较长一段时间内其处于与外界隔绝的状态，且往往是平生第一次被羁押，故此在精神上不免处于焦虑和惶恐状态。他们的内心渴望有人能帮助他们，但又常常对陌生人的来访心存怀疑。故此，为保证律师刑事辩护后续工作的顺利开展，律师在会见之初就必须尽快建立与犯罪嫌疑人之间的信任关系。一般情形

下，律师第一次会见犯罪嫌疑人时，首先应当进行自我介绍。自我介绍时，律师一是向犯罪嫌疑人介绍自己接受其亲友委托的简要情况；二是告知此行的目的在于为其提供法律帮助；三是将能证明自己律师身份和受托人身份的资料交其验看。同时，注意自我介绍时应当使用温和的语气。

（2）排除侦查机关工作人员对律师了解案情的干扰。根据相关法律法规的规定，在侦查阶段律师可以会见在押的犯罪嫌疑人，向犯罪嫌疑人了解有关案件的情况。实务中，有些侦查人员会对律师和犯罪嫌疑人谈论案情进行限制。此时，律师应当礼貌而又坚决地予以抵制，这是对嫌疑人合法权益的一种维护，同时，也是进一步建立律师与犯罪嫌疑人信任关系的必然要求。

（3）向犯罪嫌疑人了解案件情况。通过律师的自我介绍以及对相关资料的查验后，犯罪嫌疑人一般能对律师产生信任。针对犯罪嫌疑人对会见没有准备的情况，律师在向其了解案情时，应当主导谈话内容，控制谈话内容的深度和广度，并用短小精悍、简单明了的问题发问，从嫌疑人口中获取侦查机关所了解的案情以及侦查方向等有关信息。

下面以安某涉嫌绑架罪一案为例，展示律师如何向犯罪嫌疑人了解案情。以下是律师在会见犯罪嫌疑人时了解案情的节录。

律师："安某，你知道自己是为什么被逮捕的吗？"

安某："知道，是因涉嫌绑架被逮捕的。"

律师："就你所涉嫌的绑架罪而言，在案件发生过程中你是否向他人索要过财物？"

安某："有，我向高某索要过6.5万元钱。"

律师："那你是怎么向高某索要6.5万元钱的？限制了他的人身自由没有？"

安某："2008年6月7日我和高某一起在酒店1赌博，我输了6.5万元钱给高某。我回去后我才发现是高某在赌博时出了老千才赢钱的，我很气愤，想要把输的钱拿回来，就约了自己的两个朋友，又约了高某对赌钱的事情进行协商，想要他还钱。来的时候高某还约了他的一个朋友，好像叫刘某吧。我们在A茶室协商不成，刘某就走了，我们就把高某从茶室A带到了酒店2，要求他归还因出老千赢得的钱，不然就不准他离开。后来我介绍高某给我认识的周某打电话，让他解决这个事情。第二天周某拿了6万给我，我就把高某放了。"

律师："你不是说向高某索要过6.5万吗？"

安某："是6.5万，周某拿了6万给我，还有5000元是周某给我钱的头一天晚上从高某身上搜到的。"

律师:"侦查机关讯问你的时候,你也是这么说的吗?"

安某:"是的,事实是这样,我也就这样跟他们讲了。"

律师:"你还有什么要补充的?"

安某:"没有了。"

在没有会见犯罪嫌疑人之前,律师对案件一无所知,但通过以上的交谈后,律师初步了解到:案件的起因是因为安某与高某在进行赌博过程中,高某使用出老千的方式赢取了安某的6.5万元钱,安某知道事实后,为了要回赌输的钱而对高某采取了一定的行为,现侦查机关以绑架罪逮捕了安某。

(4)为犯罪嫌疑人提供法律咨询。在侦查阶段,法律并没有赋予律师调查取证的权利。因此,在客观上,律师不具备对犯罪嫌疑人所述案件事实进行核实的条件。故在侦查阶段律师会见犯罪嫌疑人时,最重要的工作就是依据嫌疑人的供述,为其提供法律咨询。这里需要注意的是,在此项工作开展前,律师务必要对涉嫌罪名的法律规定和相关司法解释进行全面准确地了解,并针对犯罪嫌疑人可能最关心的问题进行充分地准备。这也是律师与犯罪嫌疑人信任关系进一步建立的需要,更是维护犯罪嫌疑人知情权的需要。

下面还是以上述安某涉嫌绑架罪为案例,展示律师对犯罪嫌疑人最关心问题的咨询解答。

律师:"安某,今天与你会见主要是为你提供法律咨询。你有什么疑问都可以问我。"

安某:"毕律师,你看我的事情什么时候才能解决啊?"

律师:"你是2009年4月6日被刑事拘留的,2009年5月11日经A区人民检察院批准逮捕,因此实际拘留的期限是35天。一般情况下逮捕后的侦查期限是两个月,检察院审查起诉的期限是一个半月,法院审理案件期限是两个半月。如果你的案情复杂或者是有其他情况,侦查期限最长可达7个月,审查期限最长可达7个半月,这还要有一个前提,即侦查机关并没有发现你还涉嫌其他罪名,所以你需要有心理准备。当然如果公检法各部门认为案件事实清楚,也会尽快处理案件。"

安某:"毕律师,你能给我解释一下什么是绑架罪吗?"

律师:"我国刑法中规定以非法占有他人财产为目的,限制他人人身自由的,或者绑架他人作为人质的是绑架罪。"

安某:"可是我并没有占有高某财产的目的啊!我只是为了拿回属于自己的钱,应该不是绑架吧?毕律师,如果我的行为被认定为绑架罪的话,你估计我会被判多少年?"

律师:"最终定罪量刑是由法院来掌握,但是根据《中华人民共和国刑法》的规定,以勒索财物为目的绑架他人的,或者绑架他人作为人质的,处10年以上有期徒刑或者无期徒刑,并处罚金或者没收财产;情节较轻的,处5年以上10年以下有期徒刑,并处罚金。如果造成被绑架人死亡的,则是死刑。"

(5)确认授权委托书。为了避免嫌疑人产生命运由别人决定的无奈感觉,律师最好在完成自我介绍、了解案情和提供法律咨询三个阶段并在彼此之间建立起一定的信任后,询问其是否同意自己担任他的辩护律师。这种做法会让嫌疑人产生一种被尊重的感觉,进而自愿确认授权委托书。同时,这也能为律师今后的辩护工作的开展,打下良好的基础。

(6)制作会见笔录。我国的司法实践中,律师在侦查阶段会见犯罪嫌疑人的次数有限,而且间隔时间也比较长,为避免记忆模糊对以后的辩护工作造成影响,律师应该在会见犯罪嫌疑人时制作会见笔录,详细记录谈话内容。这既是对已完成工作的记录凭证,又是开展下一阶段工作的基础。

当然,会见过程中律师除了开展上述工作外,可以适当地向犯罪嫌疑人传递亲情,这也是一种帮助犯罪嫌疑人释放心理压力,增强犯罪嫌疑人对律师信任的有效方式。

5. 申请取保候审

律师在侦查阶段的工作,除了前述与侦查机关取得联系、会见犯罪嫌疑人之外,最重要的工作则是帮助犯罪嫌疑人申请取保候审。但是并非所有的犯罪嫌疑人都可以申请取保候审。根据《刑事诉讼法》的规定,符合下列情形之一的可以申请取保候审:①可能判处管制、拘役或独立适用附加刑的;②可能判处有期徒刑以上刑罚,采取取保候审不致发生社会危害性的;③犯罪嫌疑人患有严重疾病的;④犯罪嫌疑人正在怀孕或者哺乳自己婴儿的;⑤侦查机关对犯罪嫌疑人采取的拘留逮捕措施已经超过法定期限的。律师在为犯罪嫌疑人申请取保候审时,应当深刻、准确地掌握该法律规定。

现从刑事辩护角度分析该法律规定并说明如何申请取保候审:

(1)取保候审法律规定分析。就刑事辩护实践而言,一般情况下出现上述取保候审中后两种情形时,侦查机关会主动变更强制措施。故此,律师申请取保候审时,工作应主要针对前三种情形进行分析,并基于前三种情形为犯罪嫌疑人申请取保候审。通过仔细分析取保候审的前三种情形,我们不难发现,前两种情形直接与犯罪嫌疑人的量刑有关,第三种情形则是与犯罪嫌疑人的身体状况有关，但总体上，该三种情形都反映了犯罪嫌疑人对社会危害性较小的特征。而作为犯罪的基本特征——社会危害性，是实务中对犯罪分子定罪量刑时的重要考虑因素。如果律师能基于前三种情形为犯罪嫌疑人申请到取保候审，则也从侧面证明了该犯罪嫌疑人行为对社会的危害性程度较小，从而为后续辩护打下良好的基础。

（2）取保候审的说理与论证。鉴于上述所述情况，律师在申请取保候审时，应当注意论述的重点不应当是犯罪的构成要件，而应当围绕着犯罪嫌疑人行为的社会危害性进行论述。实务中，可以从以下几个角度进行说理：犯罪嫌疑人犯罪前科、犯罪嫌疑人的身体状况、悔改表现等。

（3）申请取保候审的方式。根据法律规定，律师为犯罪嫌疑人申请取保候审的，应向有关机关提交申请书，申请书应写明申请事实、理由及保证方式，并注明律师事务所名称、律师姓名、通信地址及联系方法等。需要注意的是，律师不应作为犯罪嫌疑人的保证人。律师为在押的犯罪嫌疑人申请取保候审后，应当要求侦查机关在 7 日内作出同意或者不同意的答复。兹以上述安某涉嫌绑架罪为案例分析如何申请取保候审。

在安某涉嫌绑架罪一案中，律师通过会见犯罪嫌疑人安某，了解到其被采取强制措施时患有糖尿病，同时尽管"绑架"了高某，但高某未受到人身伤害且安某属于初犯，一贯表现良好。于是律师调取了安某的病历及相关证据，并根据此案件的具体情况，从安某的身体状况和社会危害性两个方面进行阐述，向侦查机关递交了安某申请取保候审的申请书，最终也得到侦查机关的同意，允许对安某变更强制措施，采取取保候审。

6. 代为申诉和控告

除了帮助犯罪嫌疑人申请取保候审外，律师在侦查阶段，还要在犯罪嫌疑人认为其合法权益遭受不法侵害时，代犯罪嫌疑人提出申诉和控告。

（1）代理申诉。律师了解到犯罪嫌疑人涉嫌的罪名、案情后，认为犯罪嫌疑人不构成犯罪、涉嫌罪名不当或者有《刑事诉讼法》第 15 条所规定的不追究刑事责任情况的，可以代理犯罪嫌疑人向有关机关提出申诉，要求侦查机关对上述情况予以纠正。

（2）代理控告。律师发现侦查机关有侵犯犯罪嫌疑人人身权利、诉讼权利或其他合法权益，或者有管辖不当、非法搜查、扣押及其他违反法律规定情况的，可以代理犯罪嫌疑人向有关部门提出控告。

在安某涉嫌绑架罪一案中，律师在会见犯罪嫌疑人时就已经询问其有没有受到侦查机关的不法"待遇"，比如说刑讯逼供、人身侮辱等。如果安某遭受了这些"待遇"，律师就可以代理安某向检察院提出控告，要求追究实施不法侵害行为人员的法律责任。还好，在整个过程中，安某都没有遭受刑讯逼供或者被人身侮辱。

（二）审查起诉阶段刑事辩护策略的主要内容

审查起诉，是指人民检察院对于公安机关或人民检察院的侦查部门侦查终结后移送提起公诉的案件进行审查，以决定是否向人民法院提起公诉或者以什么样的罪名、情节向人民法院提起公诉的一项诉讼活动。根据我国《刑事诉讼法》第33条的规定，在此阶段，律师的角色从侦查阶段的法律帮助人转变为了刑事辩护人。而这一刑事辩护形势的改变，也使得律师参与刑事诉讼的深度、广度有了重要的突破。律师的工作不再限于了解涉嫌犯罪的罪名，向犯罪嫌疑人了解案件事实，还包括了查阅并分析案卷材料及诉讼文书、单独会见犯罪嫌疑人、调查取证、发表辩护意见等主要内容。

需要注意的是，这四项主要工作的开展是紧密相联系的，且对整个刑事辩护工作的开展具有至关重要的作用：①查阅并分析案卷材料、诉讼文书是审查起诉阶段律师工作的开端，此项工作的开展为审查起诉阶段如何会见犯罪嫌疑人、如何调查取证确定了工作方向。②查阅并分析案卷材料及诉讼文书、会见犯罪嫌疑人、调查取证而掌握的案件事实，则是律师初步确定辩护方向并发表辩护意见的重要前提。③司法实践中，审查起诉阶段律师发表的辩护意见往往可从以下两个角度入手：一是在符合《刑事诉讼法》第15条规定的情形下，说服人民检察院对犯罪嫌疑人作出不起诉的决定；二是围绕犯罪嫌疑人所涉嫌犯罪的构成要件及量刑情节发表辩护意见，从而说服公诉机关以较轻的罪名、犯罪情节和定性提起公诉。而无论从哪一种角度所发表的辩护意见，一旦辩护意见被人民检察院所采纳（纵然是部分采纳），那么将为律师的后续辩护工作的开展奠定良好的基础。

现仍然以安某涉嫌绑架罪一案为例，展示在审查起诉阶段律师履行职责，开展上述四项主要工作，维护犯罪嫌疑人合法利益的刑事辩护过程。

1. 查阅并分析案卷材料及诉讼文书，确定后续工作方向

（1）查阅诉讼文书及案卷材料的范围和重点。我国现行的《刑事诉讼法》及《律师法》均赋予了律师在审查起诉阶段查阅、摘抄和复制与案件有关的诉讼文书及案卷材料的权利。

就诉讼文书而言，律师所查阅、摘抄、复制的范围包括了立案决定书、拘留证、提请逮捕决定书、逮捕证、侦查机关出具的审查起诉意见书等。除审查起诉意见书外，其余的诉讼文书往往是纯粹的程序性文件，一方面律师尚无证据可以判断这些文件适用法律的正确性，另一方面，侦查机关也不至于对其熟悉的程序性工作犯低级的错误。故此，查阅诉讼文书的重点是侦查机关出具的

审查起诉意见书，其余的诉讼文书律师一般仅需要复制或摘抄即可。

就案卷材料而言，两部法律存在着不一致的表述。根据《刑事诉讼法》第38条的规定，律师仅能查阅、摘抄、复制与案件有关的技术性鉴定材料（包括法医鉴定、司法精神病鉴定、物证技术鉴定等鉴定性文书），而根据《律师法》第34条的规定，律师能查阅、摘抄、复制的案卷材料范围却不限于此。在此情况下，我国各地检察院可供律师查阅的范围存在一定的区别，也导致了实践中律师所能掌握案卷材料的程度大相径庭。但无论律师所能查阅的案卷材料范围如何，因这些案卷材料均与案件事实密切相关，均是律师查阅的重点。

（2）查阅案卷材料的手续。在司法实践中，律师应当与侦查机关保持联系，在得知案件已移送到人民检察院审查起诉后，应当及时与承办案件的检察人员联系，并向其告知受托律师已正式介入该案件。同时，律师应当携带犯罪嫌疑人或其亲属要求律师在案件审查起诉阶段为犯罪嫌疑人进行辩护的授权委托书，律师事务所指派律师参与诉讼的律师事务所函，律师执业证及复印件等材料到受理审查起诉的人民检察院查阅案卷材料。

（3）诉讼文书的分析方法。在审查起诉阶段最重要的工作便是对侦查机关所出具的起诉意见书进行分析，其大致分为三个步骤：①通读诉讼文书，落实犯罪嫌疑人所涉嫌的罪名及法律适用情况，并仔细分析相关法律规定；②从犯罪的构成要件角度出发，以"质疑"的眼光逐字逐句地精读诉讼文书，挖掘诉讼文书中模糊的或可疑的地方；③再次精读诉讼文书，并围绕犯罪构成要件对诉讼文书所记载的主要事实及质疑问题作出整理。

在安某涉嫌绑架案中，律师在审查阶段查阅到了侦查机关的起诉意见书，现以该案的《起诉意见书》为例，对诉讼文书的分析进行说明：

2009年7月10日，A区公安分局结束案件侦查将案件移送至A区人民检察院。A区公安分局在起诉意见书中叙述道："2008年6月7日，犯罪嫌疑人安某与高某因赌博问题发生争执，后安某邀约何某（已被A区人民法院以绑架罪判处有期徒刑11年），胡某（已被A区人民法院以绑架罪判处有期徒刑10年）将高某、刘某绑架后进行敲诈勒索人民币13万元，最后索得人民币8.5万元。犯罪嫌疑人安某的行为触犯了《中华人民共和国刑法》第239条之规定，涉嫌绑架罪。"

第一，在通读本案起诉意见书后，律师大致确定了本案系因赌博问题所引发的涉嫌绑架的刑事案件。在此情况下，我们应当仔细分析案件所涉及的相关法条。我国《刑法》第239条规定："以勒索财物为目的绑架他人的，或者绑架他人作为人质的，处10年以上有期徒刑或者无期徒刑，并处罚金或者没收财产；……致使被绑架人死亡或者杀害被绑架人的，处死刑，并处没收财产。"据此，绑架罪的构成，在主观方面，应当以非法占有他人财产为目的；在主体资格上仅需具备刑事责任能力即可；在客观方面，其方式为非法限制他人人身自由。同时，造成被绑架人死亡或受伤的属于量刑加重情节。

第二，经认真分析法律条文之后，围绕着犯罪构成要件，在以"质疑的眼光"审查"犯罪"事实的过程中，我们发现该诉讼文书中存在以下几个方面的"可疑之处"：①安某与高某因赌博问题发生了什么样的争执？（犯罪行为的起因或诱因是什么？）②在"后安某邀约何某，胡某"的表述中，"后"是指什么时间？（犯罪行为是什么时候发生的？）③在"已被A区人民法院以绑架罪判处有期徒刑10年"的表述中，A区人民法院属于基层人民法院，其判决为一审判决。那么这两份判决是什么时候作出的，现在生效了没有？（该判决是否具有证据效力？）④在"将高某、刘某绑架后"的表述中，安某等人是在什么时间，什么地点，以什么样的方式限制高某的人身自由的？⑤在"敲诈勒索人民币13万元"的表述中，律师发现在侦查阶段会见犯罪嫌疑人安某时，据安某自己陈述，其索要财物仅6.5万元，为何此处索要数额却为13万元？⑥双方因赌博发生的争执是否与索要赌债有关？如果是，那么"赌债"是多少？⑦在"最后索得人民币8.5万元"的表述中，安某具体是怎么样拿到钱的？这8.5万元人民币现在的去向如何？同样，据安某所述，其最后所得人民币为6.5万元，为何此处却为8.5万元人民币？⑧高某、刘某在被限制人身自由期间是否受到过人身上的伤害？（是否存在量刑加重情节？）⑨在本案中，安某是否存在自首、正当防卫、立功等减轻或免除刑事责任的情节？

总之，在审查起诉阶段，律师一定要"惜字如金、咬文嚼字"地分析起诉意见书中的每一个犯罪情节，确保最终能使"犯罪事实"的每一个细节清晰可见。

第三，我们应当再次精读诉讼文书，并根据起诉意见书的表述，围绕绑架罪的犯罪构成要件，对诉讼文书所记载的主要事实及质疑问题作出整理，详见下表。

诉 讼 文 书 分 析 表		
犯罪构成及量刑要点	起诉意见书中的表述	待落实的事实
主体资格	略	略
动机	"因赌博发生争执"	因赌博发生的争执究竟是什么？它和本案的发生是否有必然的联系？
目的	"索要人民币13万元"	真实索要数额是13万元还是6.5万元？
		索要人民币的目的是什么？是以非法占有为目的抑或属于索要赌债？
主观状态	"将高某、刘某绑架后"	是直接故意抑或间接故意？
"犯罪"行为发生的时间	"后安某邀约何某、胡某将高某、刘某绑架后"	是什么时候将高某绑架的？
"犯罪"行为发生的地点	"后安某邀约何某、胡某将高某、刘某绑架后"	是在什么地方发生的？
"犯罪"的方法	"后安某邀约何某、胡某将高某、刘某绑架后"	在"绑架"过程中，是怎么样限制高某人身自由的？
犯罪嫌疑人和其他人的互动关系	"后安某邀约何某、胡某将高某、刘某绑架后"	A区人民法院对何某，胡某所作出的判决是否生效？
		安某在"共同犯罪"过程中的地位如何？
		高某对绑架是否有什么反抗？
结果	"最后索得人民币8.5万元"	安某等人是怎么拿到钱的？
		为什么索得数与索要数存在差距？
		安某等人最后"索得"是8.5万元还是6.5万元？
		在"绑架"过程中，高某是否受到了伤害？
免除或减轻刑事责任的事由	无	有没有自首、立功等情节？
其他	无	待落实

（4）技术鉴定材料的分析方法。技术鉴定材料的分析方法与诉讼文书的分析方法在实质上基本相同，律师均需以质疑的眼光探清案件相关事实。在安某涉嫌绑架罪一案中，律师从 A 区人民检察院处查阅到一份"在大酒店 2307 号房间地上的血迹的 DNA 鉴定材料"，该材料表明在大酒店 2307 房间地上的血迹系属高某。对此，律师产生以下可疑之处：①为什么会有血迹？②高某是什么时候流血的？③高某是否受伤？（流血与受伤不具有必然的因果关系）④刘某被一同绑架，为什么没有刘某的血迹？

这里需要提请注意的是，技术鉴定材料并非完全不可质疑，也并非当然的可以作为有效证据进行使用。同时，对鉴定材料的质疑重点，往往不是该份证据的合法性、真实性，而是关联性。

（5）确定后续工作方向。律师在分析并整理完毕诉讼文书及案卷材料后，便可针对案件的不清晰或可疑之处，开展会见犯罪嫌疑人和调查取证的工作。

2. 会见犯罪嫌疑人

审查起诉阶段，律师是为了掌握所有的案情细节，寻找到对嫌疑人有利和不利的情节，从而为接下来的会见犯罪嫌疑人等辩护活动做好准备。需要注意的是，在会见前，如前文所述律师已经对案件的相关诉讼文书及案卷材料进行过分析、整理。故此，在会见犯罪嫌疑人的过程中，律师应当紧紧围绕着在前期工作中对案件产生的疑问向犯罪嫌疑人提出相关问题。当然，如果律师是首次会见犯罪嫌疑人，则应参照侦查阶段的会见的方式，先向嫌疑人自我介绍，在初步建立信任关系后，再向其了解案情。

在会见过程中，律师为客观地掌握案件情况，首先应当以开放式的问题询问犯罪嫌疑人，帮助其尽量回忆起当时的"犯罪"经过。例如以下的问题就是开放性的问题：

问："某年某月某日上午你在哪里？"
问："你为什么要打他？"
问："你是怎么知道这件事的？"

如果通过开放式的提问，律师无法获得想要的信息，还可以用一些指示性的问题来获得案件的细节或其他有关信息。例如以下的问题就是指示性的问题：

问："平时你都是 10 点休息，为什么那天那么晚才休息？"
问："你还记得当时还有谁和你在一起？"

问："你为什么会出现在现场？"

下面仍以安某涉嫌绑架罪为例，展示律师在审查起诉阶段如何向犯罪嫌疑人了解案情。以下是律师在会见犯罪嫌疑人时了解案情的节录。

律师："安某，你的案件现在已经到了检察院的审查起诉阶段。公安局侦查的结果是你与高某因赌博问题发生争执，后邀约何某、胡某将高某、刘某绑架后敲诈勒索人民币 13 万元，最后索得人民币 8.5 万元，并认为你的行为已构成绑架罪。对此你有什么意见？"

安某："我有意见，我根本没有绑架高某，更没有绑架刘某，我只想要回属于自己的钱！"

律师："作为你的辩护律师，我的责任是根据事实和法律提出证明你无罪、罪轻，或者减轻、免除刑事责任的材料和意见。因此今天与你会见的主要目的是向你全面了解案件事实，寻找为你辩护的理由。我会向你调查了解一些问题，请你务必积极配合，并根据我的提问，把案件的真实情况告诉我。好吗？"

安某："谢谢你律师，我明白了。你问吧。"

律师："你能不能把整个案件的经过再跟我详细地讲一讲？"

安某："2008 年 6 月 7 日我和高某一起在酒店 1 赌博，我输了 6.5 万元钱给高某。等我们散场后我才发现在赌钱的时候高某出了老千，我很气愤，想要把输的钱拿回来，就叫了两个朋友去找高某，让他把钱还回来。当时我们约定在 A 茶室协商，高某还叫了一个朋友，那个人好像叫刘某吧。后来我们在 A 茶室协商不成，好像是晚上七点左右刘某就走了。刘某走后我们三个人就把高某从茶室 A 带到了酒店 2，继续要求他把钱吐出来，不然就不准他回家。晚上九点半左右，高某同意还钱，但是说身上仅现金 5000 元现金。于是我就打电话给介绍高某给我认识的周某，让他把钱送过来。第二天中午周某拿了 6 万给我，我就把高某放了。"

律师："你是怎么认识高某的？你们一共在一起赌博过几次？"

安某："高某是周某介绍给我认识的。这是我第一次和高某赌博，以前我都不认识他。"

律师："你怎么知道高某出了老千？"

安某："那天只有我们两个在赌博，明明我的手气已经很好了，可是每次都是我输。开始我也觉得不对劲，后来想想觉得赌桌上的事情有输有赢，应该愿赌服输，结束的时候当场给了他 6.5 万元钱。走的时候我听到两个服务员说又有一个傻子被骗了，于是我便向其中一名服务员询问，他告诉我高某经常来他们酒店赌博，是有名的大老千。这时我才发现我输那么多的钱很可能是因为高某出千了。所以，之后我就找了两个朋友来和我一起解决。在大酒店 2 的时候高某自己也承认了。"

律师："你询问的大酒店 1 的服务员叫什么名字？"

安某："好像叫潘某。"

律师："你把当时你和高某协商还钱的详细情况再跟我讲一讲。"

安某："我们先是约在 A 茶室谈判。当时我们谈的不是很愉快，高某的态度非常强硬，说不可能，他奉陪到底，并说愿赌服输。我一生气就威胁他让他双倍返还，否则就找人剁了他！但大概 7 点左右，刘某走后。我们把高某带到了大酒店 2 后，高某见势不妙，态度马上变好，并答应把钱还给我。我也就答应了。"

律师："高某和刘某是一起到的吗？"

安某："高某先到了，到了后他又打了个电话，似乎是叫人过来。大约半个小时候，刘某才过来的。"

律师："刘某是在 7 点左右走的，那么你们又是几点离开 A 茶室的？"

安某："我们大概在刘某走后二十分钟后离开的。"

律师："那你们是几点到大酒店 2 的？"

安某："晚上九点左右。"

这时，律师发现 A 茶室和大酒店 2 就算走路只需半个小时的时间，可是安某他们七点半左右离开 A 茶室，但九点左右才到达大酒店 2，这期间到底发生了什么，需要进一步落实。

律师："当晚七点半到九点之间，你和高某之间发生了什么事？"

安某："刘某走后，我的朋友胡某和何某去付账，我和高某在茶室外继续谈还钱的事情。谈着谈着高某推了我一掌，说他要走了不要来烦他，钱他是一分都不会还的。我就和他推搡起来。我的朋友见了就出来帮我，胡某说这小子太不老实了，换个地方好好教训教训他！于是我们三个人就把他绑到了大酒店 2。"

律师："在大酒店 2 期间，你们有没有打过高某？"

安某："有，但我只打了几巴掌，其他人没有打。因为怕出人命。"

律师："高某答应还你钱后，你是怎么拿到钱的？"

安某："当晚高某还了 5000 元钱给我，其他的第二天还我。我怕放了他他就跑了，于是就给周某打电话，跟他说他介绍的高某出老千骗了我的钱，让他

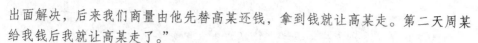

出面解决，后来我们商量由他先替高某还钱，拿到钱就让高某走。第二天周某给我钱后我就让高某走了。"

　　律师："你最后实际拿到的数额是多少？"

　　安某："6.5万元钱！"

　　同侦查阶段一样，律师在会见犯罪嫌疑人时应当制作会见笔录，并在会见结束以后，对会见时所获得的与案情有关的信息进行整理，找出需要进一步得到确认的信息，作为下一步工作的重点。本案中，律师通过会见，认为本案需要进一步调查了解的问题包括：①安某限制高某人身自由是否真如其所述是为了索要赌债？②赌债的数额是多少？③在 A 茶室时高某、刘某的人身自由是否被限制？④在大酒店 2 时究竟有几个人？⑤索要数额是 13 万还是 6.5 万？⑥实际索得为 6.5 万还是 8.5 万？

　　3. 调查取证

　　在审查起诉阶段起就开始为嫌疑人调查收集无罪或罪轻的证据是律师履行辩护职责的体现。尽管经过较长时间的侦查活动，侦查机关掌握了大部分对嫌疑人不利的证据，但律师不能因此而无所作为。就审查起诉阶段而言，律师的调查取证工作一般应当在分析起诉意见、会见犯罪嫌人之后展开，并围绕着通过分析起诉意见书、鉴定材料、会见犯罪嫌疑人时所发现的案件当中的可疑之处作开展调查工作，以求找到对当事人有利的事实和情节。而常见的调查取证的方法主要有访问证人，访问受害人或其亲属及受害人提供的证人，收集书证、物证。

　　（1）访问证人。律师向证人调查取证应该征得证人本人同意。律师向证人调查取证，应当出示律师执业证和律师事务所调查专用介绍信。律师访问证人时应当制作访问证人调查笔录，注明调查的时间、地点、调查者、受害者、公证人等。一般情况下，所有在案发现场的人员都是适格的证人，只要有可能，都应该对其进行调查，在访问证人过程中不要限制证人陈述案件的范围，要鼓励证人全面的陈述，律师才有可能尽可能多地了解案件情况，寻找对当事人有利的证据。

　　（2）收集书证、物证。一般情况下，审查起诉阶段侦查人员已经扣押了他们认为与案件有关的一切书证、物证，因此律师在调查取证时基本上收集不到什么证据，只能寻找一些侦查人员已经扣押的书证和物证的副件。通过对这些物证和书证的副件分析，来判断侦查机关或审查起诉机关是否掌握有对嫌疑人有利的证据。如果律师在收集证据的过程中发现有些证据能证明嫌疑人无罪或罪轻，但因为客观原因无法收集时，律师可以以书面形式提请审查起诉机关依其职权调查、收集。

在安某涉嫌绑架罪一案中，如果有证据证明高某在赌博过程中采用了作弊手段，则有可能从侧面证明，本案中"因赌博发生争执"系因索要赌债而发生的纠纷；如果有证据证明在 A 茶室时，安某与高某为协商赌博纠纷，则能证明高某与刘某在此期间其二人人身自由尚未被限制；如果有证据证明在大酒店 2 开房的人中没有刘某的话，则能证明安某并没有绑架"刘某"。于是律师根据会见安某所得的信息前往了大酒店 1 访问了服务员潘某、前往了 A 茶室访问了服务员曾某，前往了大酒店 2 访问了服务员李某。

通过访问证人，律师从大酒店 1 服务员潘某处了解到高某确实经常与人在大酒店 1 赌博，其见到过安某并告知其可能被骗的情况；从茶室 A 服务员曾某处，律师了解到安某是 A 茶室的老顾客，在 2008 年 6 月 8 日他与另外四人在 A 茶室喝过茶，期间他们之间发生了激烈地争吵，当晚七点半左右，一个人走后，另外四个人因为争执发生了打斗。

4. 向检察院提交辩护意见

（1）向检察院提交辩护意见的意义和特点。《刑事诉讼法》第 35 条规定："辩护人的责任是根据事实和法律，提出犯罪嫌疑人、被告人无罪、罪轻或者减轻、免除其刑事责任的材料和意见，维护犯罪嫌疑人、被告人的诉讼权利和其他合法权益"。在审查起诉阶段，辩护律师的职责就是基于会见犯罪嫌疑人和进行调查取证工作所取得的材料，向检察院提出辩护意见。

同时，在此阶段律师向检察院提交辩护意见时，重点不是针对控方对犯罪嫌疑人的指控。因为这一阶段，律师还无法知道侦查机关和审查起诉机关所获得的证据，也就无法通过分析这些证据来反对指控，重点是根据律师会见犯罪嫌疑人和进行的调查取证工作所取得的材料提出对犯罪嫌疑人有利的事实和情节，并提出相关的证据或者证据线索。

（2）向检察院提交辩护意见的角度和方法。审查起诉阶段，辩护律师并非要达到像审判阶段那样，通过辩护来获得最终有利于犯罪嫌疑人的司法裁判，而是在研究侦查机关的起诉意见书的基础上，结合自己已经掌握的有利于犯罪嫌疑人的相关事实和情节，建议审查起诉机关向法院提起公诉时予以考虑的相关情节，改变起诉意见书认定的重罪或者严重情节，从而作出不起诉决定或者变更罪名或者改变定性的决定。

第一，从争取检察院作出不起诉决定的角度提出辩护意见。不起诉分为三种：法定不起诉、酌定不起诉和证据不足不起诉。律师在审查起诉阶段，如果从这个角度提出辩护意见，就必须分析犯罪嫌疑人的案件是否符合这三种不起诉的情形。通常，对于前两种不起诉，律师依据调查了解到的证据，就可以直接对犯罪嫌疑人的案件符合法定不起诉或者酌定不起诉的情形，提出辩护意见；对于证据不足不起诉，因为处于该阶段的律师还不知道审查起诉机关所掌握的证据，暂且不能判断证据足与不足，所以最好是根据律师自己获得的有利于犯罪嫌疑人的案件情况，提请审查起诉机关注意对有罪证据与无罪证据进行比较。

第二，从争取检察院起诉时变更罪名或者改变量刑的角度提出辩护意见。在刑法中，由于很多罪与罪之间的界限并不是很清晰，而且还存在法条竞合与想象竞合的情况，同样的一个行为，由于其主观方面或者主体方面或者侵害的法益不同，造成罪名和适用刑罚的不同。侦查机关在起诉意见书认定的罪名，审查起诉机关在审查时，考虑到相关的事实和情节，可能会在向法院提起公诉时变更罪名。很多情况下，就算审查起诉机关不变更罪名，但也会结合该罪的情节，比如数额上的认定、是否具有法定从轻减轻的量刑情节等，从而改变对犯罪的定性。

辩护律师向检察院提交辩护意见时，就要根据会见嫌疑人和调查取证所取得的证据及查阅分析侦查机关起诉意见书的结论，说明对犯罪嫌疑人有利的事实和情节，请求审查起诉机关变更起诉意见书认定的重罪名为轻罪名，或者改变对严重情节的认定，向人民法院提起公诉。

下面，将结合安某涉嫌绑架罪一案具体说明律师如何向人民检察院提出改变案件定性的辩护意见：

致检察院的律师辩护意见书

A 区人民检察院：

×××律师事务所接受涉嫌绑架罪的犯罪嫌疑人安某家属的委托，指派毕律师担任安某的辩护人。接受委托后，我们依法查阅了《起诉意见书》及相关证据材料，会见了犯罪嫌疑人，了解了有关案件情况。现辩护人根据了解到的案件情况特向贵人民检察院提出如下辩护意见，恳请贵人民检察院予以充分考虑：

一、本案发生系因被害人高某在赌博中作弊，犯罪嫌疑人安某为索要自己财产而引发的纠纷，安某在动机上并非为非法占有高某的财产

根据侦查机关的起诉意见书，侦查机关认为本案系因"赌博问题发生争执"而引发的绑架案。但值得注意的是本案中的"因赌博问题发生争执"又究竟所指何事，需要进一步落实。通过会见犯罪嫌疑人安某及访问大酒店1服务员潘某，我们了解到本案中的"赌博问题发生的争执"，本案实际上系高某赌博时作弊骗取了安某人民币6.5万元钱，安某为取回被骗取财产，在与高某协商不成的情况下所引发的纠纷。故此，犯罪嫌疑人安某的动机并非为非法占

有他人合法财产，而是索要赌债。根据我国《刑法》规定，绑架罪应当以非法占有他人财产为目的，因索要赌债而限制他人人身自由的不应当以绑架罪定罪量刑。

二、本案中，刘某并未被限制人身自由，不存在其被绑架的可能性

本案中，侦查机关认为安某邀约何某、胡某将高某、刘某绑架后进行敲诈勒索人民币13万元，但在起诉意见书中，对"绑架"方式、发生具体时间、地点均未清晰表述。事实上，通过对A茶室服务员曾某及大酒店2服务员的访问和现场的勘探，我们认为刘某并未被限制人身自由，不存在被绑架的可能性。

1. 安某向高某索要赌债时，其先是与高某进行了平等地协商，协商地点为A茶室，当晚7点左右，刘某便离开了A茶室。而在此期间，安某并未限制刘某、高某的人身自由。一方面，A茶室属于公众场所，且双方人数相差无几，在此处限制高某、刘某的人身自由在客观上并不具备条件；另一方面，据A茶室服务员曾某所述，当时安某等人发生了激烈的争吵，当晚七点许时，其中一个人先行离开了。设问已被绑架的人敢与绑匪发生激烈的争吵，且还能自由地离开吗？这完全不符合常理。故此，我们认为在A茶室期间，高某与刘某的人身自由并未受到限制。

2. 侦查起诉意见书中，并未完整的叙述案件发生的全部经过，其中高某、刘某何时被"释放"的更需要检察机关进一步核实。而根据大酒店2服务员李某所述，当时前来开房的人数为四人并非五人，且在大酒店2，307房间中发现的血迹仅有高某一人。这完全可以排除在大酒店2时，刘某被绑架的可能性。

三、起诉意见书中安某向高某索取的数额13万元及索得数额8.5万元均存在疑点，提请贵人民检察院注意。

根据犯罪嫌疑人安某陈述，其要求高某还款13万元的地点是A茶室。在大酒店2时，因高某答应还钱，其仅要求高某还清赌博骗取的金额，即6.5万元。而正如前文所述，在A茶室时，高某的人身自由并未受到限制，故此13万元不应当被认定为索要数额。请人民检察院进一步核实。

综合上述分析，起诉意见书中尚存在不清楚的事实，而我们认为安某仅限制了高某的自由，其目的也仅为索要赌债。因此，安某的行为不构成绑架罪，而应当是非法拘禁罪。

此致

辩护律师：毕某

×××年××月××日

在安某涉嫌绑架罪一案中，A区人民检察院在听取律师意见后，采纳了律师的部分观点，认为侦查机关的起诉意见书存在诸多不清楚或可疑的地方，将案件退回进行了补充侦查。经重新侦查后，A区人民检察院认为：①本案系索要赌债所引发的一起刑事案件；②安某等人仅限制了高某的人身自由，而没有限制刘某的人身自由；③安某等人索要的财产数额为人民币8.5万元，实际所得人民币为8.5万元超出了6.5万元的赌债范围，构成了绑架罪并向A区人民法院提起了公诉。尽管最终A区人民检察院仍然认为安某涉嫌绑架罪，但律师的辩护意见却让案件事实更加清晰，也为安某争取到了一份罪刑较轻的公诉意见书。

（三）审判阶段刑事辩护的主要内容

经过前面的侦查阶段和审查起诉阶段，案件即将进行至最重要的审判阶段。此阶段的律师辩护工作主要由三个部分组成：一是庭审前的辩护准备工作；二是庭审辩护工作；三是庭审后的总结工作。兹分别说明：

1. 庭审前的准备工作

为了更好地为被告人辩护，开庭前的一段时间里辩护律师的准备工作至关重要，很有可能决定整个案件的走向。所以自辩护律师得知人民法院受理案件之日起，就要马不停蹄地投入到开庭前的准备工作中。通常，律师的准备工作包括查阅并分析诉讼文书及其他卷宗材料、再次会见被告人、调查取证和确定辩护方向等。

（1）查阅并分析诉讼文书及相关证据材料。根据我国现行法律的规定，辩护律师在案件被受理之后可以查阅的案卷材料主要有：起诉书、证据目录、证人名单和指控犯罪事实的主要证据的复印件或者照片等。律师前往受理法院查阅案卷材料时，要提交被告人或者其亲属在审判阶段委托辩护律师的授权委托书、律师事务所出具的律师辩护证，出示律师执业证并留下复印件。

第一，对起诉书的分析。辩护律师查阅案卷材料时，第一个重点应放在起诉书上，对其进行详细研究。一方面，从起诉书中获得关于整个案件的最基本信息，如被告人的基本情况，被害人的基本情况，被告人被指控犯罪的时间、地点、动机、目的、手段、后果和检察院对被告人量刑情节的认定，等等。另一方面，结合被告人被指控的犯罪，分析起诉书中对该犯罪构成要件的阐述是否严密，其认定的事实是否符合该犯罪构成要件。然后，再次精读起诉书，找到相关疑点并进行整理。具体的方法，前文已述，可以参照。

在安某涉嫌绑架罪一案中，律师对人民检察院的起诉书进行了详细地分析，认为本案的焦点在于安某的索要数额是否超出了赌债的范围。对此，A区人民检察院在起诉书的表述为："安某发现高某出老千后，于2008年6月8日下午 2 时许约高某在 A 茶室对退钱一事进行协商，协商无果后，于当日七点三十分许将高某绑架至大酒店 2，索要人民币 8.5 万元。安某当场从高某处拿了 5000 元。次日，由周某在安某指定的 B 茶室为高某缴纳赎金人民币 8 万元后，安某让胡某、何某将高某释放。"

　　通过对起诉书认定事实的分析，律师发现索得金额究竟是 8.5 万元还是 6.5 万元存在分歧，分歧的产生源于次日周某究竟为高某缴纳赎金的数额是 8 万元还是如安某所述的 6 万元。对此，律师产生了下列疑问：①周某缴纳赎金的来源是什么？②周某为高某缴纳赎金时，又有哪些人在场？③周某为高某缴纳的赎金 8 万元，目前公诉机关有哪些证据支撑？

　　第二，对其他案卷材料的分析。律师除了重点分析人民检察院的起诉书并从中找到疑点外，还需认真分析其他案卷材料来解决疑点。同时，也要找出其他案卷材料存在的疑点，才能有效地过滤出对被告人最有利的辩护理由，并对公诉机关所提供的证据提出合理怀疑。

　　在安某涉嫌绑架罪一案中，律师带着分析起诉书时所产生的疑问，详细研究了 A 区检察院对此问题所提供的证据材料（周某的证人证言、高某妻子的证人证言、高某与周某之间的借条、高某的陈述）。下面是律师对这些证据材料的分析：

　　其一，周某的证人证言节录："2008 年 6 月 8 日晚上 9 点左右，安某打电话说高某骗了他 8 万的钱，说高某是我介绍给他认识的，让我出面解决，否则连我一起收拾。"……"经过我和安某的协商，安某说让我明天中午，就是 2008 年 6 月 8 日带 8 万元去赎人。"……"接到安某电话时，我给高某的妻子打了个电话，把情况告诉了她，并让她准备 8 万元钱。她说她一时也没有那么多，问能不能想想办法。我想救人要紧，就答应先用我自己的存款去赎高某。""第二天，我带着高某的妻子去救高某。因为高某的妻子害怕，我就让她在路口等我。我一个人去了茶室 B 交钱。"……"当时，茶室 B 只有我和安某"……"我把 8 万元钱的现金给了安某后，安某就打了电话给绑架高某的同伙，让他们放人。之后，安某让我回家等人。"……"大约 30 分钟后，高某回到家，因为 8 万元钱是我垫付的，所以就和高某写了张借条，高某表示感谢答应给我 500 元的利息。"

　　其二，高某妻子把某的证人证言节录："2008 年 6 月 8 日晚上，大概 12 点左右，周某来我家说我老公被人绑架了，要求给 8 万元钱，不给钱叫我以后就不要再见我老公了。"……"第二天，周某带我到了 B 茶室附近，因为害怕我没有进去。"……"大约半个小时后，周某从茶室出来后告诉我，他给了安某8万元钱，事情已经搞定了，让我回家等着老公，他一会儿就回来。"……"周某送我回家的。""回家后大约过了半个小时，差不多下午4点来钟的样子，我老公就回来了。"

其三，高某与周某之间的借条：

借　条
此收到周某所借8万元人民币。经双方协商，由高某在2008年7月1日前还清，同时在2008年6月10日前由高某给周某利息500元人民币。   　　　　　　　　　　　　　　　　　　　　周某（签字和手印） 　　　　　　　　　　　　　　　　　　　　高某（签字和手印） 　　　　　　　　　　　　　　　　　　　　2008年6月9日

其四，被害人高某陈述的节录："当晚，我被安某、胡某、何某带到了大酒店1，从我身上搜走了现金5000元钱。"……"他们打完我之后，安某离开了307房间，10多分钟后安某进来对我说道，剩下的钱周某会替你给。但是明天中午见不到钱，就把我的手先剁了。"……"第二天中午，安某说周某来了，他出去取钱，让胡某、何某把我看好了。"……"安某出去后大约过了1个小时后，给胡某打了个电话，于是他们就把我放了。"……"回去家后，周某告诉我一共给了安某8万元钱，才把事情搞定，这次算我幸运了。但让我尽快把他垫付的钱给他，并写张借条。"

上述四组证据均证明了安某索得8万元的事实，形成了一定的证据链，对被告人不利。于是律师从证据的客观性、合法性、关联性对各组证据进行了分析。通过分析，律师发现尽管证明周某给安某8万元的证据总的有4组，但是，除了周某的证人证言是原始证据外，其他的3组均是传来证据或间接证据，即都是建立在周某的证人证言之上的。具体而言，一方面，高某和高某的妻子也是从周某处得知周某给了安某8万元；另一方面，周某与高某之间的借条是高某回家之后所签订的，仅从该份证据来看，其仅能证明高某与安某之间存在债务，而不能当然证明周某给安某的钱必然为8万元钱，即在证据的关联性上存在问题。这样一来，对于安某"索得"人民币8万元的事实，原始证据仅有周某的证言，假如周某说了谎言，那么证据链将被切断，安某索得数额将被重新认定。

在分析起诉书及相关证据材料后，律师针对相关疑点进行了整理并制作了证据材料分析表。

以下是上述四组证据的材料分析表

<table>
<tr><th colspan="5">证据材料分析表</th></tr>
<tr><th>序号</th><th>证据简称</th><th>证据类别</th><th>证明对象</th><th>备注</th></tr>
<tr><td>1</td><td>周某证言</td><td>原始证据</td><td rowspan="4">安某索要数额为 8.5 万元，超出了 6.5 万元的赌债</td><td>真实性存在问题</td></tr>
<tr><td>2</td><td>把某证言</td><td>传来证据</td><td>真实性存在问题</td></tr>
<tr><td>3</td><td>借条</td><td>间接证据</td><td>关联性存在问题</td></tr>
<tr><td>4</td><td>高某陈述</td><td>传来证据</td><td>真实性存在问题</td></tr>
<tr><td>注意事项</td><td colspan="4">1. "安某索要数额中，有 8 万元"来源于周某的个人存款；
2. 周某为高某缴纳赎金时，仅有周某与安某两人在场，在周某与安某之间，有人说了谎话。</td></tr>
</table>

（2）会见被告人。在审查起诉阶段会见被告人之前，律师和被告人均已经明确知道了检察院所指控的罪名和犯罪事实。故此，律师在此阶段会见被告人的首要重点是围绕着案件争议焦点及可疑之处进行谈话。同时，律师要与被告人认真、细致地讨论辩护的方向。当然，对于即将出庭接受审判的被告人而言，看到起诉书后情绪难免出现波动，且内心常处于紧张和恐惧的状态。这时，律师一方面应当安抚被告人的情绪，让其不要对案件悲观失望；另一方面，应当向被告人详细告知庭审程序，并合法适当地教被告人在法庭上应如何应对法官及公诉人的提问，以求缓解其开庭前紧张和恐惧的情绪，避免因惶恐而导致其开庭时思维混乱、表达错误。

结合安某涉嫌绑架罪一案，律师会见被告人安某，就要进一步查明周某到底给了安某多少钱，他们之间是不是有人说谎。以下是会见节录：

律师："周某把钱给你是什么时候，在什么地方？"

安某："是第二天，也就是 2008 年 6 月 8 日上午，我们在 B 茶室碰头并且在 B 茶室周某把 6 万元钱给了我，让我放了高某。"

律师："当时都有什么人在场？"

安某："就只有我和周某两个人。"

律师："高某呢？当时他在什么地方？"

安某："高某还在大酒店 1，我的朋友胡某和何某看着他。"

律师："为什么就你一个人来拿钱？"

安某:"因为我和周某也认识,高某也是周某介绍认识的,所以也就相信他。"

律师:"当时你们没有写什么收条之类的凭证?"

安某:"没有,但我收到就只有6万元,周某还叮嘱我数了好几遍,说是钱也到手了就放了高某吧。"

律师:"你是怎么认识周某的?"

安某:"他是我们一个村的。"

律师:"你能把周某的详细情况给我介绍一下吗?"

安某:"周某比我小五岁,去年大专毕业,哪个大学毕业的我记不清了,毕业后一直没有什么固定的工作,在外偶尔帮人打打杂,人还算老实,是个孝子。"

律师:"周某的家境如何?"

安某:"周某家蛮穷的,他父亲在他还小的时候就过世了,现在只有一个老母亲,因为没有退休工资,现在靠周某打杂工获得的一些零散的收入养活。"

律师:"你能把周某的地址告诉我吗?"

安某:恩,他家在……

在会见被告人安某之后,律师发现周某家境困难,收入来源不稳定,平时收入仅能维持生计,那么仅工作一年的周某,是从哪里来的存款借给高某的呢?当然,此时律师虽然未掌握相关证据,对周某的证言提出有利地反驳,但至少已经找到了检察院所提供证据的瑕疵,如果再有进一步合理怀疑,那么对被告人安某将十分有利。

(3)调查取证。与审查起诉阶段的律师调查取证方式基本一样,在审判阶段,律师仍然可以通过访问证人、被害人,勘查现场,收集物证、书证,就鉴定结论访问专家证人,申请人民法院收集、调取证据等方法进行调查取证。但两个阶段的调查取证重点又有所不同。在审查起诉阶段,律师调查取证的重点是寻找对嫌疑人有利的事实、情节及线索,而在审判阶段,因律师已经掌握公诉方证明被告人犯罪的主要证据,其重点则应当是寻找证据否定公诉方的主要证据。值得注意的是,在司法实践中,当案件进入审判阶段时已距离案发现场有较长的一段时间,且侦查机关收集证据材料的能力也不容小视,故此,律师很难找到可以直接否定公诉方证据效力的证据材料。在此情况下,律师调查取证的突破口在于对公诉方关键证据提出合理怀疑,从而切断公诉方的证据链,以削弱公诉方证据的证明力。对此,2010年7月1日起实施的《最高人民法院、最高人民检察院、公安部、国家安全部、司法部关于办理刑事案件排除非法证据若干问题的规定》作出了具体规定，作为一名合格的刑事辩护律师应当掌握并熟练运用该法律规定。

在安某涉嫌绑架罪一案中，正如前文分析，公诉机关的关键证据在于周某的证言，而该证据的疑点则在于周某生活困难，哪里来的 8 万元钱为高某缴纳赎金？其缴纳金额究竟是多少？换言之，其证言的可信度的大小不得而知。鉴于此情况，律师开展了两方面工作，一是走访了周某的母亲、邻居，了解周某的家庭及经济状况。通过走访，毕律师发现，周某的家庭及经济状况状态如安某所言，没有固定收入，靠接一些临时伙计勉强维持生活；二是申请 A 区人民法院依法到周某的开户行中国工商银行对周某的存取款进行查询。经法院查到的情况表明周某在 2008 年 6 月 8 日从银行取走现金为 2 万元钱，其账户里还剩 5487.23 元。显然，这一组证据的取得，仿佛告诉律师"周某给了安某 8 万元"很可能是周某的谎言，这是对周某证言的合理怀疑。

（4）确定方向，选准角度。选准辩护的角度是律师从事刑辩业务成功的一个关键。经过之前的一系列准备，律师对整个案件的事实和适用法律有了深入了解，接下来就是如何针对公诉方指控的犯罪选择辩护角度。一般来说，辩护从案件事实方面、证据方面、法律适用方面三个角度来进行。

第一，案件事实角度的辩护。在这一种角度的辩护中，律师的工作是从正面讲述一个和公诉机关指控不一样的案件事实，以削弱甚至否定指控的事实，从而让法院作出有利于被告人的事实认定及判决。通常，案件事实辩护又包括事实是否符合犯罪构成要件、是否存在阻却违法性事由和是否存在从轻、减轻处罚的量刑情节三个方面。

第二，证据不足角度的辩护。根据《刑事诉讼法》第 195 条第 3 项的规定："证据不足，不能认定被告人有罪的，应当作出证据不足、指控的犯罪不能成立的无罪判决。"故此，律师可以对公诉机关的证据提出反驳，进行证据不足的辩护。律师在采用证据不足辩护的方式时，要将控方用来证明被告人犯罪的证据列明，分析证据与案件的关系，看控方的证据能否相互印证，经过组合后能否唯一地指向被告人犯罪。通常律师可以从"孤证"不能定案，排除不合法、不真实、与案件无关联的证据，证据不能构成证据链不能定案，证据不充分不能定案等方面展开辩护。

第三，法律适用角度的辩护。法院对被告人作出有罪判决要以事实为依据，以法律为准绳。当律师对控方所提出的事实认定没有异议，但基于这一事实，律师可以从被告人的行为是否构成犯罪，构成什么罪，其犯罪性质是什么，应如何定罪量刑等提出与公诉机关不同的辩护意见。具体而言，可以根据刑法罪刑法定的原则，要么论证被告人的行为只是违反行政法规的行政违法行为，并未达到犯罪，即从非罪方面辩护；要么论证尽管被告人的行为构成犯罪，但其行为不符合控方所指控的罪名，而可能符合另一个刑事责任较轻的罪名。

当然，以上三个辩护角度仅为理论上的分类，但实际辩护中，律师应当将三者综合运用，用证据支持事实，用法律衡量事实。

在安某涉嫌绑架罪一案中，律师针对证明检察院认定的事实及支持事实的证据中的疑点，会见被告人、走访周某母亲及邻居、申请人民法院调查取证后，对周某证言的真实性提出了合理质疑。于是，在征得被告人安某同意的情况下，律师决定根据《最高人民法院关于对为索取法律不予保护的债务非法拘禁他人行为如何定罪问题的解释》的规定，为安某作不构成绑架罪，而构成非法拘禁罪的罪轻辩护。

2. 庭审辩护

（1）开庭准备工作。在完成查阅分析卷宗、会见被告人、调查取证并选准了辩护角度后，律师接下来应当为开庭做准备，包括程序性的准备和出席法庭前的准备。其中，程序性的准备工作包括：①是否需要提出管辖权异议；②是否需要提出回避申请；③是否需要申请人民法院通知证人、鉴定人、勘验检查笔录制作人出庭；④开庭前向法院提交上述人的名单，注明身份、住址、通讯方式等情况；⑤是否需要延期开庭；⑥根据辩护角度组织材料，制作证据目录及说明并在开庭前 3 日提交到法院等内容。而出席法庭前的准备工作则包括：①准备出庭着装；②提前到达法庭；③布置辩护席、放置资料等内容。

这里需特别说明的是布置辩护席、放置材料的出席准备工作。在庭审辩护中，辩护席便是律师的办公桌，律师可以用来放置案卷材料、与本案相关法律法规汇编、可能引用的一些案例等材料。同时，辩护席的布置要整齐和有条理，便于翻阅查找资料。

（2）询问被告人。公诉人宣读起诉书后，进入法庭调查阶段。这时，法庭调查以询问被告人开始，先是公诉人讯问被告人，接着是辩护律师询问被告人，最后是审判人员讯问被告人。在庭审中，律师询问被告人的目的是让审判人员了解案情，并引导被告人重点突出自己无罪或者罪轻的情节。因此在法庭审理过程中询问被告人需要掌握一定的技巧。兹就询问内容与询问方法进行如下说明：

第一，律师法庭询问的内容。法庭询问的内容，就是辩护律师引导被告人向审判者传达的与正在审理的案件有关的信息。一方面，一个案件中所包含的信息是庞杂的；另一方面，律师在询问之前，公诉机关已对被告进行了询问，因此辩护律师在询问被告人之前要为案件确定一个辩护的主题，明确想让审判者了解的信息，再围绕辩护主题向被告人发问，引导被告人有目的的提供信息。一般情况下，应当结合公诉机关的询问，从补充性、强调性、否定性三个角度进行。补充性询问是指针对公诉人的讯问内容，对其遗漏或是忽略的，且对被告人有利的案件信息进行询问；强调性询问则是指尽管公诉机关在询问时对有关案件事实已经询问过被告人，但在该种案件事实对被告人的定罪量刑有着重要的作用时，律师再次从不同的角度对被告人进行询问，以提醒审判者注意；否定性询问是指为了向审判者明确表明态度并否认公诉机关的某一事实的一种询问。但无论询问被告人的方式如何，辩护律师的询问工作都建立在认真听取公诉人对被告人的讯问并及时进行总结的基础之上。

第二，律师法庭询问的方式。在确定询问内容后，辩护律师如何引导被告人以恰当的顺序，将案件信息转换成条理清晰、重点突出、符合确定的辩护主题的故事，这就需要对询问内容进行组织。一般而言，有两种询问的方式：①以时间顺序进行询问；②以犯罪的构成要件为基础进行询问。前一种方法的优点在于，辩护律师通过按时间推进的方向引导被告人讲述案件的整个过程，能使整个案件很清晰。但是这种方法的不足之处在于，无法突出辩护所涉及的重点。后一种方式，则建立在律师对案件中所有信息整合排序并筛选的基础之上，通过该种方法进行询问，能有效突出最能起到辩护作用的信息，使被告人讲述的故事具有逻辑上的说服力。在刑事辩护实践中，律师可视情况交替使用。同时，在询问被告人时，律师的提问应当简短并具有引导性。

在安某涉嫌绑架罪一案中，律师围绕着安某索要财物是否超出了赌债的范围对安某进行了询问。以下是询问的部分节录：

律师："被告人安某，你在和高某赌博过程中一共输给了高某多少人民币？"

安某："6.5 万元钱。"

律师："你向高某索要人民币多少钱？"

安某："也是 6.5 万元钱。"

律师："那这些钱你是怎么得到的？"

安某："6 月 8 日当晚，从高某身上搜走了 5000 元。剩余的是第二天周某送给我的。"

律师："周某是怎么把钱送给你的？"

安某："当时，我在 B 茶室等周某，大约下午 2 点左右，周某把钱给了我。"

律师："周某给了你多少钱？"

安某："6万元钱。"

律师："周某是一个人来送钱的吗？"

安某："是的。"

律师："被害人高某和其妻子当时在不在场？"

安某："没有。"

律师："那周某给你钱的时候，是不是只有你们两个人在场？"

安某："恩，就我们两个人。"

律师："那对'周某为高某缴纳赎金8万元'的事实，是不是真的？"

安某："不是。我只从周某手中拿了6万元钱。不信可以问周某。"

（3）对公诉方证据的质证，并提交辩护方证据。在对被告人的法庭询问结束后，法庭开始进行法庭举证和质证。公诉方证据是来讲述被告人犯罪故事的依据，这个故事的每一个情节，都应当由相应的证据来证明。而对于这个故事的每一个方面，辩护律师都有权质疑，指出部分证据因为某些法定原因而应该排除证据体系，从而使得这个故事无法或难以复原公诉方所指控犯罪事件。

第一，对证人证言的质证。由于在刑事案件的审判实践中，公诉方的证人几乎都不出庭作证，证人的出庭作证基本被公诉方取得的书面证词所替代，而这种书面证词基本上又都是指向被告人有罪或者符合公诉方指控的罪名，所以律师在法庭上对证人证言质证时，最好从证据的形式要件是否合法、证人证言与案件事实是否有关、是否与生活常识或者科学原理相矛盾、证人证言间是否矛盾、多个证人的证言是否相矛盾、证人证言与其他证据是否矛盾及证人证言是否是案件的孤证等方面进行质证。如在安某涉嫌绑架罪一案中，在认定安某索要数额时，有周某、高某之妻的证人证言，但是高某之妻的证人证言是从周某处获取的，因此除了周某的一份证人证言，若无其他直接证据可以证明安某索要的数额为8万元，则这份证据可以认定为"孤证"。若"孤证"的真实性得不到证明，也就不能作为认定安某涉嫌绑架罪的定案依据了。

第二，申请公诉方证人出庭作证。对于某些案件，证人不出庭作证对辩护质量有重要影响。此时，辩护律师就要向法庭申请证人出庭作证，通过询问证人来证实其书面证词不准确、不真实，不能作为定案依据。

下面以上文中安某涉嫌绑架罪为例，展示律师如何向出庭作证的公诉方证人周某发问，以揭示证人证言中的漏洞。以下是律师在庭审过程中对出庭证人周某质证的节录。

问："周某,高某是你给安某介绍认识的吗?"

答："是的。"

问："在案发当日,安某有没有给你打过电话,有没有说了什么?"

答："有。那天九点多吧安某给我打电话说高某出老千骗他的钱,要我去处理这件事情。我们商量先由我垫付,第二天我把钱给了安某,安某就把高某放了。"

问："你在给安某钱时,有没有人在场?"

答："没有,只有我们两个人。"

问："你给安某的钱是如何来的?"

答："是我自己的银行存款。"

问："全部是你从银行取的吗?"

答："是啊!"

问："当时你给了安某多少钱?"

答："8 万元。"

问："你的银行存款有 8 万元吗?"

答："有啊,是我这几年存下来的。"

问："可是根据我们申请法院调查取证得到的证据表明,你的银行存款最多时只有 22 981.90 元,请问你怎么解释?"

答："……"

律师对公诉方证人的询问表明,证人给安某的钱全部是他的银行存款,可是通过辩护律师调查取证得知,证人的银行账户里面的数额明显不足,同时也不能提出一个合理的解释,因此他的证言不足以让人信服。

第三,对被告人供述的质证。当被告人在庭审时翻供,律师就要查清当初被告人作有罪供述或者公诉方指控罪名的供述的原因,从而排除非法证据,还要切断其他证据与案件的联系,使被告人的供述成为孤证,为被告人争取有利的判决。

第四,对物证、书证的质证。在对公诉方提出的物证、书证进行质证时,从物证、书证是否是客观真实的,是否与本案有关,证据的取得程序是否合法,是否是孤证几个方面进行。

第五,对鉴定人及鉴定结论的质证。律师可以从鉴定人是否具备鉴定资格,鉴定人与被告人、被害人是否有利害关系,鉴定人是否受到外界干扰,鉴定结论形式是否合法、内容是否完整准确,鉴定结论与其他证据是否可以相互印证等方面对鉴定人及鉴定结论进行质证。

第六，对视听资料的质证。辩护律师要从视听资料的收集程序是否合法，内容是否与待证事项相关，视听资料是否真实，是否是孤证等方面对视听资料进行质证。

公诉方举证，由辩护律师质证结束后，轮到辩护律师提出证据，由公诉方质证。辩护方证据主要有证人证言、物证、书证、鉴定结论和视听资料等。

（4）法庭辩论。法庭辩论最能体现一个辩护律师的辩护能力，是刑事辩护胜败的关键，其建立在法庭调查和各方充分发表自己对整个犯罪事实、情节、每个证据的证明力等的意见的基础上。实践中，律师一是要识别法庭辩论的焦点；二是要合理组织辩论内容；三是合理运用各种辩护技巧。

第一，识别法庭辩论焦点。法庭辩论先由公诉方发表公诉意见，辩护律师要认真聆听，识别辩论的焦点。在聆听的过程中，就要识别出公诉方指控的薄弱之处，针对这些薄弱之处主动将辩论焦点提炼总结出来，据此反驳公诉方的指控，将辩论焦点以阐述辩护主题的方式表达出来，从而使得法庭的审理纳入辩护律师的轨道。

第二，组织法庭辩论内容。法庭辩论是一个论证的过程，辩护律师需要做的就是将辩论意见展示给审判者，使审判者相信并支持律师的观点。要完成这样的任务就要求律师在识别出法庭辩论焦点后，围绕着辩护主题组织法庭辩论内容。内容的组织需要将证据证明的案件事实和相关刑事法律规定按照一定逻辑顺序编排，在审判人员面前论述被告人无罪或者罪轻的理由。同时，在论证的过程中，无须对公诉方的每一个犯罪构成要素进行反驳，对很多案件事实也可以不理会，但与辩论焦点有关的事实一定不能忽略。

第三，运用恰当的辩论技巧。在庭审辩论中，律师应尽量做到脱稿，把话说好，要立即抓住整个法庭的注意力，传达案件的严重性或表现出对本案的真诚；控制语速，并吐字清晰，应做到口齿清楚，发音准确，音调和谐，快慢适度，力争达到声调上的抑扬顿挫，以提高论辩感染效果；善于入情入理，可以情感人却不能以言伤人，具体案件的辩论语言感情色彩，要有与案情相适应的基调。

3. 庭后辩护工作

庭审辩护结束了，律师的辩护工作并非完全结束，需要法院作出判决并生效后，刑事辩护才算告一段落。而在此期间，律师一般应当开展以下工作：

（1）撰写书面辩护意见。书面辩护意见，是辩护律师将在法庭审理过程中发表的意见进行汇编、总结和归纳后形成的书面材料。法院在办理刑事案件过程中很少当庭宣判，一般都由裁判者在庭后研究合议案件，为了避免时间间隔较长导致的裁判者对庭审记忆模糊，律师将自己在庭审中的发言整理成书面的意见提交给法庭有助于帮助裁判者恢复庭审记忆。律师在撰写辩护意见时需要根据其确定的辩护主题，论述对关键证据的质证意见，选取证据能够证明的案件事实，按辩护逻辑进行组织，对案件的大概情况进行介绍。

下面案例中的书面辩护意见，供读者参考：

邓某故意伤害案基本案情

被害人李某曾与被告人邓某系朋友关系。2009 年 8 月 28 日，被告人与其女友郝某经过鸡蛋山时，遇见被害人李某。在此期间，李某主动调戏被告人女友并出言破坏被告人和其女友的感情，从而致使被告人与被害人之间发生斗殴，被告人邓某将被害人李某砍伤。

邓某故意伤害案辩护意见书

审判长、审判员：

×××律师事务所受本案被告人邓某亲属之委托，并征得被告人本人的同意，指派我担任其一审审理阶段的辩护人。接受委托后，我仔细查阅了全部案件材料，并会见了被告人。现根据《中华人民共和国刑事诉讼法》第三十五条的规定，辩护人对公诉机关指控被告邓某犯故意伤害罪无异议，但认为在量刑上应当从轻、减轻处罚。现结合本案事实和相关法律规定发表如下辩护意见，敬请合议庭予以充分考虑并采纳：

一、本案系恋爱矛盾激化引发的犯罪且被害人对案件的发生存在过错，应酌情从宽处罚

被害人李某曾与被告人邓某系朋友关系。2009 年 8 月 28 日，被告人与其女友郝某经过鸡蛋山时，遇见被害人李某。在此期间，李某主动调戏被告人女友并出言破坏被告人和其女友的感情，从而致使被告人与被害人之间产生了矛盾。同时，根据郝某的证言及被告人的陈述，该矛盾产生后，李某还以电话的方式对被告人邓某进行辱骂，从而激化了矛盾才引发了本案的发生。关于此点，在法庭质证阶段，对公诉人宣读的本案发生原因有所陈述，且被害人没有异议。可见，本案系民间矛盾激化所引发的犯罪，且在整个案发过程中，被害人有不可推卸的责任。根据 2010 年 2 月 8 日最高人民法院制定的《关于贯彻执行宽严相济刑事政策的若干意见》的规定，对于因民间矛盾激化引发的犯罪及被害方存在过错的，应当酌情从宽处罚。

二、被告人对被害人提起的民事诉讼赔偿请求愿意尽力积极赔偿，有认罪、悔罪表现应酌情从宽量刑

刑法的目的在于预防犯罪，防止犯罪分子再次实施危害社会的行为，并非

在于对犯罪分子处罚。若犯罪人主观恶性小，积极承认错误并改正错误的话，则应当受到法律的宽大处理。本案中，被告人对其所犯故意伤害罪予以承认，并表示愿意尽力筹措资金对被害人所提起的民事诉讼赔偿请求进行赔偿。一方面，说明了被告人邓某具有认罪，悔罪表现；另一方面，说明了作为初犯的被告人，其主观恶性不大，人身危险性较小，通过相关方式对其进行教育，则将不致再次危害社会。故此，恳请法院对被告人酌情从宽量刑。

三、被告人具有自首情节应从轻、减轻处罚

（一）被告人具有自首情节

根据《最高人民法院关于处理自首和立功具体应用法律若干问题的解释》第一条之规定，自首是指犯罪以后自动投案，如实供述自己的罪行的情形。根据事实和法律规定，我认为被告人具有自首情节，理由如下：

1. 被告人邓某在犯罪后，于2010年5月17日到××县公安局派出所自动投案，并接受了讯问调查。根据法律规定，犯罪事实虽被发现，但犯罪嫌疑人尚未受到讯问、未被采取强制措施时，主动、直接向公安机关、人民检察院或者人民法院投案的，应当认定为自动投案。

2. 投案后，被告人积极配合××县公安局进行调查，在讯问过程中，如实交代自己的主要犯罪事实及其所知的同案犯信息，且并无翻供行为。

3. 在《起诉意见书》（×公刑诉字［2010］214号）中，××县公安局也认为被告具有自首情节。

（二）对被告人的处罚应当从轻、减轻处罚

根据《中华人民共和国刑法》及2010年2月8日最高人民法院制定的《关于贯彻执行宽严相济刑事政策的若干意见》的规定，"对于自首的被告人，除了罪行极其严重、主观恶性极深、人身危险性极大，或者恶意地利用自首规避法律制裁者以外，一般均应当依法从宽处罚。"通过前述分析，一方面，本案系民间矛盾激化引发的犯罪且被害人对案件的发生存在过错；另一方面，被告人系初犯，且认罪态度较好，愿意尽力积极地对被害人遭受的损害进行赔偿。根据《最高人民法院关于贯彻执行宽严相济刑事政策的若干意见》的相关规定，应当认定被告人系主观恶性较小，人身危害性不大的自首人。故此，对被告人的处罚应当从轻、减轻处罚。

综上所述，被告人邓某虽然构成了故意伤害罪，但其主观恶性较小，并非恣意引发该案。而且案发后，其又有自首情节，并积极配合公安机关调查，认真悔罪，态度诚恳，愿意尽全力积极赔偿受害人的损失。请法庭考虑以上所述特殊情况，秉承"罪责刑相适应"的原则，依法对被告人邓某从轻、减轻处罚，给其一个改过自新的机会。

此致
××县人民法院

　　　　　　　　　　　　　　　　　　　×××律师事务所
　　　　　　　　　　　　　　　　　　　律　师：×××
　　　　　　　　　　　　　　　　　　　××××年××月××日

　　（2）庭后其他工作。首先，庭审后律师应当再次阅卷。根据《最高人民法院、最高人民检察院、公安部、国家安全部、司法部、全国人大常委会法制工作委员会关于刑事诉讼法实施中若干问题的规定》第42条，检察院将把案件有关证据材料在休庭后3日内移交给法院。这些材料有些是辩护律师在庭审前没有看到的，律师也不知道这些证据材料是否有未在法庭上提交质证的；是否对被告人有利；证据之间是否有矛盾，这些矛盾是否无法排除。因此，休庭后辩护律师应该与法庭联系，若知道检察院已经将案件材料送到法院，辩护律师应该尽快到法院去查阅案卷。其次，在庭审后会见被告人。一方面，对被告人的心理也是一种抚慰；另一方面，若一审判决有罪，辩护律师应尽快到羁押场所与被告人会见，让被告人陈述对判决的意见，征求其是否上诉意见，并与被告人就上诉的范围和理由进行讨论。

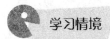 学习情境

　　【实训项目】
　　被告人李某、李某某、刘某等人经社保部门通过社会公开招聘的方式进入街道办事处的社区劳动保障站（原系"两保站"）工作，具体负责入户调查、申领、发放低保金工作。
　　2005年4月至2008年11月期间，被告人李某、李某某、刘某等人采取以他人名义虚报低保申请材料、虚构低保人信息，骗取低保证后冒领低保金的方式将低保金占为己有；李某、李某某、刘某等人还利用部分低保人员因转移户口、进入"社保"、超过"低保"标准等原因不符合继续领取低保金的机会，采取不向民政部门报停，而是继续造册虚报这部分人员的低保金并冒领的方式将低保金占为己有。在上述期间，李某与他人共谋参与占有低保金共计人民币126 283元，李某个人实际分得43 494元；李某某与他人共谋参与占有低保金共计人民币278 759元，李某某个人实际分得183 697元；刘某与他人共谋参

与占有低保金共计人民币 193 666 元，刘某个人实际分得 121 638 元。

案发后，被告人李某、李某某、刘某等人已全部退赔赃款。此外，在本案中，被告人李某具有立功情节（检举揭发他人犯罪事实并查证属实），被告人李某某具有自首情节（在尚未受到讯问、尚未被采取强制措施前主动投案）。

检察院以李某、李某某、刘某等人构成贪污罪向法院提起公诉。

根据上述案情，回答以下问题：

（1）假如你是本案被告人李某的辩护人，在刑事辩护中，如何分析案情，开展调查取证？

（2）针对检方所指控的李某、李某某、刘某的行为构成贪污罪，你可以从哪些角度进行辩护？

（3）为其草拟一份书面辩护意见。

思考与练习

1. 请简述刑事辩护策略的概念及主要特征？

2. 请简要分析刑事辩护中，三个阶段会见犯罪嫌疑人或被告人的区别与联系？

3. 请简述刑事辩护中如何分析诉讼文书？

4. 请简述在刑事辩护的审查起诉阶段，律师的主要辩护工作有哪些？

5. 请简述申请取保候审？

6. 请简述在审查起诉阶段如何撰写律师辩护意见？

7. 请简述在审判阶段如何询问证人？

8. 请简述在审判阶段如何发表辩护意见？

9. 请简要分析在刑事辩护中如何开展调查取证工作？

附：相关法律法条

《中华人民共和国刑法》

第二百三十八条 非法拘禁他人或者以其他方法非法剥夺他人人身自由的，处三年以下有期徒刑、拘役、管制或者剥夺政治权利。具有殴打、侮辱情节的，从重处罚。

犯前款罪，致人重伤的，处三年以上十年以下有期徒刑；致人死亡的，处十年以上有期徒刑。使用暴力致人伤残、死亡的，依照本法第二百三十四条、第二百三十二条的规定定罪处罚。

为索取债务非法扣押、拘禁他人的，依照前两款的规定处罚。

国家机关工作人员利用职权犯前三款罪的，依照前三款的规定从重处罚。

第二百三十九条　以勒索财物为目的绑架他人的，或者绑架他人作为人质的，处十年以上有期徒刑或者无期徒刑，并处罚金或者没收财产；情节较轻的，处五年以上十年以下有期徒刑，并处罚金。

犯前款罪，致使被绑架人死亡或者杀害被绑架人的，处死刑，并处没收财产。

以勒索财物为目的偷盗婴幼儿的，依照前两款的规定处罚。

《中华人民共和国刑事诉讼法》

第一百八十一条　人民法院对提起公诉的案件进行审查后，对于起诉书中有明确的指控犯罪事实的，应当决定开庭审判。

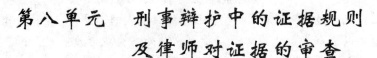
第八单元　刑事辩护中的证据规则及律师对证据的审查

学习目标：

- 掌握我国刑事证据原则和规则的法律规定，学会审查证据的基本方法。
- 培养学生运用证据规则进行有效的刑事辩护的能力。
- 培养学生的证据意识、程序正义意识和法治意识。

导入案例

2010 年 8 月 3 日，某县发生一起故意伤害案，被害人赵某左眼被打伤致残。犯罪嫌疑人李某被逮捕。公安机关经过侦查终结后移交检察院审查起诉。审查起诉阶段，王某聘请了律师高某为其辩护。律师会见了李某，李某称自己是正当防卫，是被害人殴打他，他还击才造成被害人伤害的，不承认犯罪，要求律师保护他的合法利益。

法律案件的处理，涉及两个问题：一个是事实问题，另一个是法律问题。从司法实践来看，法律职业者普遍认为事实问题是主要问题，法律问题通常是相对次要的问题。由于事实发生于过去，确定案件事实必然不得不靠证据来认定，没有证据，案件事实无法确定，法律案件的处理失去了基本的前提，因此，证据问题是处理案件的关键问题。在刑事辩护中，可以说"证据是刑事辩护的生命"。律师在辩护中做的主要工作，基本上是围绕着证据来进行的。律师在刑事辩护中证据方面的工作有两项：①收集有利于被告人的证据支持辩护主张；②审查控方提供的证据，找出其存在的问题，提出有利于被告人的质证意见。因此，律师进行辩护，必须了解证据知识，掌握证据规则，才能有效地运用证据规则进行辩护，完成辩护责任，最大限度地保护被告人的合法权益。

一、刑事辩护中的证据规则

（一）证据规则的含义和种类

1. 证据规则含义

法学界对证据规则有不同的理解。有人认为，"刑事证据规则是有关刑事证据的收集、运用、判断和确认等活动应遵行的法律规范"。[1]还有人认为，"证据规则就是指在收集证据、采用证据、核实证据、运用证据时必须遵循的一系列准则。换句话说，就是在诉讼中与证据有关的具有可操作性的程序性规则"。[2]综合来看，学者对证据规则的理解并没有实质分歧，都是指收集和运用证据的规范或准则。证据规则有广义和狭义两种含义。广义的是指在收集、审查、判断、运用证据时必须遵循的一系列准则。狭义的是指确认某一证据材料是否具备证据能力的法律规则。本单元是从广义上来理解的。

2. 与刑事辩护有关的证据规则的种类

证据规则可以从不同的角度进行分类。从刑事辩护的角度，以下证据规则最为重要：

（1）证据能力规则。即是否能作为定案证据的判断规则。它是证据资格方面的规则，只有具备证据能力，才能用来作为定案的证据。它由证据材料的客观性、关联性、合法性三个基本属性来决定。

（2）举证责任规则。即举证责任分配规则。负有举证责任的主体不能承担举证责任要承担败诉的后果。

（3）证明规则。即有关运用证据证明案件事实的规则。它包括证明对象、证明标准和判断证明力的规则。

（二）证据规则在刑事辩护中的价值

证据规则为刑事辩护提供了规则和方法，是刑事辩护的重要法律依据。证据规则在刑事辩护中的价值主要表现在两个方面：

（1）证据规则为律师举证提供了法律标准。律师在刑事辩护中拥有调查取证的权力，有权收集证据支持辩护主张，维护委托人的合法权益。律师收集证据必须依据证据规则来进行，收集的证据必须符合法律要求的形式，同时收集证据时必须遵守法律规定的程序。

（2）证据规则是律师审查控方证据，找出其证据缺陷，提出有利于辩护方意见的法律依据。刑辩律师可以运用证据规则在法庭上按照程序将攻击控方证据的瑕疵、打掉其证据的有效性作为辩护重点。可以挑战控方的单个证据，使其不具有证据准入资格；可以研究证据的规律，打掉控方证据的相关性、证明力、真实性、合法性。比如，办理死刑案件证据规定确立了有限的直接言词证据规则，规定了证人应当出庭作证的情形。那么，在办理死刑案件中，律师

---

〔1〕 王敏远："确立刑事证据规则的原则——现实原则"，载《证据学论坛》（第2卷），中国检察出版社2001年版，第15页。

〔2〕 刘善春等：《诉讼证据规则研究》，中国法制出版社2000年版，第5页。

就可以利用这一条从程序上保障被告人的权利，若控方没有做好证人出庭作证的工作，刑辩律师可攻击之、打掉其相关的证人证言的合法性。[1]

（三）我国的刑事证据规则立法

随着刑事证据立法的不断完善发展，我国已初步建立了刑事诉讼证据规则体系。我国当前的刑事证据规则立法有：

（1）《中华人民共和国刑事诉讼法》（以下简称《刑事诉讼法》）。该法于1979年7月1日第五届全国人民代表大会第二次会议通过，到目前为止，该法作了两次全面修订。1996年作了第一次全面修订。2012年3月14日，第十一届全国人大五次会议表决通过了《全国人民代表大会关于修改〈中华人民共和国刑事诉讼法〉的决定》，该决定将于2013年1月1日起施行，这是我国刑事诉讼法第二次全面修订。我国刑事诉讼法第一编总则部分设证据专章，专门用16条的内容对证据做了比较原则的规定，为证据的运用提供了基本准则。

（2）《最高人民法院、最高人民检察院、公安部、国家安全部、司法部、全国人常委会法制工作委员会关于刑事诉讼法实施中若干问题的规定》。该解释1998年1月19颁布施行，对证据专门规定了3条。

（3）《最高人民法院关于执行〈中华人民共和国刑事诉讼法〉若干问题的解释》。该解释1998年9月2日公布，1998年9月8日起施行，该司法解释对证据专门规定了11条。

另外，还包括上述法律和司法解释在具体规定审判程序中涉及证据的一些条文。

（4）2010年的两个证据规定。即《最高人民法院、最高人民检察院、公安部、国家安全部、司法部关于办理死刑案件审查判断证据若干问题的规定》和《关于办理刑事案件排除非法证据若干问题的规定》。两个证据规定于2010年6月13日正式公布，7月1日正式施行。这两个证据规定出台之前有关证据的规定，相对来讲，缺乏系统性和完整性，不能满足司法实践的需要。制度上的缺失助长了司法实践中的各种违法现象，影响到了刑事案件的公正处理。两个证据规定，是我国健全证据规则方面的飞跃性进步，是改革完善刑事证据制度的重大成就。证据规则是诉讼制度民主、法治程度的重要标志。"两个证据规定"体现了程序正义，凸显了程序价值。从适用范围来看，《关于办理刑事案件排除非法证据若干问题的规定》适用于所有刑事案件。两院三部关于印发两个《规定》的通知指出："办理其他刑事案件，参照《关于办理死刑案件

---

[1] 张青松、陈瑞华："面对两个'证据规定'：刑辩律师有何作为？"，载《法治周末》2010年7月1日。

审查判断证据若干问题的规定》执行。"这等于是说，在所有刑事案件中都要执行两个《规定》。2012 年新修订的《刑事诉讼法》，吸收了两个证据规定的基本内容，进一步完善了证据法律制度。现有的刑事证据立法虽然取得了很大的进步，但并没有建立起一个完善的证据规则体系，还存在很多不能适应实际需要的问题，许多配套的规定还没有，有待在将来的立法中得到不断的解决。

（四）我国刑事证据原则

1. 刑事证据原则的含义

刑事证据原则是指刑事证据规则之基础、本源的、稳定的、综合性的准则。证据原则是证据法律的重要构成要素，它是证据规则的立法基础，是运用证据的基本准则。从证据规则的广义理解来看，证据原则也属证据规则的内容。刑事证据原则是刑事证据理念的体现，是处理刑事案件必须遵守的基本准则，对刑事辩护具有方向性的指导价值。

2. 证据原则的内容

《关于办理死刑案件审查判断证据若干问题的规定》首次确立了刑事证据法的三项基本原则：证据裁判原则、程序法定原则、证据质证原则。

（1）证据裁判原则。证据裁判原则是指认定案件事实必须以证据为根据的原则。《关于办理死刑案件审查判断证据若干问题的规定》第 2 条规定："认定案件事实，必须以证据为根据"，第一次明文确立了证据裁判原则。证据裁判原则强调：

第一，认定案件事实，必须有证据。没有证据，不能认定案件事实。证据是认定案件事实的基本依据。

第二，定案的证据必须达到确实、充分的标准。这意味着即使有证据，但如果证据不能充分证明、不能使案件事实得到唯一合理的结论，也不能作为定案的根据。

第三，证据裁判原则有严格的程序规范，强调定案的证据经过庭审过程中控辩双方的举证、质证，由法官最终决定是否采纳。

证据裁判原则是当今世界普遍承认的一项证据法原则，甚至被视为证据制度的"帝王条款"。证据裁判原则是刑事诉讼当中的一个非常重要的、核心性原则。它与以事实为根据，以法律为准绳的原则是一致的，是这一原则的具体化。

（2）程序法定原则。程序法定原则是指有关主体应当严格遵守法定程序，全面、客观地收集、审查、核实和认定证据的原则。《关于办理死刑案件审查判断证据若干问题的规定》第 3 条规定："侦查人员、检察人员、审判人员应当严格遵守法定程序，全面、客观地收集、审查、核实和认定证据"。在刑事司法活动中强调证据的合法性就是这一原则的要求。它首先要求必须严格按照法定的程序和要求去收集和提取证据，既不能允许任何人在法律面前享有特权，也不能非法侵犯公民的人身权利和民主权利。国家的司法人员和执法人员绝不能滥用手中的权力非法提取证据，严禁刑讯逼供或采用威逼、引诱、欺骗等手段获取证人证言等证据。律师收集证据也必须严格遵守法定的程序。同时也强调了证据的审查、判断、运用必须符合法定程序。

（3）证据质证原则。证据质证原则是指证据应当在法庭上出示，并由控辩双方质证，否则不能成为定案证据的原则。《关于办理死刑案件审查判断证据若干问题的规定》第 4 条规定："经过当庭出示、辨认、质证等法庭调查程序查证属实的证据，才能作为定罪量刑的根据。"刑事质证是诉讼双方在案件庭审过程中通过采用辩论、质疑、说明、解释、咨询、辩驳等形式核实证据客观性、关联性和合法性的诉讼活动。质证是司法民主的体现，是查明案件事实的基本方法和途径。通过控辩双方的积极举证，对所有的证据材料进行辩论，并就事实与法律问题展开对话，有利于法官查明案件事实。质证让当事人充分参与到诉讼程序中来，对争议的事实和证据经过充分的论证，有助于形成对裁判结果的信任感，从而接受裁判结果。

（五）刑事辩护中的证据规则

1. 举证责任规则

刑事案件中，一般情况下由控方举证。《刑事诉讼法》第 49 条规定："公诉案件中被告人有罪的举证责任由人民检察院承担，自诉案件中被告人有罪的责任由自诉人承担。"控方未完成举证责任，法院不能定罪处罚。特殊情况下由被告人承担举证责任：即反诉被告人对反诉事实承担举证责任；巨额财产来源不明案中的被告人对财产来源的合法性承担举证责任。在刑事辩护中，律师举证是一种权利，而不是义务。在司法实践中，虽然法律规定控方要全面收集证据，但其往往倾向收集有罪证据，因此，为了保护被告人的合法权益，律师也应主动收集证据。

2. 证据能力规则

（1）客观性规则。客观性规则，即提交法庭的证据必须在内容和形式上都具有客观性，才能采纳为诉讼中的证据。不具备客观性的证据不得采纳的规则。[1]

从律师辩护的角度来说，律师可以指出某一控方证据不具有客观性，或者

---

〔1〕 何家弘："刑事证据的采纳标准和采信标准"，载《人民检察》2001 年第 10 期。

可靠性尚存在瑕疵和缺陷，否定其证据资格，来实现辩护目的。同时，律师在刑事辩护中不得伪造证据，否则要承担相应的法律责任。

（2）关联性证据规则。关联性是证据的基本属性。关联性即证据必须与案件事实有实质性联系并对案件事实有证明作用的属性。证据法专家乔恩·R·华尔兹称："如果所提出的证据对案件中的某个实质性争议问题具有证明性（有助于认定该问题），那它就具有相关性"。[1]关联性证据规则是指在控辩双方提交法庭的各种证据中，只有确实与案件事实存在关联性的证据才可以采纳为诉讼中的证据。不具备关联性的证据不得采纳的规则。[2]

证据与待证事实有关联，才具备证据能力。《关于办理死刑案件审查判断证据若干问题的规定》第6条要求对物证书证着重审查"物证、书证与案件事实有无关联。对现场遗留与犯罪有关的具备检验鉴定条件的血迹、指纹、毛发、体液等生物物证、痕迹、物品，是否通过DNA鉴定、指纹鉴定等鉴定方式与被害人的相应生物检材、生物特征、物品等作同一认定。"第23条规定，"鉴定意见与案件待证事实有无关联"，第27条规定关于视听资料的审查判断时，对于"内容与案件事实无关联性的"不能作为定案的证据等，都充分明确地体现了证据关联性规则。关联性的判断主要依靠逻辑和经验。律师应该收集与案件有关的证据材料。对控方证据可以从证据的关联性来否定其证据能力。

（3）合法性规则。合法性是能否作为定案证据的基本要求之一。合法性规则，即提交法庭的证据必须在获取证据的主体、证据形式以及收集提取证据的程序和手段等方面都符合法律的有关规定的规则。证据应具有合法性是法治的要求，是保护公民权利的要求，同时也是保障办案质量的需要。

（4）非法证据排除规则。非法证据排除规则是合法性规则的补充规则。并非所有的非法证据都会被排除。我国刑事证据立法确立了与我国当前实际较为适应的非法证据排除规则。非法证据排除规则，即对某些不合法证据依法排除，不能作为定案根据的规则。非法证据排除规则的立法原因主要是考虑了法治的要求，同时也是保障案件质量，实现程序正义，增强案件处理结果的可接受性的需要。非法证据排除是一种程序性制裁。律师在辩护中可以指出应该排除的非法证据，来否定控方的证据体系。

1996年修订的《刑事诉讼法》对非法证据在刑事诉讼中的可采性问题，没有作出规定。1996年刑事诉讼法修改完成之后，最高人民法院、最高人民

〔1〕　林顿编著：《世纪审判》，吉林人民出版社1996年版，第99页。
〔2〕　何家弘："刑事证据的采纳标准和采信标准"，载《人民检察》2001年第10期。

检察院相继发布了有关实施刑事诉讼法的司法解释，公安部也发布了有关的解释。这些刑事诉讼法相关的司法解释中仅对非法言词证据作出了原则性的规定，《最高人民法院关于执行〈中华人民共和国刑事诉讼法〉若干问题的解释》第61条规定："凡经查证确实属于采用刑讯逼供或者威胁、引诱、欺骗等方法取得证人证言、被害人陈述、被告人供述，不能作为定案的根据。"《人民检察院刑事诉讼规则》第265条规定："严禁以非法的方法收集证据。以刑讯逼供、威胁、引诱、欺骗等非法的方法收集的犯罪嫌疑人供述、被害人陈述、证人证言，不能作为指控犯罪的根据。人民检察院审查起诉部门在审查中发现侦查人员以非法方法收集犯罪嫌疑人供述、被害人陈述、证人证言的，应当提出纠正意见，同时应当要求侦查机关另行指派侦查人员重新调查取证，必要时人民检察院也可以自行调查取证。侦查机关未另行指派侦查人员重新调查取证的，可以依法退回侦查机关补充侦查。"《公安机关办理刑事案件程序规定》仅规定了公安机关应依法取证，严禁刑讯逼供和以威胁、引诱、欺骗或者其他非法方法收集证据，对于非法证据的效力没有涉及。从立法文本上可以看出，公检法三机关之间的解释仅规定了有限的非法言词证据排除规则。《关于办理刑事案件排除非法证据若干问题的规定》明确规定了非法证据排除规则的适用范围、法律后果、启动程序、证明标准、调查程序、救济方式。《关于办理死刑案件审查判断证据若干问题的规定》中对各种证据的取证、审查、判断做出非常详细、具体规定，有关证据排除的情形有20多种。2012年新修订的《刑事诉讼法》比较完整地确立了非法证据排除规则。

非法证据的含义和范围。非法证据是指在获取证据过程中的手段、程序，或者说证据呈现出来的表现形式是违反法律的证据。依法需要排除的非法证据包括非法言词证据和实物证据。非法言词证据既包含了在程序上的违法，如侦查人员违反规定单人取证；也包含了实质性的违法，如刑讯逼供。

非法证据排除适用的刑事诉讼阶段。非法证据排除适用于侦查、审查起诉、审判阶段。《刑事诉讼法》第54条规定，在侦查、审查起诉、审判阶段，发现有应当排除的证据的，应当依法予以排除，不得作为起诉意见、起诉决定和判决的依据。

非法证据有三种排除的法律后果：

第一，绝对排除。根据《刑事诉讼法》第54条的规定，绝对排除的非法证据有两种：一是采用刑讯逼供等非法方法收集的犯罪嫌疑人、被告人供述；二是采用暴力、威胁等非法方法收集的证人证言、被害人陈述。这些非法言词证据依法必须排除，即使它是真实的、可靠的，也不能作为定案根据，没有任何的自由裁量余地。之所以这样规定，是因为，用这样的方式获得言词证据，侵犯了公民的人身权利，损害公民的人格和尊严，同时也极易造成证据内容的失实。

第二，相对排除。相对排除的非法证据指的是不符合法定程序收集的物证、书证。根据《刑事诉讼法》第 54 条的规定，这种非法证据，只有在可能严重影响司法公正，不能补正或者作出合理解释的情况下，才应当排除。至于是否是可能严重影响司法公正，公安司法机关有自由裁量权。

第三，可补正的非法证据。即一些技术性的违法证据，可以责令办案人员去补正。对于程序违法取得的言词证据，实践中一般均应补正、完善。一般在补正后可不予排除，因为这种违法取证并未伤及公民的基本权利，只是手续上的问题。

审判阶段非法证据中证据合法性的举证责任。根据《刑事诉讼法》第 57 条第 1 款规定："在对证据收集的合法性进行法庭调查的过程中，人民检察院应当对证据收集的合法性加以证明。"这一规定把排除非法证据的证明责任，明确由控方承担。在控方不举证，或者已提供的证据不够确实、充分的情况下，则应当承担不能以该证据证明指控的犯罪事实的法律后果和责任。特别规定了公诉人应当提供原始的讯问过程录音录像和讯问人员出庭作证的制度；规定了控方承担举证责任的证明标准，即证据确实充分。

审判阶段排除非法证据的程序。我国《刑事诉讼法》规定了审判阶段排除非法证据的基本程序。该程序包括：①启动。审判阶段非法证据的排除，当事人及其辩护人、诉讼代理人有权申请启动。申请可用口头和书面两种方式。申请可以在开庭中，也可以在开庭后提出。当事人及其辩护人、诉讼代理人提出申请时，应提供相关线索或者材料。②法庭审查并进行法庭调查。根据《刑事诉讼法》第 56 条规定，在法庭审理过程中，审判人员认为可能存在本法第 54 条规定的以非法方法收集证据情形的，应当对证据收集的合法性进行法庭调查。③举证。根据《刑事诉讼法》第 57 条的规定，在对证据收集的合法性进行法庭调查的过程中，人民检察院应当对证据收集的合法性加以证明。现有证据材料不能证明证据收集的合法性的，人民检察院可以提请人民法院通知有关侦查人员或者其他人员出庭说明情况；人民法院可以通知有关侦查人员或者其他人员出庭说明情况。有关侦查人员或者其他人员也可以要求出庭说明情况。经人民法院通知，有关人员应当出庭。④法庭审理排除程序。经过申请、法庭调查，控方举证，控辩双方质证，法庭确认或者不能排除存在以非法方法收集证据情形的，对有关证据应当予以排除。

开庭前听取非法证据排除意见。《刑事诉讼法》第 182 条规定，在开庭前，审判人员可以召集公诉人、当事人和辩护人、诉讼代理人，对非法证据排除问题，了解情况，听取意见。

（5）意见规则。意见规则要求证人作证只能陈述自己体验的过去事实，而不能将自己的判断意见和推测作为证言的内容。《关于办理死刑案件审查判断证据若干问题的规定》第12条第3款规定："证人的猜测性、评论性、推断性的证言，不能作为证据使用，但根据一般生活经验判断符合事实的除外。"该条款在操作层面剥夺了其证据资格，并置于排除的范围之中，这将促使证人证言更加科学化、规范化。意见规则确立的理由是：一是证人的责任在于提供事实而不是作出判断，判断是法官的责任；二是证人的意见和推测并非证人体验的事实，证人可能会因提供有偏见的推测意见而影响法官客观公正地认定案件事实。这一规则有利于规范证人如实提供他们所感知的案件事实，以避免将自己主观的推断、评论、猜测、估计、假设、想象作为证言适用，从而对案件事实作出错误的判断。

律师如何运用意见规则？首先，收集证人证言时，注意排除意见证据。其次，审查控方证据，是否有这一情况，从而决定是否提出排除意见。最后，注意有例外。《关于办理死刑案件审查判断证据若干问题的规定》第12条第3款规定："证人的猜测性、评论性、推断性的证言，不能作为证据使用，但根据一般生活经验判断符合事实的除外。"根据一般生活经验判断符合事实的情况没有必要排除在证据之外。

（6）最佳证据规则。我国在1998年9月2日颁布的《最高人民法院关于执行〈中华人民共和国刑事诉讼法〉若干问题的解释》中确立了最佳证据规则。第53条规定："收集、调取的书证应当是原件，只有在取得原件确有困难时，才可以是副本或复制件。收集、调取的物证应当是原物，只有原物不便搬运、不易保存或者依法应当返还被害人时，才可以拍摄足以反映原物外形或者内容的照片、录像。"《关于办理死刑案件审查判断证据若干问题的规定》第8条规定，"据以定案的物证应当是原物。……原物的照片、录像或者复制品，不能反映原物外形和特征的，不能作为定案的依据。"还规定："据以定案的书证应当是原件。只有在取得原件确有困难时，才可以使用副本或者复制件。书证的副本、复制件，经与原件核实无误或者经鉴定证明为真实的，或者以其他方式确能证明其真实的，可以作为定案的根据。书证有更改或者更改迹象不能作出合理解释的，书证的副本、复制件不能反映书证原件及其内容的，不能作为定案的根据。"第9条规定："不能证明物证、书证来源的，不能作为定案的根据。"把原始证据优先规则引入刑事诉讼，其目的在于促使侦查机关更加努力地收集具有真实性的原始证据，从而更准确及时地查明案件事实，实现实体正义。

律师在刑事辩护中运用这一规则应注意两点：首先，收集证据，应尽量收集原物、原件；其次，指出控方证据这方面的缺陷，否定有关证据材料的证据能力。

（7）有限的直接言词证据规则。我国刑事诉讼法确定了有限的直接言词证据规则。根据《刑事诉讼法》第 187 条第 1、3 款的规定，公诉人、当事人或者辩护人、诉讼代理人对证人证言有异议，且该证人证言对案件定罪量刑有重大影响，人民法院认为证人有必要出庭作证的，证人应当出庭作证。公诉人、当事人或者辩护人、诉讼代理人对鉴定意见有异议，人民法院认为鉴定人有必要出庭的，鉴定人应当出庭作证。经人民法院通知，鉴定人拒不出庭作证的，鉴定意见不得作为定案的根据。证人、鉴定人不出庭，无法对证人证言和鉴定意见通过询问来核实，难以确定其证据能力。这一规则完全符合我国当前的实际情况，也解决了实际存在的问题。从实体上说有利于保障正确认定案件事实，从程序上说更有利于保障当事人的质证权。律师在运用有限的直接言词证据规则时，对必须出庭的证人，律师可以申请出庭；对未出庭作证证人的书面证言，结合其他证据综合判断，提出疑问；对未出庭作证证人的书面证言出现矛盾，不能排除矛盾且无证据印证的，提出其不能作为定案的根据的意见。对于鉴定意见，律师可以提出异议促使鉴定人出庭，对经人民法院通知，鉴定人拒不出庭作证的，强调鉴定意见不得作为定案的根据。

3. 证明规则

（1）证明对象规则。证明对象规则，即证明对象的确定规则。凡是影响定罪量刑的事实都需要证明。办案机关处理刑事案件，最终要落脚到定罪量刑，因此有关定罪量刑的事实都需要证明。律师收集、审查、判断证据要围绕着证明对象来进行。

（2）证明标准规则。证明标准，是指运用证据证明案件事实所应达到的程度。[1] 长期以来，证明标准在立法上和司法实践中都未明确。2012 新修订的《刑事诉讼法》第 53 条的明确规定了证明标准是证据确实、充分，具体要求是：①定罪量刑的事实都有证据证明；②据以定案的证据均经法定程序查证属实；③综合全案证据，对所认定事实已排除合理怀疑。

《关于办理死刑案件审查判断证据若干问题的规定》第 5 条同时规定，办理死刑案件，对于以下事实的证明必须达到证据确实、充分：①被指控的犯罪事实的发生；②被告人实施了犯罪行为与被告人实施犯罪行为的时间、地点、

---

[1] 何家弘："刑事证据的采纳标准和采信标准"，载《人民检察》2010 年第 10 期。

手段、后果以及其他情节；③影响被告人定罪的身份情况；④被告人有刑事责任能力；⑤被告人的罪过；⑥是否共同犯罪及被告人在共同犯罪中的地位、作用；⑦对被告人从重处罚的事实。

（3）证明力规则。证明力通俗的说就是整个证据能证明什么。与刑事辩护相关的证明力规则有以下两个：

第一，孤证规则。即孤证不能作为具有客观性的证据的规则。孤证是指对案件事实有一定证明作用的单个证据或单类证据，如只有被告人供述或只有被害人陈述。有些案件，虽然有多份同类证据证明，但在无其他证据佐证的情况下，这些同类证据仍属孤证，一般也不应定案，如多名证人证明被告人实施某种危险犯罪，由于该危害后果尚未发生，被告人又拒不供述，且无其他证据佐证，就不能以被告人实施了该危险行为而对被告人定罪处罚。孤证不能作为定案根据，其原因是：首先，任何证据都不能证明其自身是正确的、可靠的。其次，采信孤立的证据非常危险。尤其是孤立的言词证据，一旦提供证据的人推翻原来的陈述，孤证就会变成两份自相矛盾的陈述。另外同出一源的传来证据均为孤证。同出一源的传来证据，其信息内容都来源于同一份原始证据，而并没有其他独立的信息源。这些传来证据最多能证明原始证据曾经存在过，而且曾经传播和转述，但不能证明原始证据的内容是真实可靠的。[1]

第二，限制口供证明力规则。是指禁止以被告人口供作为定案唯一依据而必须有其他证据予以补强的证据规则。我国《刑事诉讼法》第 53 条规定，"只有被告人供述，没有其他证据的，不能认定被告人有罪和处以刑罚"。《关于办理死刑案件审查判断证据若干问题的规定》第 22 条规定："对被告人供述和辩解的审查，应当结合控辩双方提供的所有证据以及被告人本人的全部供述和辩解进行。""被告人庭前供述一致，庭审中翻供，但被告人不能合理说明翻供理由或者其辩解与全案证据相矛盾，而庭前供述与其他证据能够互相印证的，可以采信被告人庭前供述。""被告人庭前供述和辩解出现反复，但庭审中供认的，且庭审中的供述与其他证据能够印证的，可以采信庭审中的供述；被告人庭前供述和辩解出现反复，庭审中不供认，且无其他证据与庭前供述印证的，不能采信庭前供述。"这些规定明确了要按照补强证据的要求，不能只靠口供定案，所有的口供必须与其他证据相印证，用其他证据加以补充和强化，才能认定案件事实。这一规则的确立理由主要是：一是有利于防止偏重口供的倾向。二是可以担保口供的真实性，避免以虚假供述导致误判。

〔1〕 陈瑞华："刑事辩护的证据辩"，载 http：//blog.sina.com.cn/s/blog_ 5cf0af770100b7qv.html.

4. 质证规则

质证是指在庭审过程中控辩双方对诉讼证据以说明、反驳、交叉询问等形式进行质询，以确认证据证明力的诉讼活动。在刑事辩护中，主要用到的质证规则是反对诱导性询问规则。诱导性询问，是指询问者的询问强烈地暗示按提问者的意思作出回答。如伤害案件中，辩护律师问被告："你根本没有动那把刀，这是不是事实？"这是典型的可能产生误导的诱导性提问，又如询问证人："你是否干了……"这是貌似中性的诱导性询问。在法庭上，由于法庭的特殊环境，证据调查中可能使用的主要的不合法、不适当的调查方法是明确表明询问人意向，并具有诱导性的询问方法。由于这类问题不仅不符合法律的要求，而且可能损害证据调查的客观性，因此在我国刑事诉讼中也应当确立规则明确禁止。

5. 认证规则

律师虽不是认证主体，但了解法院的认证规则，有助于律师更好地运用证据，为委托人服务。

（1）定案证据必须经过法庭查证属实的规则。我国《刑事诉讼法》第42条第2款规定，"以上证据必须经过查证属实，才能作为定案的根据"。《最高人民法院关于执行〈中华人民共和国刑事诉讼法〉若干问题的解释》第58条进一步明确，"证据必须经过当庭出示、辨认、质证等法庭调查程序查证属实，否则不能作为定案的根据。"这就明确了，未经法庭程序查证属实的证据，即使本身是客观真实的，也不能作为定案的依据使用。律师在刑事辩护中应向法庭提交所有有利于被告人的证据。在二审辩护中对于一审法院用来认定案件事实的证据要审查是否经法庭调查查证属实。

（2）人民法院证据综合认定规则。证据的综合认定对于人民法院正确认定案件事实，进而依法对被告人进行定罪量刑起着非常重要的作用。人民法院证据综合认定规则有：

第一，依靠间接证据定案的规则。《关于办理死刑案件审查判断证据若干问题的规定》第33条对如何依靠间接证据定案作了具体规定。司法实践中，部分刑事案件因为各种原因没有收集到或者无法收集到直接证据，但如果全案间接证据符合本条所列要求，可以认定被告人有罪，甚至判处被告人死刑，当然需要格外慎重。本条内容在证据理论及司法实践中已被熟知和运用，但之前的法律及司法解释均未明确予以规定。该规则要求：据以定案的间接证据已经查证属实；据以定案的间接证据之间相互印证，不存在无法排除的矛盾和无法解释的疑问；据以定案的间接证据已经形成完整的证明体系；依据间接证据认定的案件事实，结论是唯一的，足以排除一切合理怀疑；运用间接证据进行的推理符合逻辑和经验判断。

第二，调查核实存疑证据的程序规则。《刑事诉讼法》第 191 条规定了合议庭对证据有疑问的可以庭外调查核实。《关于办理死刑案件审查判断证据若干问题的规定》第 38 条对庭外调查核实证据的程序作了具体规定，并对如何运用庭外调查取得的证据作了明确规定。例如，对于被告人有立功、自首情节的证据，往往是检察机关、辩护人补充和法庭庭外调查核实取得的，对这部分开庭以后出现的个别证据，法庭可以通过变通的方式，即庭外征求意见的方式予以审查，在双方意见不一致时，则应开庭审理。这样规定，可以节省司法资源，提高诉讼效率。

二、刑事辩护中律师对证据的审查

（一）审查的目的

在刑事辩护中，律师对证据的审查包括两个方面：对控方证据的审查和辩方证据的审查。由于律师在现有的法律环境之下收集证据存在的很大的困难和风险，证据审查主要是针对控方的证据。

律师审查证据，是为了实现正确、有效地运用证据为辩护服务的目的。一方面，律师通过审查控方以及其他有关方面的证据，发现问题，从证据能力、证明力以及证明标准等方面提出质疑性的，甚至否定性的意见；另一方面，通过审查自己收集、调取的证据，确认没有问题或至少没有为控方或法官能够发现的明显问题后向法庭举证，以支持自己的辩护观点。

（二）审查的方式

刑事辩护中律师对证据的审查方式主要是两种：①单个证据的审查。即对每一个证据材料进行逐一审查，对案件证据审查，一般从单个证据着手进行，即对公诉机关提供的每个证据逐一进行审查，以判断其证据能力和证明力。②证据的综合审查。即联系其他证据进行审查，审查其是否能够相互印证，判断其有无矛盾，是否符合法定的证明标准。

（三）单个证据的审查方法

根据审查方式的不同，审查的方法有单个证据的审查方法和证据的综合审查方法两种。刑事辩护中律师对单个证据的审查，应围绕证据的客观性、关联性、合法性进行审查，审查证据的证据能力与证明力，指出控方证据的证明力和应该排除的证据，提交适格的证据，从证据角度进行辩护，从而实现辩护目的。《关于办理死刑案件审查判断证据若干问题的规定》对各类证据的审查、认定作了规定，为律师审查证据提供了具体的规则和方法。

1. 物证、书证的审查

（1）要把握和审查重点审查的内容。《关于办理死刑案件审查判断证据若干问题的规定》第6条对重点审查的内容作了规定。对物证、书证应当着重审查以下内容：

第一，物证、书证的来源、形式、制作过程。物证、书证是否为原物、原件，物证的照片、录像或者复制品及书证的副本、复制件与原物、原件是否相符；物证、书证是否经过辨认、鉴定；物证的照片、录像或者复制品和书证的副本、复制件是否由二人以上制作，有无制作人关于制作过程及原件、原物存放于何处的文字说明及签名。

第二，物证、书证的收集程序、方式。物证、书证的收集程序、方式是否符合法律及有关规定；经勘验、检查、搜查提取、扣押的物证、书证，是否附有相关笔录或者清单；笔录或者清单是否有侦查人员、物品持有人、见证人签名，没有物品持有人签名的，是否注明原因；对物品的特征、数量、质量、名称等注明是否清楚。

第三，物证、书证在收集、保管及鉴定过程中是否受到破坏或者改变。

第四，审查物证、书证的关联性。审查物证、书证与案件事实有无关联。对现场遗留与犯罪有关的具备检验鉴定条件的血迹、指纹、毛发、体液等生物物证、痕迹、物品，是否通过DNA鉴定、指纹鉴定等鉴定方式与被告人或者被害人的相应生物检材、生物特征、物品等作同一认定。

（2）审查后，根据证据规则提出相应的辩护意见，对自己收集的证据进行完善。应注意：

第一，根据最优证据规则运用证据。律师应尽量收集原物、原件。只有在原物不便搬运、不易保存或者依法应当由有关部门保管、处理或者依法应当返还时，才可以拍摄或者制作足以反映原物外形或者内容的照片、录像或者复制品。只有在取得原件确有困难时，才可以使用副本或者复制件。在辩护中应指出物证、书证的问题，排除相应的证据。物证的照片、录像或者复制品，经与原物核实无误或者经鉴定证明为真实的，或者以其他方式确能证明其真实的，可以作为定案的根据。原物的照片、录像或者复制品，不能反映原物的外形和特征的，不能作为定案的根据。书证的副本、复制件，经与原件核实无误或者经鉴定证明为真实的，或者以其他方式确能证明其真实的，可以作为定案的根据。书证有更改或者更改迹象不能作出合理解释的，书证的副本、复制件不能反映书证原件及其内容的，不能作为定案的根据。

第二，指出非法物证、书证，根据具体情况，提出排除意见。对于经勘验、检查、搜查提取、扣押的物证、书证，未附有勘验、检查笔录，搜查笔录，提取笔录，扣押清单，不能证明物证、书证来源的，不能作为定案的根据。对于下列瑕疵证据不能补正或对物证、书证的来源及收集过程有疑问，不能作出合理解释的不能作为定案的根据：①收集调取的物证、书证，在勘验、检查笔录，搜查笔录，提取笔录，扣押清单上没有侦查人员、物品持有人、见证人签名或者物品特征、数量、质量、名称等注明不详的；②收集调取物证照片、录像或者复制品，书证的副本、复制件未注明与原件核对无异，无复制时间、无被收集、调取人（单位）签名（盖章）的；③物证照片、录像或者复制品，书证的副本、复制件没有制作人关于制作过程及原物、原件存放于何处的说明或者说明中无签名的；④物证、书证的收集程序、方式存在其他瑕疵的。

2. 证人证言的审查

（1）重点审查的内容。《关于办理死刑案件审查判断证据若干问题的规定》第11条作了具体的规定。对证人证言应当着重审查以下内容：①证人证言的来源。证言的内容是否为证人直接感知。②证人作证时的年龄、认知水平、记忆能力和表达能力，生理上和精神上的状态是否影响作证。③证人与案件当事人、案件处理结果有无利害关系。④审查证人证言的取得程序、方法是否符合法律规定。有无使用暴力、威胁、引诱、欺骗以及其他非法手段取证的情形；有无违反询问证人应当个别进行的规定；笔录是否经证人核对确认并签名（盖章）、捺指印；询问未成年证人，是否通知了其法定代理人到场，其法定代理人是否在场等。⑤证人证言之间以及与其他证据之间能否相互印证，有无矛盾。

（2）审查后的运用。根据意见证据规则证人的猜测性、评论性、推断性的证言，不能作为证据使用，但根据一般生活经验判断符合事实的除外。

根据《关于办理死刑案件审查判断证据若干问题的规定》第12、13条的规定，以下非法证据不能作为定案的根据：①以暴力、威胁等非法手段取得的证人证言；②处于明显醉酒、麻醉品中毒或者精神药物麻醉状态，以致不能正确表达的证人所提供的证言；③询问证人没有个别进行而取得的证言；④没有经证人核对确认并签名（盖章）、捺指印的书面证言；⑤询问聋哑人或者不通晓当地通用语言、文字的少数民族人员、外国人，应当提供翻译而未提供的；

根据《关于办理死刑案件审查判断证据若干问题的规定》第14条的规定，证人证言的收集程序和方式有下列瑕疵，不能通过有关办案人员的补正或者作出合理解释的，不可以采用：①没有填写询问人、记录人、法定代理人姓名或者询问的起止时间、地点的；②询问证人的地点不符合规定的；③询问笔录没有记录告知证人应当如实提供证言和有意作伪证或者隐匿罪证要负法律责任内容的；④询问笔录反映出在同一时间段内，同一询问人员询问不同证人的；⑤根据有限的直接言词证据规则，确定证人证言的证据能力。

3.被害人陈述审查

被害人陈述审查方法与证人证言相似。《关于办理死刑案件审查判断证据若干问题的规定》第 17 条规定，对被害人陈述的审查与认定适用前述关于证人证言的有关规定。当然，对被害人的陈述注意审查其是否有夸大的成分。

4.被告人供述和辩解的审查

（1）审查的内容。《关于办理死刑案件审查判断证据若干问题的规定》第 18 条的规定，对被告人供述和辩解应当着重审查以下内容：①讯问的时间、地点、讯问人的身份等是否符合法律及有关规定，讯问被告人的侦查人员是否不少于二人，讯问被告人是否个别进行等；②讯问笔录的制作、修改是否符合法律及有关规定，讯问笔录是否注明讯问的起止时间和讯问地点，首次讯问时是否告知被告人申请回避、聘请律师等诉讼权利，被告人是否核对确认并签名（盖章）、捺指印，是否有不少于二人的讯问人签名等；③讯问聋哑人、少数民族人员、外国人时是否提供了通晓聋、哑手势的人员或者翻译人员，讯问未成年同案犯时，是否通知了其法定代理人到场，其法定代理人是否在场；④被告人的供述有无以刑讯逼供等非法手段获取的情形，必要时可以调取被告人进出看守所的健康检查记录、笔录；⑤被告人的供述是否前后一致，有无反复以及出现反复的原因；被告人的所有供述和辩解是否均已收集入卷；应当入卷的供述和辩解没有入卷的，是否出具了相关说明；⑥被告人的辩解内容是否符合案情和常理，有无矛盾；⑦被告人的供述和辩解与同案犯的供述和辩解以及其他证据能否相互印证，有无矛盾。

对于上述内容，侦查机关随案移送有录音录像资料的，应当结合相关录音录像资料进行审查。

（2）根据非法证据排除规则，提出相应的排除意见。首先，关于非法言词证据的排除。根据《关于办理死刑案件审查判断证据若干问题的规定》第 19、20 条的规定，以下被告人供述应绝对排除：①采用刑讯逼供等非法手段取得的被告人供述；②讯问笔录没有经被告人核对确认并签名（盖章）、捺指印的；③讯问聋哑人、不通晓当地通用语言、文字的人员时，应当提供通晓聋、哑手势的人员或者翻译人员而未提供的。其次，关于瑕疵口供排除。根据《关于办理死刑案件审查判断证据若干问题的规定》第 21 条，讯问笔录有下列瑕疵，不能通过有关办案人员的补正或者作出合理解释的，不可以采用：①笔录填写的讯问时间、讯问人、记录人、法定代理人等有误或者存在矛盾的；②讯问人没有签名的；③首次讯问笔录没有记录告知被讯问人诉讼权利内容的。

（3）口供补强。根据口供能不能与其他证据相印证，确定口供的证明力，提出辩护意见。

5. 鉴定意见的审查

鉴定意见是一种非常可靠的证据,但是鉴定意见由于是鉴定人作出的,受主客观因素的影响,实践中鉴定意见出错的案子也不少,所以有关鉴定意见证据的审查问题也是非常重要的。

(1) 审查的内容。根据《关于办理死刑案件审查判断证据若干问题的规定》第23条的规定,对鉴定意见应当着重审查:鉴定人是否存在应当回避而未回避的情形;鉴定机构和鉴定人是否具有合法的资质;鉴定程序是否符合法律及有关规定;检材的来源、取得、保管、送检是否符合法律及有关规定,与相关提取笔录、扣押物品清单等记载的内容是否相符,检材是否充足、可靠;鉴定的程序、方法、分析过程是否符合本专业的检验鉴定规程和技术方法要求;鉴定意见的形式要件是否完备,是否注明提起鉴定的事由、鉴定委托人、鉴定机构、鉴定要求、鉴定过程、检验方法、鉴定文书的日期等相关内容,是否由鉴定机构加盖鉴定专用章并由鉴定人签名盖章;鉴定意见是否明确;鉴定意见与案件待证事实有无关联;鉴定意见与其他证据之间是否有矛盾,鉴定意见与检验笔录及相关照片是否有矛盾。

(2) 审查后,作出相应的处理。首先,指出非法证据和不合格证据材料,提出排除意见。根据《关于办理死刑案件审查判断证据若干问题的规定》第24条的规定,对下列鉴定意见,提出不能作为定案的根据排除意见:①鉴定机构不具备法定的资格和条件,或者鉴定事项超出本鉴定机构项目范围或者鉴定能力的;②鉴定人不具备法定的资格和条件、鉴定人不具有相关专业技术或者职称、鉴定人违反回避规定的;③鉴定程序、方法有错误的;④鉴定意见与证明对象没有关联的;⑤鉴定对象与送检材料、样本不一致的;⑥送检材料、样本来源不明或者确实被污染且不具备鉴定条件的;⑦违反有关鉴定特定标准的;⑧鉴定文书缺少签名、盖章的;⑨其他违反有关规定的情形。其次,针对鉴定意见提出疑问。申请鉴定人出庭作证,也可以依法申请补充鉴定或者重新鉴定。

6. 勘验、检查笔录的审查

(1) 重点审查的内容。根据《关于办理死刑案件审查判断证据若干问题的规定》第25条的规定,对勘验、检查笔录应当着重审查:勘验、检查是否依法进行,笔录的制作是否符合法律及有关规定的要求,勘验、检查人员和见证人是否签名或者盖章等;勘验、检查笔录的内容是否全面、详细、准确、规范:是否准确记录了提起勘验、检查的事由,勘验、检查的时间、地点,在场人员、现场方位、周围环境等情况;是否准确记载了现场、物品、人身、尸体等的位置、特征等详细情况以及勘验、检查、搜查的过程；文字记载与实物或者绘图、录像、照片是否相符；固定证据的形式、方法是否科学、规范；现场、物品、痕迹等是否被破坏或者伪造，是否是原始现场；人身特征、伤害情况、生理状况有无伪装或者变化等；补充进行勘验、检查的，前后勘验、检查的情况是否有矛盾，是否说明了再次勘验、检查的原由；勘验、检查笔录中记载的情况与被告人供述、被害人陈述、鉴定意见等其他证据能否印证，有无矛盾；

（2）审查后对于以下几种情形当结合案件其他证据，审查其真实性和关联性确定其证据能力：①勘验、检查笔录存在勘验、检查没有见证人；②勘验、检查人员和见证人没有签名、盖章的；③勘验、检查人员违反回避规定的等情形。

（3）提出非法证据排除意见。根据《关于办理死刑案件审查判断证据若干问题的规定》第26条的规定，勘验、检查笔录存在明显不符合法律及有关规定的情形，并且不能作出合理解释或者说明的，不能作为证据使用。

7. 视听资料的审查

根据《关于办理死刑案件审查判断证据若干问题的规定》第27条的规定，着重审查以下内容：视听资料的来源是否合法，制作过程中当事人有无受到威胁、引诱等违反法律及有关规定的情形；是否载明制作人或者持有人的身份，制作的时间、地点和条件以及制作方法；是否为原件，有无复制及复制份数；调取的视听资料是复制件的，是否附有无法调取原件的原因、制作过程和原件存放地点的说明，是否有制作人和原视听资料持有人签名或者盖章；内容和制作过程是否真实，有无经过剪辑、增加、删改、编辑等伪造、变造情形；内容与案件事实有无关联性。

对视听资料有疑问的，应当进行鉴定。对视听资料，应当结合案件其他证据，审查其真实性和关联性。

根据《关于办理死刑案件审查判断证据若干问题的规定》第28条的规定，具有下列情形之一的视听资料，不能作为定案的根据：①视听资料经审查或者鉴定无法确定真伪的；②对视听资料的制作和取得的时间、地点、方式等有异议，不能作出合理解释或者提供必要证明的。

8. 电子证据的审查

根据《关于办理死刑案件审查判断证据若干问题的规定》第29条的规定，对于电子邮件、电子数据交换、网上聊天记录、网络博客、手机短信、电子签名、域名等电子证据，应当主要审查：该电子证据存储磁盘、存储光盘等可移动存储介质是否与打印件一并提交；是否载明该电子证据形成的时间、地点、对象、制作人、制作过程及设备情况等；制作、储存、传递、获得、收集、出示等程序和环节是否合法，取证人、制作人、持有人、见证人等是否签名或者盖章；内容是否真实，有无剪裁、拼凑、篡改、添加等伪造、变造情形；该电子证据与案件事实有无关联性。

对电子证据，应当结合案件其他证据，审查其真实性和关联性，判断其证据能力。

9. 辨认笔录的审查

（1）经过审查提出排除意见，根据《关于办理死刑案件审查判断证据若干问题的规定》第30条的规定，侦查机关组织的辨认，存在下列情形之一的，应当严格审查，不能确定其真实性的，辨认结果不能作为定案的根据：①辨认不是在侦查人员主持下进行的。②辨认前使辨认人见到辨认对象的。③辨认人的辨认活动没有个别进行的。④辨认对象没有混杂在具有类似特征的其他对象中，或者供辨认的对象数量不符合规定的；尸体、场所等特定辨认对象除外。⑤辨认中给辨认人明显暗示或者明显有指认嫌疑的。

（2）对于下列情形之一的，有关办案人员没有补正或者作出合理解释的，辨认结果不能作为证据使用：①主持辨认的侦查人员少于二人的；②没有向辨认人详细询问辨认对象的具体特征的；③对辨认经过和结果没有制作专门的规范的辨认笔录，或者辨认笔录没有侦查人员、辨认人、见证人的签名或者盖章的；④辨认记录过于简单，只有结果没有过程的；⑤案卷中只有辨认笔录，没有被辨认对象的照片、录像等资料，无法获悉辨认的真实情况的。

10. 破案经过材料的审查

根据《关于办理死刑案件审查判断证据若干问题的规定》第31条的规定，对侦查机关出具的破案经过等材料，应当审查是否有出具该说明材料的办案人、办案机关的签字或者盖章。对破案经过有疑问，或者对确定被告人有重大嫌疑的根据有疑问的，是否有补充说明，提出破案经过材料存在的缺陷。

（四）证据的综合审查方法

《关于办理死刑案件审查判断证据若干问题的规定》对证据的综合审查和运用作了基本的规定。

1. 对证据证明力的综合审查

对证据的证明力，应当结合案件的具体情况，从各证据与待证事实的关联程度、各证据之间的联系等方面进行审查判断。证据之间具有内在的联系，共同指向同一待证事实，且能合理排除矛盾的，才能作为定案的根据。

2. 对间接证据定案的审查

审查是否是只有间接证据的情形。间接证据是否符合运用间接证据定案的规则，不符合的不能定案。

3. 对根据被告人供述提取的物证、书证的审查

审查根据被告人的供述、指认提取到了隐蔽性很强的物证、书证，看其是否与其他证明犯罪事实发生的证据互相印证，是否有串供、逼供、诱供等可能性的。

4. 对特殊侦查措施所获证据的审查

审查侦查机关依照有关规定采用特殊侦查措施所收集的物证、书证及其他证据材料，提出存在的问题。根据规定，上述证据只有经法庭查证属实，可以作为定案的根据。

5. 量刑证据的提出和审查、运用

律师应审查和提出以下有利于辩护方方面的量刑证据：①案件起因；②被害人有无过错及过错程度，是否对矛盾激化负有责任及责任大小；③被告人的近亲属是否协助抓获被告人；④被告人平时表现及有无悔罪态度；⑤被害人附带民事诉讼赔偿情况，被告人是否取得被害人或者被害人近亲属谅解；⑥其他影响量刑的情节。

6. 对存疑证据的审查与运用

对作证能力有缺陷的人和与被告人有利害关系的人的言词证据的审查。对以下两类证据，审查是否有其他证据印证的，没有的提出不能采信的建议：

生理上、精神上有缺陷的被害人、证人和被告人，在对案件事实的认知和表达上存在一定困难，但尚未丧失正确认知、正确表达能力而作的陈述、证言和供述；

与被告人有亲属关系或者其他密切关系的证人所作的对该被告人有利的证言，或者与被告人有利害冲突的证人所作的对该被告人不利的证言。

7. 对被告人年龄证据的审查

根据《关于办理死刑案件审查判断证据若干问题的规定》第40条的规定，对被告人年龄证据的审查，首先，看有没有户籍证明。审查被告人实施犯罪时是否已满18周岁，一般应当以户籍证明为依据；其次，如果对户籍证明有异议，需审查是否有出生证明文件、无利害关系人的证言等证据。上述证据如果查证属实并能证明被告人不满18周岁的，应认定被告人不满18周岁；再次，没有户籍证明以及出生证明文件的，应当根据人口普查登记、无利害关系人的证言等证据综合进行判断，必要时，可以进行骨龄鉴定，并将结果作为判断被告人年龄的参考；最后，未排除证据之间的矛盾，无充分证据证明被告人实施被指控的犯罪时已满18周岁且确实无法查明的，不能认定其已满18周岁。

 学习情境

【实训项目】

2010 年 8 月 21 日，某学校财务科保险柜内 5 万元现金被盗。学校临时工王某嫌疑最大，王某被逮捕。经公安机关侦查终结，移送人民检察院审查起诉。王某委托了辩护律师张某。张律师到看守所会见了王某，王某称自己没有盗窃，是无法忍受办案人员的毒打，违心地承认了盗窃，希望律师为自己伸冤。张某到检察院阅卷发现：①被盗钞票中有 300 张钞票是连号钞票。被盗前，这 300 张钞票中还有 50 张从不同的钞票扎（每扎 100 张）中零星抽取付出。②保险柜没有任何损伤和撬痕，只是在其右侧中部发现一枚完整指纹。经鉴定，该指纹与犯罪嫌疑人王某左手食指指纹相同。③王某曾犯盗窃被判刑 3 年，半年前刚刚释放。④王某在该单位任临时工，发案前两天曾去财务科领工资，并在保险柜前抽过香烟。⑤从王某去百货公司买布支付的钱中，发现 3 张票面百元的连号，在失盗的 300 张钞票的连号区间内。⑥刘某、何某等人一致证明，王某在案发那天到单位里看过露天电影。⑦王某的讯问笔录：第一次讯问笔录拒不承认。第二次讯问笔录中承认盗窃。

问题：

（1）律师接受委托担任辩护人后，从证据角度应该做好哪些工作？

（2）被告人称遭到刑讯逼供，律师辩护时应怎样用好非法证据排除程序？

（3）根据上述证据，能否认定王某是盗窃 5 万元现金的犯罪分子？

 思考与练习

1. 什么是证据规则？我国现行刑事证据立法确立了哪些证据规则？

2. 我国现行刑事证据立法确立的非法证据排除规则的主要内容有哪些？

3. 意见证据规则的内容是什么？

4. 在刑事辩护中律师怎样运用证据规则进行有效的辩护？

5. 律师在刑事辩护中如何审查单个证据？

第九单元　律师办理刑事案件的风险及防范

学习目标：
- 了解律师办理刑事案件的风险的概念及风险存在的原因。
- 理解律师办理刑事案件过程中防范风险的必要性。
- 了解律师在办理刑事案件各个环节存在的风险及防范措施。

导入案例

某位律师接受了一位刑事案件被告人家属的委托，为该被告人涉嫌故意伤害一案提供法律服务，担任辩护人。该律师以自己的名义与该被告人家属签订了一份委托协议，收取了案件代理费及差旅费5万元。而出于"贪念"，其谎报收取的律师费用数额，截留3万元自己私用，将剩余2万元交到所在的律师事务所。后该律师又多次以"走关系"、"请办案人员吃饭"为名，向被告人家属索要"活动费"共计8万余元。

一、律师办理刑事案件的风险及存在风险的原因

（一）律师办理刑事案件的风险

通常来讲，律师办理刑事案件的风险指的是律师在办理刑事案件过程中有意或者无意地违反相关法律、法规、行业规范等规定或不遵守律师职业道德和执业纪律，从而可能导致承担相关法律责任的情况的总和。如在收案阶段有来自私自接受委托、私自收费的风险，进行风险代理、虚假承诺的风险，也有来自违反利益冲突、为两名以上同案被告人辩护的风险；会见阶段有来自《刑法》第306条的风险，来自司法机关、看守所等监管机构的风险以及来自犯罪嫌疑人、被告人及其家属的风险；在侦查阶段有来自申请取保候审、错误调查取证等方面的风险；在审查起诉阶段、审判阶段有来自阅卷、调查取证及庭审过程的各种风险等。

相比律师办理一般的民事案件而言，律师办理刑事案件的风险更加巨大。因此，现实中存在大部分律师不愿意办理刑事案件的现象。据有关调查显示，

我国刑事案件中律师参与刑事辩护的辩护率仅为30%左右。[1]对此，一位资深的律师曾这样评价：如果你要当律师，千万别办刑事案件；如果你要办刑事案件，千万别取证；如果你要取证，千万别取证人证言。如果这一切你都做不到，你就自己到看守所报到吧。虽然这句话有戏谑的成分，也有些偏激，却反映出了律师在办理刑事案件过程中的风险普遍存在。

（二）存在风险的原因

律师是中国特色社会主义法律工作者，律师工作是中国特色社会主义法治建设的重要组成部分。近年来，我国律师制度不断完善，律师在经济社会生活中发挥的作用日益凸显。虽然《律师法》、《刑事诉讼法》及相关法律法规对律师在办理刑事案件过程中的人身权利、言论自由等进行了保护，但由于律师的自我保护意识较差及相关法律、法规规定尚不健全等原因，导致律师在办理刑事案件的过程中，仍然面临着巨大的风险。

笔者认为，律师在办理刑事案件时的风险存在原因是多方面的，主要包括主观方面和客观方面两个方面：

1. 主观方面

（1）律师的自我保护意识较差。律师作为专业的法律人，维护自己正当权益的意识应当高于其他非法律人士。但是现实中，部分律师的自我保护意识并非像其对法律熟悉程度那样让人感到骄傲，自我保护意识相对比较薄弱。造成这种现状的原因，一方面是这部分律师很少办理刑事案件，缺乏相关的风险防范经验和技巧；另一方面则是现阶段律师执业环境造成的生存压力，使得一部分律师为谋求经济利益而放弃自我保护。

在现实中，利益与风险是并存的，不积极地应对和避免刑事业务中的风险，就可能造成办案律师既承担了相应的法律风险，又没有获得利益的局面。因此，律师一定要提高自我保护意识，对在办理刑事案件过程中的风险要有充分的认识。律师只有认识到这一点，提升自我保护意识，才能在执业过程中切实保护好自己，维护当事人的合法权益，维护法律的正确实施。

（2）认识上存在着误区。笔者认为，律师与当事人对刑事案件胜诉的理解存在偏差及律师自身原因是导致律师办理刑事案件面临风险的重要原因。

律师在办理刑事案件的过程中，经常会遇到当事人要求其为犯罪嫌疑人、被告人做无罪辩护或以超过法律规定的量刑幅度进行量刑辩护。然而，律师在办理刑事案件时，其职责是以事实为依据，以法律为准绳，提出证明犯罪嫌疑

---

〔1〕 参见"高风险致使辩护率低刑事辩护律师面临大难题"，载中国律师执业法律网 http：//www. china - lawyering. com/main/list. asp？ Unid = 1416.

人、被告人无罪、罪轻或者减轻、免除其刑事责任的材料和意见，以维护犯罪嫌疑人、被告人的合法权益。因此，在当事人的认识与律师的工作职责存在偏差时，很有可能由于案件的审理结果没有达到当事人的预期，使律师面临与当事人发生纠纷的法律风险。

古语云："活到老学到老"，用这句话来形容律师一点也不为过。我国正在构建社会主义法治社会，随着法治进程的加快，新的法律、法规、司法解释不断出台，作为专业人士的律师，更应当不断加强学习、与时俱进，提升自己的业务能力，娴熟地掌握好现行有效的法律，并运用其维护当事人的合法权益。如果律师不清楚有新的相关法律规定或司法解释出台，或者对于新出台的法律规定理解不透，在办理刑事案件过程中仍沿用已被新法取代或已废止的法律法规为当事人服务，必将对其办理的刑事案件造成巨大的影响。所以律师在办理刑事案件的时候一定要改变思想上认为法律规定总是一成不变的这样的误区，才能在办理刑事案件时，尽量减少风险，防范风险。

（3）违法、违规执业。《律师执业管理办法》第24条规定："律师执业必须遵守宪法和法律，恪守律师职业道德和执业纪律。律师执业必须以事实为依据，以法律为准绳……"，《刑事诉讼法》第35条规定："辩护人的责任是根据事实和法律，提出犯罪嫌疑人、被告人无罪、罪轻或者减轻、免除其刑事责任的材料和意见，维护犯罪嫌疑人、被告人的诉讼权利和其他合法权益。"律师在办理案件的过程中应当遵守宪法和法律，维护当事人的合法权益，对当事人负责，竭尽自己的全力为当事人服务，从这一点上看，维护正义是律师的职责。但现如今，有些律师却放松了自我约束，世界观、人生观、价值观严重错位，维护社会公平和正义的意识淡薄，执业商业化倾向严重。为了某种利益，未能严格按照法律的规定执业，在调查取证过程中违反法定程序、涉嫌伪造证据、泄露国家秘密，甚至向办案法官行贿。这些行为都是导致律师办理刑事案件风险产生的原因。

2. 客观方面

（1）相关立法尚不健全。依据《律师法》的相关规定，律师在执业过程中不得指使、诱导当事人行贿，不得威胁、引诱他们提供虚假证据，隐瞒事实，以妨碍对方当事人合法取得证据。但问题是对于"指使"、"诱导"、"威胁"、"引诱"，不同的人可能有不同的理解。这些规定弹性大，操作难，增加了律师办理刑事案件的风险，稍微不慎，就有可能涉嫌犯罪。比如，《刑法》第306条规定的辩护人、诉讼代理人毁灭证据、伪造证据、妨害作证罪，如同悬在律师头上的"达摩克利斯之剑"，一方面法律为尽量争取还原案件的客观原貌以保证被告人权益的最大化而赋予了律师相应的调查取证权；但另一方面，一旦律师调查取证所得的证人证言与司法机关调查所得的证人证言不一致，或证人改变证言，承办律师将有可能面临触犯《刑法》第306条的风险。与此相比，国外律师在办理刑事案件过程中面临的风险要比中国律师在执业过程中面临的风险相对较小。大部分西方国家在其长期的法治发展和建设中已经注意到了上述问题的存在，经过长期的实践，逐渐建立起了一套保护律师权利并行之有效的法律制度，比如美国赋予律师在办理刑事案件过程中的刑事豁免权等权利，而我国现在立法却缺乏相关规定。所以在我国相关立法尚不健全的今天，刑事辩护律师在办理刑事案件时，要时刻警惕风险的存在，尽量避免因此而受到不应有的损失。

（2）司法体制的问题。在我国，司法体制具有广义和狭义之分。狭义的司法体制仅指法院的审判体制，广义的司法体制则包括法院、公安、检察院等司法部门行使各自职权的活动和体制。[1]本文所指的司法体制，是取其广义的涵义，其中，人民法院是国家的审判机关；人民检察院是国家的法律监督机关，行使公诉权，同时行使批准逮捕权、抗诉权，对涉及贪污、玩忽职守、侵犯人民选举等特定犯罪有自行侦查权；公安机关是国家的侦查机关，同时承担着维护社会治安、民事纠纷调解等准司法职能……律师是中国特色社会主义法律工作者，自公安机关在对犯罪嫌疑人依法进行第一次讯问后或者采取强制措施之日起，律师可以为犯罪嫌疑人提供法律咨询、代理申诉、控告……在办理案件过程中，公安、检察院、法院是相互配合，相互协作，密切联系的。相对而言，法律赋予律师的为犯罪嫌疑人、被告人进行辩护的权利，与司法机关行使相关职能存在一定的冲突。因此，在很多人眼中，公、检、法是一家，律师是为犯罪嫌疑人说话的，律师并非与公、检、法站在同一条战线，并没有形成法律职业共同体之间的相互认同，律师没有充分地参与刑事案件的办理过程，相关司法机关对律师的作用也没有足够的重视，因而导致律师在办理刑事案件过程中对于一些相关的信息无法知晓，给律师办理刑事案件带来诸多不便，也潜藏着巨大的风险。

（3）传统法制观念的影响。中国法律传统起源于先秦，经历秦汉后逐渐形成，至隋唐时稳定下来，并一直延续到了清末变法修律之前。在法制思想上，汉初随着"罢黜百家，独尊儒术"的社会统治思想的确立，孔家、孟家、儒家礼制及"德主刑辅"、"礼刑并用"、"教化为先"最终形成了中国历史发展中不可颠覆的帝王统治思想和治国之本，也从此成为了此后延续中国封建社

---

〔1〕 宋茂荣："加入 WTO 与我国司法体制改革"，载 http：//www. cqyzfy. gov. cn/view. php？id =10292505201042250520104825052010055250520.

会两千年的正统法制思想。虽然现代社会对律师行业的发展已经突破了原有的瓶颈与传统思维的桎梏，但古代社会"息讼"、"劝讼"思想及以讼为耻的传统观念仍然影响着人们的思想；加之现在地方各部门执法的随意性，导致人们对律师的工作产生错误的认识；此外，公、检、法机关对律师在办理刑事案件过程中不给予充分的配合及有罪推定的思想都会给律师办理刑事案件带来风险。

二、律师办理刑事案件风险防范的必要性

正因为律师在办理刑事案件过程中存在着上述的风险，为了有效地避免其给律师带来的不良影响，风险的防范就体现出极大的必要性。

（一）有效防范法律风险，是律师办理刑事案件和参与市场竞争的基本前提

据1995年《中国人权事业的进展》记载："到1994年底，全国律师人数为83 619人，到1996年，全国律师行业从业人员已达到10多万人……"，据统计，到2010年，律师队伍已发展到19.4万多人，几年间中国律师行业人数明显激增；加之2001年12月11日中国正式加入世界贸易组织后，为履行中国政府对世贸组织的承诺，让法律服务领域扩大开放，使得一批外国律师进入我国法律服务市场，这在给中国律师行业带来市场机遇的同时，也带来了更加激烈的竞争。面对机遇与竞争并存的今天，律师有效地防范法律风险，才能更好、更高效地办理刑事案件，在激烈的竞争中取得优势。

（二）有效防范法律风险，是律师维护自身利益的客观需要

律师是法律工作者，同时也维护着国家法律的正确实施，其权利应该得到法律的保护。虽然《律师法》第37条规定：律师在执业活动中的人身权利不受侵犯。但现实生活中，律师在办理案件，尤其是在办理刑事案件过程中会受到来自各方面的人身攻击。

律师在执业过程中遇到上述情况的还有很多，但是没有人站出来说，只是觉得这是一件小事或是一件很丢面子的事，也一直没有得到有关部门的重视。法律对律师人身权利保护的滞后性及国人法治观念的淡薄等，都一再提示律师在办理案件尤其是办理刑事案件过程中有效防范法律风险的必要性，只有律师有效地防范法律风险，才能更好地维护自身利益，以更加饱满的热情投身到我国法治建设的大潮中。

（三）有效防范法律风险，是律师维护司法公正、参与法治建设的必然要求

司法公正是法治社会追求的终极目标，律师在追求司法公正过程中的作用总体上主要体现在维护民权、制约公权、维护司法平衡上，这也是现代法治社

会中以实现正义作为自己职业价值取向的律师的应尽之责。律师是中国特色社会主义的法律工作者、经济社会又好又快发展的服务者、当事人合法权益的维护者、社会公平正义的保障者、社会和谐稳定的促进者，正是因为律师在我国法治社会中的重要作用，律师才会更加需要有效防范法律风险，避免因风险而给自己人身、财产方面带来不必要的损失，以更好地为当事人提供法律服务，通过法律途径帮助当事人解决各种纠纷，使社会矛盾保持在社会可以承受的限度内，减轻了政府部门、司法部门来自社会的压力，以更好地维护司法公正、参与社会主义法治建设，为全面落实依法治国基本方略，加快建设社会主义法治国家贡献才智。

三、律师办理刑事案件各环节的风险及防范

（一）收案环节

1. 私自接受委托、私自收费的风险

依据《律师法》第40条"律师在执业活动中不得有下列行为：①私自接受委托、收取费用，接受委托人的财物或者其他利益……"《律师和律师事务所违法行为处罚办法》第10条"有下列情形之一的，属于《律师法》第48条第1项规定的律师'私自接受委托、收取费用，接受委托人财物或者其他利益的'违法行为：①违反统一接受委托规定或者在被处以停止执业期间，私自接受委托，承办法律事务的；②违反收费管理规定，私自收取、使用、侵占律师服务费以及律师异地办案差旅费用的；③在律师事务所统一收费外又向委托人索要其他费用、财物或者获取其他利益的……"《律师职业道德和执业纪律规范》第15条"律师不得以个人名义私自接受委托，不得私自收取费用。"《律师服务收费管理办法》第22条"律师服务费、代委托人支付的费用和异地办案差旅费由律师事务所统一收取。律师不得私自向委托人收取任何费用。除前款所列三项费用外，律师事务所及承办律师不得以任何名义向委托人收取其他费用。"律师在接受当事人委托，提供法律服务时不得避开律师事务所，私自收费，私自接受委托；不得违反相关规定，巧立名目，乱收费；提供服务收费时必须如实交到所在的律师事务所，不得截留、少缴或不缴、用作私用。

但实践中，部分律师为了牟取经济利益，逃避税收、律师事务所提成，与当事人私自签订委托协议，私自收费的现象屡见不鲜。该部分律师不仅受到来自《律师法》、《律师职业道德和执业纪律》方面的风险，还可能受到来自当事人方面的风险。如本单元导入案例中最终被告人解除与该律师的委托关系，被告人家属向司法行政机关投诉，该律师不仅将收取的费用退还给被告人家属，而且被司法行政部门给予停止执业6个月的处罚，可谓"得不偿失"。

2. 接办刑事案件进行"风险代理"收费的风险

所谓风险代理收费，也称胜诉收费，一般指委托代理人与当事人之间的一种特殊委托诉讼代理。具体而言，是指委托人与律师事务所签订风险代理收费合同，委托人不预先支付或支付少额代理费，双方约定律师费以案件胜诉或达到约定的法律事务结果为条件收取，收费比例相对于一般律师代理费用要高的多。由于刑事案件的特殊性，在刑事案件中存在利益冲突的危险，刑事辩护律师进行高额风险代理容易导致"辩护律师当事人化"，容易滋生司法腐败。故《律师服务收费管理办法》第 12 条明确规定："禁止刑事诉讼案件实行风险代理收费"。律师办理刑事案件，接受当事人委托时，不得与当事人约定风险代理收费，否则就可能面临行政处罚甚至刑事处罚的风险。

3. 接受委托时"虚假承诺"的风险

司法实践中，有的律师为了争案源，提高收入，往往夸大其词、"忽悠"委托人：向委托人宣称自己具有多年刑事辩护经验，曾经办理过的名案、要案；称自己与司法机关有关系，只要犯罪嫌疑人、被告人或其家属拿出多少钱来，就向犯罪嫌疑人、被告人及其亲属作出关于案件事实、量刑结果等问题的不正确、不严肃的承诺；甚至作出代理案件一定会胜诉、犯罪嫌疑人或被告人一定无罪的承诺，更为离谱的是，没有取得律师执业证书的实习律师也向委托人作上述承诺。这些做法严重违背了律师诚信的基本原则和平等协商、客观诚信的代理原则，把律师事务所的利益和律师的个人利益放到了当事人利益之上，严重违反了律师职业的基本要求。不仅该律师的律师前途受到一定影响，而且使整个律师队伍形象蒙羞。

针对这一现象以及该现象所带来的恶劣影响，《律师法》第 47 条明确规定："以不正当手段承揽业务的律师，由设区的市级或者直辖市的区人民政府司法行政部门给予警告，可以处 5000 元以下的罚款；有违法所得的，没收违法所得；情节严重的，给予停止执业 3 个月以下的处罚。"《律师和律师事务所违法行为处罚办法》第 6 条对"以不正当手段承揽业务"作出具体解释，包括以误导、利诱、威胁或者作虚假承诺等方式、对本人及所在律师事务所进行不真实、不适当宣传或者诋毁其他律师、律师事务所声誉等方式承揽业务的行为。

4. 违反"利益冲突"原则，为两名以上的同案被告人辩护的风险

根据中华全国律师协会发布的《律师执业行为规范（试行）》第 76 条，利益冲突是指同一律师事务所代理的委托事项与该所其他委托事项的委托人之间有利益上的冲突，继续代理会直接影响到相关委托人利益的情形。具体到律师承办刑事案件，对于担任辩护人，违反"利益冲突"原则的情形，《最高人

民法院关于执行〈中华人民共和国刑事诉讼法〉若干问题的解释》第33条第6项"与案件审理结果有利益关系的人不得被委托担任辩护人"、第35条"一名辩护人不得为两名以上的同案被告人辩护";《人民检察院刑事诉讼规则》第317条"共同犯罪的案件,一名辩护人不得为二名以上的同案犯罪嫌疑人辩护。律师担任诉讼代理人的,不得同时接受同一案件二名以上被害人的委托,参与刑事诉讼活动。"《律师法》第39条"律师不得在同一案件中为双方当事人担任代理人,不得代理与本人或者近亲属有利益冲突的法律事务。"以及《律师和律师事务所违法行为处罚办法》第7条规定在同一刑事案件中不得同时为被告人和被害人担任辩护人、代理人,或者同时为二名以上的犯罪嫌疑人、被告人担任辩护人。对此均作了明确的禁止性规定。其主要原因在于:在同一案件中,几个被告人在案件中所处的地位和所起的作用不同,他们之间的利害关系有相互一致的一面,但同一案件中,一个律师同时为几个被告人进行辩护,就可能使辩护人处于自相矛盾的境地,难以同时维护几个被告人的合法权益。

令人遗憾的是,虽然法律、法规等对此作出了禁止性规定,但仍然存在律师违反上述禁止性规定的现象。如宁波某律师,接受涉嫌抢劫罪的犯罪嫌疑人王××的委托,担任其辩护人。但在开庭审理时,公诉人发现其在两年前曾担任过该案同案犯李××的辩护人。后经查明:王××在两年前犯案后,一直在逃。后来知悉原同案犯李××聘请了该律师,并最终被法院判处缓刑。于是,王××也找到了该律师,聘请其为自己辩护。而该律师未加考虑,便同意担任其辩护人。而巧合的是,参与李××、王××涉嫌抢劫案两案庭审的公诉人代表竟是同一人。最终,该律师被宁波司法局处以停止执业6个月的处罚。

针对上述律师承办刑事案件,收案阶段可能存在的风险。笔者认为,律师应坚持职业道德、遵守执业纪律,妥善处理与当事人的关系。应当与委托人就委托事项进行充分协商,应向当事人阐明律师正常办案的流程,并谨慎、诚实、客观告知委托人拟委托事项可能出现的法律风险。律师不得为建立委托代理关系而对委托人进行误导,不能承诺包赢官司,不能吹嘘自己与司法机关的关系,不能欺骗委托人;律师不得向委托人就某一案件的判决结果作出承诺。

（二）会见环节

在我国,刑事辩护历来被视为律师的一个高风险的业务,而刑事辩护律师会见环节更是高风险中的"雷区",稍有不慎,律师有可能从辩护人变为被告人。而现实中,刑事辩护律师因为会见环节的风险而被处罚、甚至锒铛入狱的事例比比皆是。律师特别是青年律师对该阶段的风险应特别加以重视。总体而言,会见环节的风险主要来自以下几方面:

1. 来自《刑法》第 306 条的风险

《刑法》第 306 条第 1 款规定："在刑事诉讼中，辩护人、诉讼代理人毁灭、伪造证据，帮助当事人毁灭、伪造证据，威胁、引诱证人违背事实改变证言或者作伪证的，处 3 年以下有期徒刑或者拘役。"在司法实践中，律师会见犯罪嫌疑人、被告人后，犯罪嫌疑人、被告人改变口供的，司法机关发现其供述与先前的供述存在差异，司法机关可能就会怀疑律师引导犯罪嫌疑人、被告人作虚假供述，律师就会面临被司法机关以该条刑拘乃至判刑的危险。因此，律师在会见犯罪嫌疑人、被告人时，不得威胁、引诱、欺骗犯罪嫌疑人、被告人违背事实改变陈述，不得为犯罪嫌疑人、被告人串供提供媒介；不得以引诱、暗示的方法使犯罪嫌疑人、被告人翻供；不得教犯罪嫌疑人、被告人如何对付侦查和司法工作人员讯问。会见犯罪嫌疑人、被告人应在了解案情和提供咨询时正面了解，正面回答，不得采用暗示的方法。如某律师，采用"摸耳朵"的方式暗示犯罪嫌疑人翻供，最后被法院依据《刑法》第 306 条判处有期徒刑 1 年。会见时，犯罪嫌疑人、被告人往往会问律师："该怎么说对自己最有利？"作为律师，只能告诉其应该实话实说，绝对不能告诉他"应当或者不应当怎么说"，否则就有引导作虚假供述之嫌。

2. 来自司法机关、看守所等监管机构的风险

现阶段，司法部以及各地司法机关、看守所等监管机构对律师会见时禁止从事的行为均有比较明确的规定。如司法部制定的《律师会见监狱在押罪犯暂行规定》第 10 条："律师会见在押罪犯，不得有下列行为：①传递违禁品；②私自为在押罪犯传递书信、钱物；③将通讯工具提供在押罪犯使用；④未经监狱和在押罪犯同意对会见进行录音、录像和拍照；⑤其他违反法律、法规、规章以及妨碍监狱管理秩序的行为。"湖南省高级人民法院、湖南省人民检察院、湖南省公安厅、湖南省司法厅联合颁布的《湖南省关于保障律师在刑事诉讼中依法执业的若干规定》第 9 条："律师会见在押犯罪嫌疑人、被告人不得有下列行为：①携带非律师人员会见在押犯罪嫌疑人、被告人；②传递违禁品；③私自传递书信、钱物；④将通讯工具提供给在押犯罪嫌疑人、被告人使用；⑤未经监管部门同意对会见进行录音、录像；⑥其他违反法律和监管秩序的行为。"律师在会见时，应当熟悉相关的部门规章和各地司法机关、看守所等监管机构的具体规定，避免因违反相关规定，遭受相关的职业风险及人身风险。

但实践中，律师因为会见犯罪嫌疑人、被告人违反相关规定而被处罚的例子比比皆是。

3. 来自犯罪嫌疑人、被告人及其家属的风险

律师在办理刑事案件中，常常会遇到犯罪嫌疑人、被告人家属在律师会见犯罪嫌疑人、被告人时，要求律师代为传话、代为传递信息、代为传递衣物等物品的情形。如果律师在会见中稍有不慎，经不起犯罪嫌疑人、被告人亲属的恳求和利诱，而代为传递了这些信息，有可能会违反法律，导致牢狱之灾。如传递"假立功"信息，由犯罪嫌疑人、被告人进行检举揭发，使其"立功"，最终减轻刑事责任。律师传递这样的信息的后果可能是很严重的，2009 年湖北宜昌一名律师就因为帮助被告人传递"假立功"的信息及其他一些情节，被司法机关以伪造证据罪被判处有期徒刑 1 年，缓刑 1 年。另外律师在会见时，传递"有关办案人员或看守的信息，为了争取取保候审而要求被追诉人装病的信息，隐匿、转移赃款的信息"等，很可能构成隐瞒、掩饰犯罪所得罪等犯罪的共犯。律师在会见时，传递打火机、纸条、香烟、衣物等物品，有可能导致犯罪嫌疑人、被告人串供；违反看守所等监管机构相关规定；违反相关法律。如安徽杜某律师，在合肥市第一看守所会见犯罪嫌疑人汤某某时，接到汤某某的哥哥打来的电话，杜某接听后，将手机拿到律师会见室隔离网上，让犯罪嫌疑人汤某某接听其哥哥的电话，被合肥市第一看守所管教科干警发现并立即终止其会见，同时扣留了该律师的手机和律师执业证等证件。该名律师最终被司法局作出行政处罚决定，决定对该律师处以停止执业 3 个月的处罚。

综上，律师在会见犯罪嫌疑人、被告人时，应牢记"以不干扰侦查、审查起诉、司法审判为原则"，"以恪守职业道德和执业纪律为宗旨"，严格遵守看守所等监管机构的规定，不从事上述规定的禁止性行为。在会见时，提高自身风险防范意识，只当"收音机"，不做"传声筒"，对会见时知悉的信息，应严格保密，同时尽可能将会见的谈话内容全部记入会见笔录，并要求犯罪嫌疑人、被告人签字，如遇犯罪嫌疑人、被告人及其亲属的不正当请求时，应晓之以理，予以拒绝，才能有效降低执业风险系数，有效保护自身安全。

（三）侦查环节

根据最新修改的《刑事诉讼法》第 33、36 条，犯罪嫌疑人自被侦查机关第一次讯问或者采取强制措施之日起，有权委托辩护人；在侦查期间，只能委托律师作为辩护人。被告人有权随时委托辩护人。辩护律师在侦查期间可以为犯罪嫌疑人提供法律帮助；代理申诉、控告；申请变更强制措施；向侦查机关了解犯罪嫌疑人涉嫌的罪名和案件有关情况，提出意见。

律师在侦查阶段的工作，包括提供法律咨询，向犯罪嫌疑人讲解有关的法律规定，帮助犯罪嫌疑人分析自己的行为，从而对行为的性质有一个正确的认识；代理申诉和控告，确认犯罪嫌疑人是否有必要向有关主管部门提出申诉或控告其他犯罪事实、其他犯罪嫌疑人、控告侦查机关的违法行为，如有必要律师应积极办理；为犯罪嫌疑人申请取保候审，对符合条件的犯罪嫌疑人，如可能判处管制、拘役或者独立适用附加刑的，可能判处有期徒刑以上刑罚，采取取保候审不致发生社会危险性的；患有严重疾病、生活不能自理，怀孕或者正在哺乳自己婴儿的妇女，采取取保候审不致发生社会危险性的；羁押期限届满，案件尚未办结，需要采取取保候审的，律师可帮助其提出合法的保证人或保证金，办理取保候审手续。

由于律师在侦查阶段法律服务范围的局限性，其在侦查阶段的执业风险主要有以下两方面（会见环节前文已论述，在此不再赘述）：

1. 在侦查阶段不得调查取证

如上所述，律师在侦查阶段的身份还不是辩护律师，要进行调查取证工作，根据《律师法》的规定，必须等到审查起诉阶段才可以展开。因此，律师在案件的侦查阶段禁止调查取证，即使是案件在退侦阶段也不可以。但有的律师对此不以为然，认为既然已经接受了委托，迟早都要取证，迟取不如早取，这种认识是错误的。虽然当前律师界、理论界对扩大律师侦查阶段的权限、侦查阶段能够调查取证的呼吁很高，但目前我国《刑事诉讼法》、《律师法》均没有对律师侦查阶段享有调查取证权作出明确规定。因此，在当前的法律规定和司法环境下，律师在侦查阶段不应进行调查取证。同时，律师在侦查阶段进行调查取证不仅没有法律依据，而且存在着妨碍侦查的极大风险。如果此时律师取证，有可能会遭遇这样的窘境：询问的证人可能已经侦查机关询问过并制作了笔录，而且如果询问证人得出的证人证言与侦查机关的询问笔录有冲突，且该证人作伪证，并为了自保，将责任推到律师身上，则该律师的处境就堪忧了。并且由于法律没有明确规定律师在该阶段可以调查取证，律师该阶段经过调查取证所取得证据有可能无效，而该证据可能影响被告人的重大利益时，我们不仅对当事人没有起到帮助作用，可能起到了相反的作用。如北京某位律师在侦查阶段接受涉嫌强奸罪的犯罪嫌疑人陈某某的委托，为其提供法律服务。由于该案是该律师办理的第一件刑事案件，在接受委托后，该律师即向被害人调查取证，得知该被害人已满14周岁，而且与犯罪嫌疑人系情人关系，并制作了调查笔录。该律师大为兴奋，随即向公安机关反映这一情况，并提交了调查笔录。令其未想到的是，该调查笔录与公安机关询问被害人所作的询问笔录内容相冲突。最后，该律师被公安机关拘留，最终被法院以《刑法》第306条判刑。该律师最终为自己的草率行为付出了沉重的代价。

2. 申请取保候审的风险

律师在侦查阶段，为犯罪嫌疑人办理取保候审时，应注意审查该犯罪嫌疑人是否具备申请取保候审的法定条件，以及是否具备不得取保候审的情形。切忌为牟取利益，使取保候审的申请得到批准而提供虚假证据或者指示他人提供虚假证据。实践中，提供虚假的病例资料情况最为普遍。以犯罪嫌疑人及其法定代理人、近亲属的名义代为申请取保候审时，应注意不得为其取保候审作保证人、或代为提供保证金。首先，作为律师，并没有义务作为犯罪嫌疑人申请取保候审的保证人；其次，《刑事诉讼法》第68条规定了保证人应当履行的义务，并规定保证人不履行义务的，可以对保证人处以罚款、甚至追究刑事责任的处罚。律师没有必要因此而承担该义务及风险。最后，《刑事诉讼法》第69条明确了被取保候审的犯罪嫌疑人应遵守的相关规定。如律师为犯罪嫌疑人取保候审作保证人，而犯罪嫌疑人违反《刑事诉讼法》第69条的规定，逃脱或者毁灭、伪造证据等，该律师作为保证人都会面临较大的风险。

（四）审判环节

法院审判阶段是整个刑事案件的关键、核心阶段，律师在审判阶段将根据在先所掌握的一切有利于被告人的证据和情节，运用娴熟的法律知识在庭上与控方展开全面的对抗，以争取当事人合法利益的最大化。唇枪舌战之间，辩护律师的执业风险依然存在。因此每位办理刑事案件的律师都有必要注意刑事案件审判阶段中容易产生的风险，提高风险防范意识、保护自身。在此，笔者整理归纳了刑事案件审判阶段中存在的主要风险事项。

1. 阅卷

律师的阅卷工作是刑事案件进入审判阶段的开始，也是律师全面了解控方所提事实和依据的主要信息来源，律师阅卷工作的有效开展，在一定意义上讲，直接决定了律师在庭审辩护中的主要思路，其重要性不言而喻。因此，在刑事案件进入到审判阶段的时候，法律也赋予了律师完全的阅卷权，《刑事诉讼法》第38条规定："辩护律师自人民检察院对案件审查起诉之日起，可以查阅、摘抄、复制本案的案卷材料……"《律师法》第34条规定："……受委托的律师自案件被人民法院受理之日起，有权查阅、摘抄和复制与案件有关的所有材料。"在实践中，律师阅卷的范围主要包括：起诉书、证据目录、证人名单和指控犯罪事实的主要证据。

由于阅卷工作涉及案件的有关重要细节，律师在进行阅卷工作时也存在较大的风险，主要表现在：

（1）阅卷过程中遗漏相关材料。刑事案件的案卷材料相对较多，纷繁复杂的文书和证据往往令人眼花缭乱、无所适从。有的律师，特别是对刑事案件接触较少的新手律师，在面对众多的案卷材料时，往往相信在阅卷过程中可以有省时省力的"经验总结"，但不知律师的阅卷工作的根本在于全面地了解案情和控方的思路，任何遗漏案件材料或者复制材料不清晰的情况，都有可能使辩护律师在选择辩护策略，确定辩护思路时"走错路"，最终"误人、误事"，不得不吞下"败诉"的苦果。因此，阅卷工作的重要性决定了律师在进行阅卷工作时应当本着认真负责的态度，细致而有条理地摘抄和复制相关材料，做到不遗不漏，以预防因工作疏忽而造成的潜在风险。

（2）案卷材料的保密。律师在完成阅卷工作后，查阅、摘抄和复制的相关材料应当妥善保管，并重视对材料的保密工作。在实践中，有律师因违反规定将侦查机关对犯罪嫌疑人、被告人的讯问笔录以及与案件有关的证人证言提供给嫌疑人家属，家属看后进行了复印，然后找到所有证人并使这些证人推翻了原来的证言。事情败露后，当地检察机关以该律师涉嫌泄露国家秘密罪将其起诉到法院。虽然该律师的行为是否构成泄露国家秘密罪值得探讨，但律师有意或无意地将案卷材料泄露，造成当事人家属进行伪造证据等违法行为以达到减轻犯罪嫌疑人、被告人刑事责任或者逃避刑事处罚的目的，该律师扰乱正常司法审判的行为有可能会因此受到相关部门的处罚。

笔者认为，为了能够有效地预防有关当事人以利诱等方式要求其委托的辩护律师进行违规、违法操作的情况发生，并有效减少辩护律师与当事人之间的纠纷，辩护律师应当在与委托人签订委托合同时，将律师能做和不能做的事项尽量写入合同条款，并对委托人做出说明，在出现有违反法律规定和合同约定的情形时，果断拒绝相关当事人的无理要求或相应地作出拒绝辩护的决定，以合理规避潜在的法律风险。当然，从根本上讲，辩护律师应当恪守律师的职业道德要求，努力提高个人道德修养，不要被利益迷惑从而走上违规、违法操作的道路。

2. 调查取证

在刑事诉讼理论中，律师的调查取证权有广义和狭义之说，狭义的律师调查取证是指律师向证人、被害人以及有关单位和个人调查案件事实，收集与本案有关材料的行为。广义的律师调查取证除了上述狭义的调查取证之外，还包括律师调取证据材料、保全证据材料、会见犯罪嫌疑人或被告人、查阅案卷材料、申请鉴定等一系列活动。笔者仅就狭义的调查取证进行探讨。

当前，我国相关法律赋予了辩护律师进行调查取证的权利。如《刑事诉讼法》第41条规定："辩护律师经证人或者经有关单位和个人同意，可以向他们收集与本案有关的材料，也可以申请人民检察院、人民法院收集、调取证据，或者申请人民法院通知证人出庭作证。辩护律师经人民检察院或者人民法院的许可，并且经被害人或者其近亲属、被害人提供的证人同意，可以向他们收集与本案有关的材料。"同时，《律师法》第34条规定："受委托的律师自案件审查起诉之日起，有权查阅、摘抄和复制与案件有关的诉讼文书及案卷材料。受委托的律师自案件被人民法院受理之日起，有权查阅、摘抄和复制与案件有关的所有材料。"第35条第2款规定："律师自行调查取证的，凭律师执业证书和律师事务所证明，可以向有关单位或者个人调查与承办法律事务有关的情况。"第36条规定："律师担任诉讼代理人或者辩护人的，其辩论或者辩护的权利依法受到保障。"

刑事辩护律师应当根据法律所赋予的调查取证权，通过合法途径寻找控方尚未掌握的案件客观事实和证据材料以对抗控方的相关指控，使法庭基于客观事实和平等原则对被告人作出合法、公正的判决。从我国刑事诉讼法的理论上讲，我国已经建立起了控、辩、审的刑事诉讼基本模式，赋予了公、检、法及律师相应的调查取证权，相关刑事诉讼立法日趋完善。但在实践中，与公、检、法等行使国家公权力的司法机关相比，律师行使法律所赋予的调查取证权却举步维艰，特别《刑法》第306条第1款"辩护人、代理人毁灭证据、伪造证据、妨害作证罪"之规定是律师在调查取证阶段面临的最大威胁。这在一定程度上成为一些律师放弃参与刑事辩护的主要原因，律师在调查取证中的风险可见一斑。

从理论上来看，控、辩、审的刑事案件基本模式核心在于控、辩双方在证据上的对抗，双方站在不同的角度，本着客观、真实和与案件相关联的基本原则发现和寻找一切证据来说明被告人是否犯罪、犯了什么罪、应承担多大的刑事责任。控、辩双方全面对抗的实质也就在于全面地揭露和还原刑事案件的客观原貌，以尽量使法院在对被告人定罪量刑时做到依法、客观、公正，这也是《刑事诉讼法》及《律师法》赋予律师调查取证权的首要原因之一。然而，《刑法》第306条的规定却与理论上的初衷背道而驰，极大地限制了律师在刑事案件中积极行使法律赋予的调查取证权，以下三点尤其值得注意：

（1）一个刑事案件能够进入审判阶段，前期已经有侦查机关和检察机关层层把关，证明案件事实的证据链条已经固定，律师在行使调查取证权时如果调查到任何有利于被告人的相关证据，有可能会否定侦查机关和检察机关的工作成果，侦查机关和检察机关必然会对这一证据进行调查核实。如果证据来源于证人，在证人受到询问调查时，因国家公权力的介入而心生畏惧，或产生"多一事不如少一事"的想法，在此情况下证人很有可能会改变当初作证的初衷，从而改变证言，或者支支吾吾使得证言的真实性无法核实，律师在此时便成为了妨害作证的合理怀疑对象。

（2）《刑法》第306条规定的罪名是作行为犯处理还是作结果犯处理理论上有不同的说法，但据笔者所知在司法实践中均是作行为犯处理。对于《刑法》第306条第1款中"帮助当事人毁灭、伪造证据，威胁、引诱证人违背事实改变证言或作伪证的"的行为描述，以及第2款"辩护人、诉讼代理人提供、出示、引用的证人证言或者其他证据失实，不是有意伪造的，不属于伪造证据"中是否"有意伪造"的规定过于笼统模糊，在现实中很难界定，使得很多新手律师难以把握工作中的"度"，万一把握不到位，就很有可能面临被司法机关以该条处罚的危险。

（3）被告人的亲属也可能为使得被告能够逃避法律的追究或相应地减轻刑罚而故意伪造相关证据。在伪造的证据被揭穿之后，当事人为了逃避法律的追究，很可能会向有关机关告知，自身的行为受辩护律师指使。把辩护律师拖下水，以达到减轻自身罪责的目的。

现实中也有一些律师受利诱或生活所迫，成为行业的"害群之马"，故意唆使证人或犯罪嫌疑人、被告人伪造或者隐瞒证据。此种无视职业操守与道德的行为应予禁止，《刑法》第306条之规定的存在也有一定的合理性，但"害群之马"毕竟是少数，更关键的问题是如何切实保证律师在刑事辩护过程中积极行使权利以维护司法裁判的公正性、合法性和严肃性又不会使"害群之马"有空可钻，值得立法者重视和进一步研究。

风险虽然存在，但如何趋利避害，积极行使法律所赋予的权利是每一个刑事辩护律师都不应回避的问题，笔者总结以下几条，供参考：

（1）严格按法律规定办理案件，谨记律师职业道德及操守。律师在调查取证的过程中，应当严格依照《律师法》、《律师执业行为规范》及相关办案规范的规定，规范调查取证的程序，并谨记律师职业道德及操守杜绝违规和违法取证。

（2）避免单独调查取证。在实践中，一些无经验的律师独自进行调查取证的情形普遍存在，律师独自取证所带来的是在证据遭到调查时或被人诬陷时无法对证、欠缺说服力的问题。因此，律师在调查取证时应当由两名以上的律师一同进行。另外还应当邀请一到两名无利害关系的见证人在场作见证，并要求其在调查笔录或其他相应的文书上署名。

（3）调查取证的场所及时间。律师调查取证的场所可以选择在自己的办公地点或证人家中，但应避免在娱乐场所调查取证。值得强调的是，无论是在自己的办公地点或是证人家中，都应当避免律师与证人单独会面。在遇到有多个证人的情形时，应当将证人分开单独进行发问。避免在取证场所有被告人一方的人员存在，并对证人的姓名等相关信息对当事人保密，以防止被告人一方的亲属等人员唆使、利诱证人作伪证，保证证人的人身安全。另外，调查取证的时间应当尽量选择在上班时间。

（4）调查取证的方式。律师调查取证时应当征得被取证人的同意，并向其说明作伪证所应承担的法律责任。在调查取证时，所有调查材料中均应有律师对被调查人要求如实提供证言和被调查人同意接受调查的记载。如有证据需要在开庭时质证，应提前向人民法院确认提交证据的期限。书面记录应当完整详实，在记录完成后让被取证人详细阅读，没有阅读能力的向其宣读，在确认无误后要求其在书面材料的每一页和关键证言上都签名摁手印，最后一页应当由其本人确认并亲笔签名，涂改的地方应有证人补正的签字。

有条件的，可以尽量采取录音录像的方式将整个取证过程进行记录，但应当事先征得被取证人的同意。在录制完成之后应当妥善保存视听资料的原件，在庭审中有必要出示视听材料的应当出示视听资料的原件，拷贝的视听资料很有可能被控方质疑复制的视听资料不排除处理、修改可能，从而被法院不予采纳。

在涉及与案件的定罪、量刑有关的重要、关键证据时，尽量邀请公证人员对整个取证过程予以公证并出具公证书。这一方式虽然耗时、费力，但可信度高。

遇到较敏感的证据时，如无罪辩护的关键证据等，应当尽量争取申请法院或公诉机关调查取证。

（5）向证人发问。在向证人发问时，不能先介绍具体的案件情况和细节，避免证人在听完介绍之后作出主观的陈述。在向证人发问时应当先要其介绍自己所了解的情况，然后再根据具体的问题要求其回答，切忌有诱导式的发问，具体的技巧可以参考律师在会见犯罪嫌疑人的有关内容。

（6）关于被告人的亲属和同案其他被告人的辩护人及亲属。在调查取证时切忌要向被告人亲属或相关人员透露证人的相关信息。一定不要鼓励或变相诱导被告人的亲属调查取证，在被告人亲属提交相关案件证据时，办案律师一定要认真仔细地核查，在遇到被告人亲属伪造证据时对其提供的伪造证据不予采纳、提交，也不向其串供提供的证人取证。

对于同案其他被告人的辩护人及亲属，办案律师应当尽量避免接触，实在是由于案情需要不能避免的，不应当单独私下接触，也不应当谈论具体的案情。与同案其他被告人的辩护人及亲属过多的接触，一方面办案律师可能要承担"串供"的司法风险；另一方面，由于律师辩护思路及收费都各有不同，容易引起被告人及其家属的不满。

（7）调查取证中律师应避免自己有过激行为。律师在调查取证中如遇到有相关证人和有关单位的刁难，应当耐心地说服，避免自己因对方的不配合而有过激的行为。例如，北京某律师在某拆迁案中因与城管单位执法人员发生肢体接触，扯掉了对方的臂章，以妨害公务罪而被追诉。

总的来说，律师在调查取证环节风险的防范应当注重程序的规范性、合法性。近年来有很多律师都提出了"刑事业务非诉化"的概念，即主张在办理刑事案件时为有效防范风险，将刑事案件的具体办案过程及经验进行固定，以操作规范或刑事案件办案指引的形式，将刑事案件办案过程中的基础性工作，按规范或指引有步骤、有条理的进行，保证案件基础性工作不出差错，在此基础上结合个别案件的特殊性做适当的调整。实践中已经有律师事务所在着手实践。笔者认为这不失为中国律师刑事辩护中风险防范的一个有效方法，但具体的操作细节还有待进一步的研究。

3. 庭审过程

庭审从某种意义上来说，是控、辩双方真枪实弹对抗的过程，有客观事实及证据的较量，也有双方智慧和技巧的博弈，案件的核心问题就在这场战斗中分出胜负。作为刑事案件的中心环节，庭审中的具体辩论技巧及应变技巧已有论述，在此不赘。本部分主要介绍在庭审过程中律师所面临的主要风险及应对措施。

（1）庭审中切忌言语、行为过激。在庭审中，控、辩双方往往唇枪舌剑、针锋相对，在经过长时间的工作和努力之后都在此时极力证明自己观点的正确性，双方利益角色的不同必然在庭审中产生激烈的矛盾，但是这些矛盾不应由刀枪棍棒和污言秽语解决，现实中不乏出现这样的事例，值得各位读者注意。有律师在庭审过程中由于其发言多次被公诉人和法官打断，并限制律师的质证和辩论发言，甚至碰到一些公诉人伴有明示或暗示的辱骂、贬低人格等言论，会选择愤然还击或以退庭方式以维护自己的律师尊严。但往往在维护尊严的同时也面临着被司法行政部门处罚，甚至被以扰乱法庭秩序罪追究刑事责任的风险。比如，北京两位律师就遇到了上述的情形，结果在愤然退庭之后却接到了北京市司法局行政处罚案件的听证通知书，称拟对两律师实施吊销律师执业证的处罚。

在律师行业，有不少律师坚决维护律师在法庭上的合法权利和尊严。笔者暂且不谈论中国律师行业的现状及未来的发展，但在当今的司法环境下，律师是社会中的精英，有知识有文化的人，其维护尊严的方式是多种多样的。在法庭这样一个严肃的场合愤然退庭和大闹法庭的方式都是不可取的。笔者建议，如果有律师在庭审中遇到上述的打压，应当以理据争，且言语不要过于偏激。实在是没有办法的可以在符合法定的条件下申请延期审理，在庭审后向有关机关单位反映个别人员的行为，以争取事件得到妥善处理。

综上，律师与公诉人、法官都是法律人，律师的辩护意见既符合法律的规定，又合情合理，往往会得到法官和公诉人的尊重。

（2）媒体介入时，律师应该审慎言行。随着社会的发展媒体的监督作用也日趋强大，近年来不乏媒体全程跟踪报道重案要案的情况。虽然从整个法治环境来说，人民法院不受任何机关单位、团体和个人的影响，独立行使审判权，但不得不承认媒体的介入在一定意义上讲也在推动着司法审判往公正、合理的道路上继续前进。有的律师在承办一些受媒体关注的重案要案时，不经意间会谈论起案件的细节甚至是评价司法机关的具体行为，虽然在表面上是增加了该律师在公众中的熟悉程度，为自己做了个简单的营销，但不知在接受媒体采访时透露案件的细节和随意评价案件都将使其陷于涉嫌泄露国家秘密罪的境地。因此，笔者建议律师在面对媒体采访时应当注意自己的言行，不要明示或暗示地透露案件进展的细节，拒绝回答案件实质性争议和问题，对司法审判不作任何评价。

（3）律师不得为被告人减轻应承担的刑事责任而贿买或提供虚假的立功意见。立功情节作为法定的可以或应当减轻被告人刑事责任的条件，往往在有的情况下变为律师遭受牢狱之灾的导火索。2009 年福建某法院发生的假立功案曾经轰动一时，不得不引起办案律师的高度警觉。

在实践中，以金钱换取相关立功线索的情况屡有发生，甚至滋生了一些专门买卖立功线索的"交易人"。在此情况下，被告人的亲属往往最有可能成为立功线索的买家，办案律师在碰到这种情况的时候，千万不可介入，也不要提供任何帮助，更不可为获得更好的辩护效果铤而走险，自己参与立功线索的交易。

【实训项目】

阚律师，今年 30 岁，涉足律师行业 3 年有余，在大学本科及研究生阶段对刑法的理论研究颇深，对整个刑法法条倒背如流，在律师行业打拼 3 年以来，一直为能从事一名专业的刑事辩护律师而努力。2010 年底，阚律师经朋友的介绍，接手了汴某涉嫌故意杀人案，前来阚律师所在事务所办理委托手续的是汴某的亲哥哥，在与汴某哥哥交谈及办理委托手续的过程中，阚律师得知汴某在当地农村平时表现和蔼，乐于助人，尊老爱幼，虽然文化素质不高，但通情达理，全村老小均对其评价有佳，而被害人在当地是地痞流氓，无恶不作，汴某之所以痛下毒手将被害人杀害也是因为被害人当天正在欺凌村中留守妇女。阚律师得知上述情况以后，便向汴某的哥哥指出此案若由其作为汴某的委托律师，有很大的希望会让汴某最终获得缓刑，同时阚律师向汴某哥哥言道"判三缓五结果是可以操作的"。与此同时，阚律师在与汴某哥哥的委托合同中关于委托费用的支付是这样约定的"签订本合同之日甲方需支付律师费用3万元，若犯罪嫌疑人在一审结束后获得缓刑则甲方需再支付律师费10万元"。

　　在侦查阶段阚律师几次会见了关押在看守所里的汴某，同时告知汴某，不要着急上火，用不了几个月就可以出来了，并向汴某递烟以示安慰；而且正在为汴某办理取保候审相关手续；在此期间，阚律师走访了当初汴某生活的村子，与村民积极沟通、协调，耳濡目染中收集了大量的关于汴某平时表现良好，杀人只是一时打抱不平的证据材料。为汴某最终能够获得缓刑做着积极的准备。

　　根据上述案情，回答以下问题：

　　(1) 请简要指出上述案例中阚律师存在哪些违反法律的行为？

　　(2) 请简述阚律师在办理本案过程中之所以存在上述情况的各方面原因？

　　(3) 请简述阚律师的上述行为将给其带来怎样的执业风险？

　　(4) 律师办理刑事案件实务过程中应该如何防范上述风险？

附：相关法律法条

《中华人民共和国刑法》

　　第三百零六条　在刑事诉讼中，辩护人、诉讼代理人毁灭、伪造证据，帮助当事人毁灭、伪造证据，威胁、引诱证人违背事实改变证言或者作伪证的，处三年以下有期徒刑或者拘役；情节严重的，处三年以上七年以下有期徒刑。

《律师法》

　　第三十条　律师担任诉讼法律事务代理人或者非诉讼法律事务代理人的，应当在受委托的权限内，维护委托人的合法权益。

　　第四十七条　律师有下列行为之一的，由设区的市级或者直辖市的区人民政府司法行政部门给予警告，可以处五千元以下的罚款；有违法所得的，没收违法所得；情节严重的，给予停止执业三个月以下的处罚：

　　(一) 同时在两个以上律师事务所执业的；

　　(二) 以不正当手段承揽业务的；

　　(三) 在同一案件中为双方当事人担任代理人，或者代理与本人及其近亲属有利益冲突的法律事务的；

（四）从人民法院、人民检察院离任后二年内担任诉讼代理人或者辩护人的；

（五）拒绝履行法律援助义务的。

《中华人民共和国刑事诉讼法》

第六十八条　保证人应当履行以下义务：

（一）监督被保证人遵守本法第六十九条的规定；

（二）发现被保证人可能发生或者已经发生违反本法第六十九条规定的行为的，应当及时向执行机关报告。

被保证人有违反本法第六十九条规定的行为，保证人未履行保证义务的，对保证人处以罚款，构成犯罪的，依法追究刑事责任。

第六十九条　被取保候审的犯罪嫌疑人、被告人应当遵守以下规定：

（一）未经执行机关批准不得离开所居住的市、县；

（二）住址、工作单位和联系方式发生变动的，在二十四小时以内向执行机关报告；

（三）在传讯的时候及时到案；

（四）不得以任何形式干扰证人作证；

（五）不得毁灭、伪造证据或者串供。

人民法院、人民检察院和公安机关可以根据案件情况，责令被取保候审的犯罪嫌疑人、被告人遵守以下一项或者多项规定：

（一）不得进入特定的场所；

（二）不得与特定的人员会见或者通信；

（三）不得从事特定的活动；

（四）将护照等出入境证件、驾驶证件交执行机关保存。

被取保候审的犯罪嫌疑人、被告人违反前两款规定，已交纳保证金的，没收部分或者全部保证金，并且区别情形，责令犯罪嫌疑人、被告人具结悔过、重新交纳保证金、提出保证人，或者监视居住、予以逮捕。

对违反取保候审规定，需要予以逮捕的，可以对犯罪嫌疑人、被告人先行拘留。

《最高人民法院关于执行〈中华人民共和国
刑事诉讼法〉若干问题的解释》

第三十三条　人民法院审判案件过程中，应当充分保证被告人行使刑事诉讼法第三十二条规定的辩护权利。但下列人员不得被委托担任辩护人：

（一）被宣告缓刑和刑罚尚未执行完毕的人；

（二）依法被剥夺、限制人身自由的人；

（三）无行为能力或者限制行为能力的人；

（四）人民法院、人民检察院、公安机关、国家安全机关、监狱的现职人员；

（五）本院的人民陪审员；

（六）与本案审理结果有利害关系的人；

（七）外国人或者无国籍人。

前款第（四）、（五）、（六）、（七）项规定的人员，如果是被告人的近亲属或者监护人，由被告人委托担任辩护人的，人民法院可以准许。

第三十五条　一名被告人委托辩护人不得超过两人。在共同犯罪的案件中，一名辩护人不得为两名以上的同案被告人辩护。

《人民检察院刑事诉讼规则》

第三百一十七条　一名犯罪嫌疑人可以委托一至二人作为辩护人。

共同犯罪的案件，一名辩护人不得为二名以上的同案犯罪嫌疑人辩护。

律师担任诉讼代理人的，不得同时接受同一案件二名以上被害人的委托，参与刑事诉讼活动。

《律师服务收费管理办法》

第十二条　禁止刑事诉讼案件、行政诉讼案件、国家赔偿案件以及群体性诉讼案件实行风险代理收费。

第二十二条　律师服务费、代委托人支付的费用和异地办案差旅费由律师事务所统一收取。律师不得私自向委托人收取任何费用。

除前款所列三项费用外，律师事务所及承办律师不得以任何名义向委托人收取其他费用。

《律师执业管理办法》

第二十四条　律师执业必须遵守宪法和法律，恪守律师职业道德和执业纪律。

律师执业必须以事实为根据，以法律为准绳。

律师执业应当接受国家、社会和当事人的监督。

《律师职业道德和执业纪律规范》

第三十八条 律师不得非法阻止和干预对方当事人及其代理人进行的活动。

第四十二条 律师应当尊重同行,相互学习,相互帮助,共同提高执业水平,不应诋毁、损害其他律师的威信和声誉。

第四十四条 律师不得以下列方式进行不正当竞争:

1. 不得以贬低同行的专业能力和水平等方式,招揽业务;

2. 不得以提供或承诺提供回扣等方式承揽业务;

3. 不得利用新闻媒介或其他手段向其提供虚假信息或夸大自己的专业能力;

4. 不得在名片上印有各种学术、学历、非律师业职称、社会职务以及所获荣誉等;

5. 不得以明显低于同业的收费水平竞争某项法律事务。

《律师执业行为规范(试行)》

第七十六条 利益冲突是指同一律师事务所代理的委托事项与该所其他委托事项的委托人之间有利益上的冲突,继续代理会直接影响到相关委托人的利益的情形。

《律师和律师事务所违法行为处罚办法》

第六条 有下列情形之一的,属于《律师法》第四十七条第二项规定的律师"以不正当手段承揽业务的"违法行为:

(一) 以误导、利诱、威胁或者作虚假承诺等方式承揽业务的;

(二) 以支付介绍费、给予回扣、许诺提供利益等方式承揽业务的;

(三) 以对本人及所在律师事务所进行不真实、不适当宣传或者诋毁其他律师、律师事务所声誉等方式承揽业务的;

(四) 在律师事务所住所以外设立办公室、接待室承揽业务的。

第七条 有下列情形之一的,属于《律师法》第四十七条第三项规定的律师"在同一案件中为双方当事人担任代理人,或者代理与本人及其近亲属有利益冲突的法律事务的"违法行为:

(一) 在同一民事诉讼、行政诉讼或者非诉讼法律事务中同时为有利益冲突的当事人担任代理人或者提供相关法律服务的;

(二) 在同一刑事案件中同时为被告人和被害人担任辩护人、代理人,或者同时为二名以上的犯罪嫌疑人、被告人担任辩护人的；

（三）担任法律顾问期间，为与顾问单位有利益冲突的当事人提供法律服务的；

（四）曾担任法官、检察官的律师，以代理人、辩护人的身份承办原任职法院、检察院办理过的案件的；

（五）曾经担任仲裁员或者仍在担任仲裁员的律师，以代理人身份承办本人原任职或者现任职的仲裁机构办理的案件的。

第十条　有下列情形之一的，属于《律师法》第四十八条第一项规定的律师"私自接受委托、收取费用，接受委托人财物或者其他利益的"违法行为：

（一）违反统一接受委托规定或者在被处以停止执业期间，私自接受委托，承办法律事务的；

（二）违反收费管理规定，私自收取、使用、侵占律师服务费以及律师异地办案差旅费用的；

（三）在律师事务所统一收费外又向委托人索要其他费用、财物或者获取其他利益的；

（四）向法律援助受援人索要费用或者接受受援人的财物或者其他利益的。

《律师会见监狱在押罪犯暂行规定》

第十条　律师会见在押罪犯，不得有下列行为：

（一）传递违禁品；

（二）私自为在押罪犯传递书信、钱物；

（三）将通讯工具提供在押罪犯使用；

（四）未经监狱和在押罪犯同意对会见进行录音、录像和拍照；

（五）其他违反法律、法规、规章以及妨碍监狱管理秩序的行为。

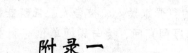

附录一
律师办理刑事案件规范

（中华全国律师协会第四届常务理会第三次全体会议通过）

第一章　总　则

第一条　为保障和指导律师在参与刑事诉讼依法履行职责，根据《中华人民共和国刑事诉讼法》、《中华人民共和国律师法》，和《最高人民法院、最高人民检察院、公安部、国家安全部、司法部、全国人大常委会法制委员会关于刑事诉讼法实施中若干问题的规定》（以下简称"中央六部门规定"），结合律师办理刑事案件的实践经验，制定本规范。

第二条　律师依法在刑事诉讼中履行辩护与代理职责，其人身权利和诉讼权利不受侵犯。

第三条　律师承办刑事诉讼业务中，必须遵守国家法律、法规，必须坚持以事实为根据，以法律为准绳的原则，恪守律师职业道德和执业纪律。

第四条　律师在刑事诉讼中必须坚持依法维护委托人的合法权益，维护法律的正确实施的原则，忠于职守，认真负责，不得损害委托人的合法权益。

第五条　律师担任辩护人或为犯罪嫌疑人提供法律帮助，依法独立进行诉讼活动，不受当事人的意志限制。

第六条　律师办理刑事案件应当保守国家秘密，当事人的商业秘密和委托人的隐私。

第七条　律师不得接受同一案件两名以上犯罪嫌疑人、被告人的委托，参与刑事诉讼活动。

第八条　律师不得私自收案、私自收费。

第九条　律师承办刑事诉讼业务，可以委托异地律师代为调查、收集证据，也可请求异地律师协助会见犯罪嫌疑人或被告人。异地律师应予支持。

第二章 收案与结案

第一节 收 案

第十条 律师事务所可以接受犯罪嫌疑人、被告人，或者他们的法定代理人、亲属或者犯罪嫌疑人、被告人委托的人的委托，或者接受人民法院的指定，指派律师为犯罪嫌疑人或被告人提供法律帮助或担任辩护人；可以接受被害人及其法定代理人或者近亲属、附带民事诉讼的当事人及其法定代理人、自诉案件的自诉人及其法定代理人的委托，指派律师担任诉讼代理人；可以接受刑事案件当事人及其法定代理人、近亲属的委托，指派律师担任申诉案件的代理人；可以接受被不起诉人及其法定代理人、近亲属的委托，指派律师代为申诉；在公安机关、人民检察院作出不立案或撤销条件的决定后，可以接受被害人及其法定代理人、近亲属的委托，指派律师代为申诉或起诉。

律师事务所应当尽可能满足委托人指名委托的要求。

第十一条 律师收案应分别根据下列情况办理委托手续：

（一）为犯罪嫌疑人提供法律帮助，须在侦查机关第一次讯问后或者采取强制措施之日起；

（二）担任辩护人，须在犯罪嫌疑人已被人民检察院审查起诉或者被告人已被提起公诉之后；

（三）担任公诉案件被害人或者附带民事诉讼当事人的诉讼代理人，须自案件移送审查起诉之日起；

（四）担任自诉案件的自诉人、附带民事诉讼的当事人及他们的法定代理人的诉讼代理人，可以随时接受委托；

（五）担任二审辩护人或诉讼代理人，须在一审判决宣告以后；

（六）担任申诉案件的代理人须在人民法院的判决、裁定发生法律效力后，或者公安机关、人民检察院撤销案件、不起诉的决定作出之后；

（七）涉及国家秘密的案件，在侦查阶段聘请律师的，须取得侦查机关的批准；

（八）犯罪嫌疑人、被告人的亲属或者其他人代为委托的，须在会见时得到犯罪嫌疑人、被告人的确认。

第十二条 律师受理刑事案件，可以在侦查、审查起诉、一审、二审、申诉各阶段分别办理委托手续；也可以一次性签订委托协议，但应分阶段签署授权委托书。

第十三条 律师受理案件须办理以下手续：

（一）律师事务所与委托人签署《委托协议》一式二份，一份交委托人，一份由律师事务所存档；

（二）委托人签署《授权委托书》一式三份，一份呈交办案机关，一份由承办律师存档，一份交委托人保存；

（三）开具律师事务所介绍信，由律师呈交办案机关。

第十四条 律师事务所接受委托后，应办理收案登记，编号后建立卷宗。

第十五条 对于需要提供法律援助的当事人，律师事务所可以指派律师承办，但须按本规范第十二条、第十三条的规定办理委托手续。

第十六条 律师接受委托后，无正当理由，不得拒绝辩护或者代理。但委托事项违法、委托人利用律师提供的服务从事违法活动或者委托人隐瞒事实，或者委托人提出其他不合理要求，致使律师无法正常履行职务的，律师有权拒绝辩护或者代理。

律师由于以上事由解除委托关系，应经律师事务所主任或主任授权的负责人同意，并记录在卷。

第二节　结　案

第十七条 律师承办刑事业务结案时，应写办案总结，整理案卷归档。

第十八条 办案中提前解除委托关系的，律师应写出办案总结，说明原因，并附上相关手续，整理案卷归档。

第三章　在侦查阶段为犯罪嫌疑人提供法律帮助

第一节　接受委托

第十九条 侦查阶段公安机关、人民检察院及进行侦查的其他法定机关（以下简称"侦查机关"）对犯罪嫌疑人第一次讯问后或者采取强制措施之日起，律师事务所可以接受犯罪嫌疑人或其亲属，或犯罪嫌疑人委托的其他人的聘请，指派律师为犯罪嫌疑人提供法律咨询，代理申诉、控告。犯罪嫌疑人被羁押的，可以为其申请取保候审。律师事务所与犯罪嫌疑人或其亲友办理委托手续，参见本规范第十三条。

第二节 与侦查机关联系

第二十条 承办律师接受委托后，应及时与侦查机关取得联系，向其提交《授权委托书》、律师事务所介绍信，并出示律师执业证。

第二十一条 承办律师应向侦查机关了解犯罪嫌疑人涉嫌的罪名，及时提出会见犯罪嫌疑人的具体要求。

第三节 会见犯罪嫌疑人

第二十二条 律师会见未在押的犯罪嫌疑人，可以在其住所、单位或者律师事务所进行。会见时其他人不应在场。

犯罪嫌疑人是未成年人或者盲、聋、哑人的，律师会见时其法定代理人或者近亲属应该在场。

第二十三条 律师会见被监视居住的犯罪嫌疑人，不需要经过批准。

第二十四条 对于不涉及国家秘密的案件，律师提出会见在押犯罪嫌疑人的，不需要经过批准。律师有权要求侦查机关按照《中央六部门规定》在四十八小时内或五日内安排会见。对于组织、领导、参加黑社会性质组织罪，组织、领导、参加恐怖活动组织罪或者走私犯罪、毒品犯罪、贪污贿赂犯罪等重大复杂的两人以上的共同犯罪案件，律师提出会见犯罪嫌疑人的，应当在五日内安排会见。侦查机关根据案件情况和需要可以派员在场。对于侦查机关不依法安排会见的，律师有权向有关部门反映，要求纠正。

第二十五条 涉及国家秘密的案件，律师会见在押犯罪嫌疑人，应向侦查机关提出书面申请并得到批准。侦查机关不批准会见的，律师应当要求其出具书面决定；如果不是案件或者案件性质本身涉及国家秘密的，律师可以提出复议或向有关部门反映。

第二十六条 律师会见在押的犯罪嫌疑人，应携带以下证明、文件：

（一）律师事务所出具的会见犯罪嫌疑人的专用介绍信；

（二）律师本人的律师执业证；

（三）委托人签署的《授权委托书》。

第二十七条 律师会见在押的犯罪嫌疑人时，应当征询其是否同意聘请本律师。如表示同意应让其在聘请律师的《授权委托书》上签字确认；如表示不同意应记录在案并让其签字确认。

第二十八条 律师会见犯罪嫌疑人时可以向其了解以下有关案件的情况，包括以下内容：

（一）犯罪嫌疑人的自然情况；

（二）是否参与以及怎样参与所涉嫌的案件；

（三）如果承认有罪，陈述涉及定罪量刑的主要事实和情节；

（四）如果认为无罪，陈述无罪的辩解；

（五）被采取强制措施的法律手段是否完备，程序是否合法；

（六）被采取强制措施后其人身权利及诉讼权利是否受到侵犯；

（七）其他需要了解的情况。

第二十九条　律师会见犯罪嫌疑人，应当遵守羁押场所依法做出的有关规定，不得为犯罪嫌疑人传递物品、信函，不得将通讯工具借给其使用，不得进行其他违反法律规定的活动。

第三十条　律师会见完毕后应与羁押场所办理犯罪嫌疑人交接手续。

第三十一条　律师会见犯罪嫌疑人应当制作会见笔录，并交犯罪嫌疑人阅读或者向其宣读。如果记录有遗漏或者差错，应当允许犯罪嫌疑人补充或者改正。在犯罪嫌疑人确认无误后要求其在笔录上签名。

律师会见犯罪嫌疑人，可以进行录音、录像、拍照等，但事前应征得犯罪嫌疑人同意。

会见时侦查机关派员在场的，应在笔录中注明。

第三十二条　律师可根据案件情况和需要决定会见在押犯罪嫌疑人的时间、次数，要求侦查机关予以安排。律师会见犯罪嫌疑人不受非法干涉。

第四节　为犯罪嫌疑人提供法律咨询

第三十三条　律师会见犯罪嫌疑人时可为其提供法律咨询，包括以下内容：

（一）有关强制措施的条件、期限、适用程序的法律规定；

（二）有关侦查人员、检察人员及审判人员回避的法律规定；

（三）犯罪嫌疑人对侦查人员的提问有如实回答的义务及对本案无关的问题有拒绝回答的权利；

（四）犯罪嫌疑人要求自行书写供述的权利，对侦查人员制作的讯问笔录核对、补充、改正、附加说明的权利以及在承认笔录没有错误后应当签名或盖章的义务。

（五）犯罪嫌疑人享有侦查机关应当将用作证据的鉴定结论向其告知的权利及可以申请补充鉴定或者重新鉴定的权利；

（六）犯罪嫌疑人的辩护权；

（七）犯罪嫌疑人的申诉权和控告权；

（八）刑法关于犯罪嫌疑人所涉嫌的罪名的有关规定；

（九）刑法关于自首、立功及其他相关的规定；

（十）有关刑事案件管辖的法律规定；

（十一）其他有关法律问题。

第五节　为犯罪嫌疑人申请取保候审

第三十四条　律师向侦查机关了解犯罪嫌疑人涉嫌的罪名及会见犯罪嫌疑人后，如果认为被羁押的犯罪嫌疑人符合下述取保候审的条件，可以主动为其申请取保候审：

（一）犯罪嫌疑人所涉案情符合《刑事诉讼法》第五十一条规定；

（二）犯罪嫌疑人患有严重疾病；

（三）犯罪嫌疑人正在怀孕或者哺乳自己婴儿；

（四）侦查机关对犯罪嫌疑人采取的拘留逮捕措施已超过法定期限；

（五）符合法律规定的其他取保候审条件。

第三十五条　在押的犯罪嫌疑人或者其法定代理人、近亲属要求律师为犯罪嫌疑人申请取保候审，承办律师认为符合法定条件的，可以为其申请取保候审，也可协助其直接向侦查机关申请取保候审。

第三十六条　律师为犯罪嫌疑人申请取保候审时，应向有关机关提交申请书。申请书应写明律师事务所名称，律师姓名、通信地址及联系方法，申请事实及理由，保证方式等。

律师不得为犯罪嫌疑人作保证人。

第三十七条　律师为被羁押的犯罪嫌疑人提出取保候审后，可要求侦查机关在七日内作出同意或者不同意的答复。对于不同意取保候审的，律师有权要求其说明不同意的理由，并可以提出复议或向有关部门反映。

第六节　代理申诉和控告

第三十八条　律师根据向侦查机关了解的犯罪嫌疑人涉嫌的罪名和向犯罪嫌疑人了解的案件情况，认为确有根据的，可接受犯罪嫌疑人的委托，代理其向有关机关提出申诉，要求予以纠正。

第三十九条　律师根据向犯罪嫌疑人了解的有关案件情况和其他有关证据材料，认为侦查人员在办案中违反法律规定，侵犯犯罪嫌疑人的人身权利、诉讼权利或其他合法权益，或者认为侦查机关管辖不当的，可接受犯罪嫌疑人的委托，代理其向有关部门提出控告。

第四章　在审查起诉阶段担任
辩护人或诉讼代理人

第一节　收案

第四十条　刑事案件由侦查机关向人民检察院移送审查起诉后，律师可以接受犯罪嫌疑人本人或其亲友的委托担任辩护人。律师事务所与犯罪嫌疑人或其亲友办理有关手续参见本规范第十三条的规定。

第四十一条　刑事案件由侦查机关向人民检察院移送审查起诉后，律师可以接受被害人及其法定代理人或者近亲属，附带民事诉讼的当事人或者法定代理人、近亲属的委托担任诉讼代理人，律师事务所与委托人办理手续。参见本规范第十三条的规定。

第四十二条　律师接受委托后，应开具律师事务所介绍信，连同授权委托书提交人民检察院。

第二节　查阅、摘抄、复制案件有关材料

第四十三条　律师持律师事务所介绍信、授权委托书及律师执业证到人民检察院查阅、摘抄、复制本案的诉讼文书和技术性鉴定材料。诉讼文书包括立案决定书、拘留证、批准逮捕决定书、逮捕决定书、逮捕证、搜查证、起诉意见书及其他文书；技术性鉴定材料包括法医鉴定、司法精神病鉴定、物证技术鉴定等鉴定性文书。摘抄、复制时应保证准确性、完整性。

第四十四条　律师摘抄、复制的材料应当保密，并妥善保管。

第三节　会见和通信

第四十五条　在审查起诉阶段辩护律师会见犯罪嫌疑人不需要经过检察机关批准，会见时检察机关也不应派员在场。会见的其他注意事项参照本规范第三章第三节的有关规定。

第四十六条　辩护律师可以与犯罪嫌疑人通信应注明律师身份、通信地址，并加盖律师事务所公章。通信内容应限于与本案有关的问题，了解犯罪嫌疑人在押期间的情况及其对案件的意见。

第四十七条　辩护律师与犯罪嫌疑人通信，但其内容不得向犯罪嫌疑人提及可能妨碍侦查的有关同案犯罪嫌疑人及其亲友的情况。

第四十八条　辩护律师与犯罪嫌疑人通信，应保留信函副本及犯罪嫌疑人

来信的原件并附卷备查。

第四节 调查和收集案件有关材料

第四十九条 律师调查、收集与案件有关的材料，应持律师事务所介绍信，出示律师执业证，一般由二人进行。

第五十条 经本人同意，辩护律师可以向被害人或者其近亲属、被害人提供的证人收集与案件有关的材料，但事先应向人民检察院提出书面申请并取得同意。

第五十一条 律师可以向证人或者其他单位和个人收集与案件有关的材料，但应事先征得本人同意，并在调查笔录上记明。

第五十二条 律师调查笔录应当载明调查人、被调查人、记录人的姓名，调查的时间、地点；笔录内容应当有律师身份的介绍，被调查人的基本情况，律师对证人如实作证的要求，作伪证或隐匿罪证要负法律责任的说明，以及被调查事项的基本情况。

第五十三条 律师收集物证、书证和视听材料应提取原件；无法提取原件的，可以复制、拍照或者录像，但对复制件、照片或录像应附有证据提供者的证明。

第五十四条 律师在调查、收集案件材料时，可以录音、录像。对被调查人录音、录像的，应征得被调查人同意。

第五十五条 律师摘抄、复制有关材料时，必须忠于事实真象，不得伪造、变造、断章取义。

第五十六条 律师调查、收集证据材料时，根据需要可邀请有关人员在场见证，并在调查笔录上签名。

第五十七条 律师制作调查笔录，应全面、准确地反映调查内容，并须经被调查人核对或者向其宣读。被调查人如有修改、补充，应由其在修改处签字、盖章或者按指纹确认。调查笔录经被调查人核对后，应由其在每一页上签名并在笔录的最后签署记录无误的意见。

第五十八条 在审查起诉阶段，辩护律师认为必要时，可以申请人民检察院收集、调取证据。

第五节 提出辩护或代理意见

第五十九条 律师担任辩护人或诉讼代理人，可根据《刑事诉讼法》第一百三十九条的规定，向人民检察院提出关于本案的辩护、代理意见。

第六十条 犯罪嫌疑人在审查起诉阶段被超期羁押的，辩护律师有权要求对犯罪嫌疑人依法释放或改变强制措施，实行取保候审。犯罪嫌疑人人身权利受到侵害或人格受到侮辱的，辩护律师有权代理犯罪嫌疑人提出控告。

第六十一条　人民检察院作出不起诉决定，被不起诉人不服要求申诉的，辩护律师可以在被不起诉人收到不起诉决定书后，向人民检察院代为申诉。

第六十二条　人民检察院作出不起诉决定，被害人不服的，代理律师可以在被害人收到决定书后七日内向上一级人民检察院代为申诉。申诉被驳回后，可以代理其向人民法院起诉。也可以不经申诉直接代理其向人民法院起诉。代理向人民法院起诉的，应按自诉程序办理委托手续。

第五章　担任公诉案件一审辩护人

第一节　收案

第六十三条　律师事务所可以接受被告人或其亲友的委托，指派律师担任被告人的辩护人。律师事务所委托人办理委托手续，参照本规范第十三条的规定进行。

第六十四条　律师事务所可以接受人民法院的指定，指派律师为被告人进行辩护，律师事务所与委托人办理委托手续参照本规范第十三条的规定进行。

第二节　审查管辖

第六十五条　律师接受委托后，应注意审查该案是否属于受案法院管辖。发现法院管辖不当、侦查机关管辖不当等情形，应及时以书面方式向法院提出，请求退案或移送。

第三节　查阅、摘抄、复制案件材料

第六十六条　律师有权到人民法院查阅、摘抄、复制案件材料。

第六十七条　律师应当认真查阅案件材料，了解分析案情。案件材料应当包括起诉书、证据目录、证人名单和主要证据的复印件或者照片等。缺少上述材料的，律师可以申请人民法院通知人民检察院补充。

第六十八条　审判阶段的律师认为必要时可向侦查及审查起诉阶段的承办律师了解案件有关情况，请求提供有关材料，侦查及审查起诉阶段的律师应予配合。

第六十九条　律师查阅、摘抄、复制案件材料，应当记明查阅、摘抄、复制案件材料的时间、地点，并注明案卷页数，证据材料形成的时间、地点及制

作证据材料的人员。

第七十条　律师查阅案件材料应当着重了解以下事项：

（一）被告人的自然情况；

（二）被告人被指控犯罪的时间、地点、动机、目的、手段、后果及其他可能影响定罪量刑的法定、酌定情节等；

（三）被告人无罪、罪轻的事实和材料；

（四）证人、鉴定人、勘验检查笔录制作人的自然情况；

（五）被告人的基本情况；

（六）侦查、审查起诉阶段的法律手续和诉讼文书的合法、齐备；

（七）技术性鉴定材料的来源、鉴定人是否具有鉴定资格、鉴定结论及其理由等；

（八）同案被告人的有关情况；

（九）有关证据的客观性、关联性和合法性，证据之间及证据本身的矛盾与疑点；

（十）相关证据能否证明起诉书所指控的犯罪事实及情况，有无矛盾与疑点；

（十一）其他与案件有关的材料。

第七十一条　律师阅卷应注意的事项参见本规范第四章第二节的相关规定。

第四节　会见被告人

第七十二条　律师会见在押被告人，应当携带人民检察院的起诉书副本、授权委托书、律师事务所会见被告人专用证明和律师执业证。

第七十三条　律师会见被告人，事先应准备会见提纲，认真听取被告人的陈述和辩解，发现、核实、澄清案件事实和证据材料中的矛盾和疑点，重点了解以下情况：

（一）被告人的身份及其收到起诉书的时间；

（二）被告人是否承认起诉书所指控的罪名；

（三）指控的事实、情节、动机、目的是否清楚、准确；

（四）起诉书指控的从重情节是否存在；

（五）被告人关于无罪辩解的理由；

（六）有无从轻、减轻、免予处罚的事实、情节和线索；

（七）有无立功表现；

（八）是否存在超期羁押及合法权益受到侵害等情况。

第七十四条 律师应向被告人介绍法庭审理程序，告知被告人在庭审中的诉讼权利、义务及应注意的事项。

第七十五条 律师会见被告人的其他注意事项，参见本规范第三章第三节的相关规定。

第五节 调查和收集证据

第七十六条 在审判阶段，律师可以根据实际情况调查、收集与案件有关的证据材料。

第七十七条 律师向证人调查、收集证据，证人不同意作证的，律师可以申请人民法院通知其出庭作证。

第七十八条 律师根据案件需要可以申请人民法院收集、调取证据。人民法院收集、调取证据时，律师可以参加。

第七十九条 开庭前，律师应将收集的证据材料进行复制，举证时将原件提交法庭。

第八十条 律师调查和收集证据的具体方法，参见第四章第四节的相关规定。

第六节 出庭准备

第八十一条 律师申请人民法院通知证人、鉴定人、勘验检查笔录制作人出庭作证的，应制作上述人员名单，注明身份、住址、通讯方式等，并说明拟证明的事实，在开庭前提交人民法院。

第八十二条 律师拟当庭宣读、出示的证据，应制作目录并说明所要证明的事实，在开庭前提交人民法院。

第八十三条 律师接到开庭通知书后应按时出庭，因下列情形之一不能出庭的，应及时与法院联系，申请延期开庭：

（一）律师收取两个以上开庭的通知，只能按时参加其中之一的；

（二）庭审前律师发现重大证据线索，需进一步调查取证或申请新的证人出庭作证的；

（三）由于客观原因律师无法按时出庭的。

第八十四条 律师申请延期开庭，未获批准，又确实不能出庭的，应与委托人协商，妥善解决。

第八十五条 律师在开庭前三日内才收到出庭通知的，有权要求法院变更开庭日期。

第八十六条 开庭前律师应向法庭了解通知证人、鉴定人、勘验检查笔录制作人出庭作证的情况。如发现有未予通知或未通知到的情况，应及时与法庭协商解决。

第八十七条　律师应了解公诉人、法庭组成人员的情况，协助被告人确定有无申请回避的事由及是否提出回避的申请。

第七节　法庭调查

第八十八条　律师出庭应当遵守法庭规则和法庭秩序，听从法庭指挥。

第八十九条　两名以上被告人的案件有多名律师出庭的，辩护律师应按指控被告人的顺序依次就座。

第九十条　审判长宣布被告人的诉讼权利后，律师可以接受被告人委托，对合议庭组成人员、书记员、公诉人、鉴定人和翻译人员代为申请回避，并提供相关证据。

第九十一条　法庭核对被告人年龄、身份、有无前科劣迹等情况有误，可能影响案件审理结果的，律师应认真记录，在法庭调查时予以澄清。

第九十二条　在法庭调查过程中，律师应该认真听取对被告人的讯问、发问，做好发问准备。

第九十三条　辩护律师在公诉人讯问、被害人及其代理律师发问被告人后，经审判长许可，可向被告人发问。被告人不承认指控犯罪的，应问明情况和理由。

第九十四条　公诉人向被告人提出威逼性、诱导性或与本案无关问题的，辩护律师有权提出反对意见。法庭驳回反对意见的，应尊重法庭决定。

第九十五条　公诉人对律师的发问提出反对意见的，律师可进行争辩。法庭支持公诉人反对意见的，律师应尊重法庭的决定，改变发问内容或方式。

第九十六条　对控诉方的出庭证人，应注意从以下方面进行质证：

（一）证人与案件事实的关系；

（二）证人与被告人、被害人的关系；

（三）证言与其他证据的关系；

（四）证言的内容及其来源；

（五）证人感知案件事实时的环境、条件和精神状态；

（六）证人的感知力、记忆力和表达力；

（七）证人作证是否受到外界的干扰或影响；

（八）证人的年龄以及生理上、精神上是否有缺陷；

（九）证言前后是否矛盾。

辩护律师应综合以上方面，对证人证言的可信性及时发表意见并阐明理由，如有异议，应与控诉方展开辩论。

对于公诉机关提出证人名单以外的证人出庭出证的，辩护律师有权建议法庭不予采信或要求法庭延期审理。

第九十七条　对出庭的鉴定人和鉴定结论，应注意从以下方面质证：

（一）鉴定人与案件的关系；

（二）鉴定人与被告人、被害人的关系；

（三）鉴定人的资格；

（四）鉴定人是否受到外界的干扰和影响；

（五）鉴定的依据和材料；

（六）鉴定的设备和方法；

（七）鉴定结论与其他证据的关系；

（八）鉴定结论是否有科学依据。

辩护律师应综合以上方面，对鉴定结论的可信性及时发表意见并阐明理由，如有异议，应与控诉方展开辩论。

第九十八条　对控诉方出示的物证，应注意从以下方面质证：

（一）物证的真伪；

（二）物证与本案的联系；

（三）物证与其他证据的联系；

（四）物证要证明的问题；

（五）取得物证的程序是否合法。

辩护律师应综合以上方面，对物证的可信性及时发表意见并阐明理由，如有异议，应与控诉方展开辩论。

公诉方出示证据目录以外的物证，辩护律师有权建议法庭不予采信或要求法庭延期审理。

第九十九条　对控诉方出示的书证，应注意从以下方面质证：

（一）书证的来源及是否为原件；

（二）书证的真伪；

（三）书证与本案的联系；

（四）书证与其他证据的联系；

（五）书证的内容及所要证明的问题；

（六）取得书证的程序是否合法。

辩护律师应综合以上方面，对书证的可信性及时发表意见并阐明理由，如有异议，应与控诉方展开辩论。

对于控诉方出示的证据目录以外的书证，辩护律师有权建议法庭不予采信或要求法庭延期审理。

第一百条　对控诉方宣读的未出庭证人的书面证言，应注意从以下方面质证：

（一）证人不能出庭作证的原因及对本案的影响；

（二）证人证言的形式和来源是否合法，内容是否完整、准确；

（三）本规范第九十五条规定的相关方面。

辩护律师应综合以上方面，对未出庭证人证言的可信性及时发表意见并阐明理由，如有异议，应与控诉方展开辩论。必要时，有权建议法庭不予采信或要求法庭延期审理，通知证人出庭出证。

控诉方宣读证据目录以外的证人证言，辩护律师有权建议法庭不予采信或要求法庭延期审理，通知证人出庭作证。

第一百零一条　对控诉方宣读的鉴定结论，应注意从以下方面质证；

（一）鉴定人不能出庭的原因及对本案的影响；

（二）鉴定结论的形式和来源是否合法，内容是否完整、准确；

（三）本规范第九十七条规定的其他相关方面。

辩护律师应综合以上方面，对鉴定结论的可信性及时发表意见并阐明理由，如有异议，应与控诉方展开辩论。必要时，辩护律师有权建议法庭不予采信或者要求法庭延期审理，通知鉴定人出庭接受质证，也可以申请人民法院补充鉴定或者重新鉴定。

控诉方宣读证据目录以外的鉴定结论，辩护律师有权建议法庭不予采信或要求法庭延期审理，通知鉴定人出庭接受质证，也可以申请人民法院补充鉴定或者重新鉴定。

第一百零二条　对控诉方提供并播放的视听资料，应从以下方面质证：

（一）视听资料的形成及时间、地点和周围的环境；

（二）视听资料收集的程序是否合法；

（三）播放视听资料的设备；

（四）视听资料的内容和所要证明的问题；

（五）视听资料是否伪造、变造；

（六）与其他证据的联系。

辩护律师在视听资料播放后，通过上述各方面的质证如发现该材料不真实，或者与本案没有关系，或者其内容不是被告人自愿所为等，应提出不予采信的建议和理由，控辩双方可以就此展开辩论，辩护律师有权要求法庭调查核实。

控诉方提供证据目录以外的视听资料，辩护律师有权建议法庭不予采信或要求延期审理。

第一百零三条　在控诉方举证完毕后，辩护律师应向法庭申请对本方证据进行举证。

第一百零四条　辩护律师举证时，应向法庭说明证据的形式、内容、来源以及所要证明的问题，并特别注意以下方面：

（一）物证、书证、视听资料来源的合法性；

（二）证人证言、被告人陈述、鉴定结论取得的程序的合法性；

（三）证据内容的真实性；

（四）证据与案件以及证据之间的联系。

对本方的举证，控诉方提出异议的，辩护律师应当有针对性地进行辩论，维护本方证据的可信性。

第一百零五条　在法庭调查活动过程中，辩护律师可以请求人民法院向人民检察院调取其收集的能够证明被告人无罪或者罪轻的证据材料。

第一百零六条　在法庭审理过程中，辩护律师有权申请通知新的证人到庭，调取新的物证、书证，申请重新鉴定或勘验。

第一百零七条　案件每项事实的举证、质证完毕后，辩护律师可以发表综合性意见。

第一百零八条　法庭调查活动，有不符合法律规定或不利于查明案件事实的，辩护律师可依法提出建议或异议。

第八节　法庭辩论

第一百零九条　法庭辩论阶段，辩护律师应认真听取控诉方发表的控诉意见，记录要点，并做好辩论准备。

第一百一十条　控诉方发表控诉意见后，经审判长许可，辩护律师发表辩护意见。

第一百一十一条　辩护意见应针对控诉方的指控，从事实是否清楚、证据是否确实充分、适用法律是否准确无误、诉讼程序是否合法等不同方面进行分析论证，并提出关于案件定罪量刑的意见和理由。

第一百一十二条　为被告人做无罪辩护，应主要从以下方面进行：

（一）控诉方指控的证据不足，不能认定被告人有罪；

（二）控诉方或辩护方提供的证据，能证明属于下述情况，依据法律应当认定被告人无罪的；

1. 被告人行为情节显著轻微，危害不大，不认为是犯罪；

2. 被告人行为系合法行为；

3. 被告人没有实施控诉方指控的犯罪行为。

（三）其他依法认定被告人无罪的情况。

第一百一十三条 为被告人做有罪辩护，应着重从案件定性和对被告人从轻、减轻或者免除处罚等方面进行。

第一百一十四条 律师的辩护应围绕与定罪量刑有关的问题进行，抓住要害，重点突出，不在枝节问题上纠缠。

第一百一十五条 律师发表辩护意见所引用的证据、法条一定要清楚准确，核对无误。

第一百一十六条 律师的辩护发言应观点明确，论据充分，论证有力，逻辑严谨，用词准确，语言简洁。

第一百一十七条 律师辩护应向法庭陈述自己的意见和观点，以期得到采纳，不应以旁听人员为发言对象，哗众取宠。

第一百一十八条 律师发表辩护意见应当以理服人，尊重法庭，尊重对方，不得讽刺、挖苦、谩骂、嘲笑他人。

第一百一十九条 律师多次辩护发言应避免重复，突出重点，着重针对控诉方的新问题、新观点及时提出新的辩护意见。

第一百二十条 在法庭辩论和被告人的最后陈述中，律师发现有新的或遗漏的事实、证据需要查证的，可以申请恢复法庭调查。

第一百二十一条 在法庭审理过程中，被告人当庭提出拒绝或更换律师的，应依法与之解除委托关系。

在法庭审理过程中出现律师拒绝辩护的法定事由，可以请求休庭，参照本规范十六条的规定解除委托手续。

第一百二十二条 在庭审过程中发现审判程序违法，律师应当向法庭指出并要求予以纠正。

第九节 休庭后的工作

第一百二十三条 休庭后，律师应就当庭出示、宣读的证据及时与法庭办理交接手续。

第一百二十四条 休庭后，辩护律师应尽快整理辩护意见。对于在法庭上出示的证据，休庭后律师应及时与审判人员办理交接手续。

第一百二十五条 一审判决后，律师有权获得判决书。在上诉期间，律师可会见被告人，听取其对判决书内容及是否上诉的意见，并给予法律帮助。

第六章　担任公诉案件二审辩护人

第一百二十六条　律师承办二审公诉案件，办理委托手续与一审相同。必要时，二审律师可向一审律师了解案件有关情况，请求提供有关的材料，一审律师应予协助。

第一百二十七条　接受委托后，应被告人要求，辩护律师可协助或代其书写上诉状。

第一百二十八条　二审辩护律师阅卷、会见被告人、调查取证等方面的要求与一审相同。

第一百二十九条　二审案件开庭审理的，律师参加庭审的要求与一审相同。

第一百三十条　二审案件不开庭审理的，律师应向法庭提交书面辩护意见，可以提供新的证据。

第一百三十一条　律师认为一审判决事实不清或证据不足的，应要求二审法院开庭审理。

第一百三十二条　对于二审法院决定发回重审的案件，如果被告人继续委托律师的，应重新办理委托手续。

第七章　审判阶段担任公诉案件
被害人的诉讼代理人

第一百三十三条　律师可以接受公诉案件被害人（包括公民、法人和其他组织）、已死亡被害人的近亲属，无行为能力或限制行为能力被害人的法定代理人的委托，担任其诉讼代理人。委托手续参见本规范第十三条的规定办理。

第一百三十四条　律师接受委托后，应向委托人提供法律咨询和其他法律帮助。

第一百三十五条　公诉案件被害人和代理律师在开庭前三日内收到出庭通知的，代理律师有权要求法院更改开庭日期。

法院已决定开庭而不通知被害人及其代理律师出庭的，代理律师有权要求法院依法通知，保证被害人及其代理律师出庭。

第一百三十六条　代理律师收到法院开庭通知后因故不能按时出庭的，参照本规范第八十三条、八十四条的规定办理。

第一百三十七条 代理律师应在开庭前向人民法院了解案件是否公开审理。如果案件涉及被害人的隐私，可以要求人民法院不公开审理。

第一百三十八条 代理律师应告知被害人有权对合议庭组成人员、书记员、公诉人、鉴定人和翻译人员申请回避，并协助被害人行使此项权利。

第一百三十九条 在法庭审理过程中，代理律师应依法指导、协助或代理委托人行使以下诉讼权利：

（一）陈述案件事实；

（二）出示、宣读有关证据；

（三）请求法庭通知未到庭的证人、鉴定人和勘验、检查笔录制作人出庭作证；

（四）经审判长许可，向被告人、证人、鉴定人、勘验检查笔录制作人发问；

（五）对各项证据发表意见；

（六）对被告人及其辩护人向被害人提出的威胁性、诱导性或与本案无关的发问提出异议；

（七）申请通知新的证人到庭，调取新的证据，申请重新鉴定或者勘验；

（八）必要时，请求法庭延期审理。

第一百四十条 在法庭审理中，代理律师应与公诉人互相配合，依法行使控诉职能，与被告人及其辩护人展开辩论。代理意见与公诉意见不一致的，代理律师应从维护被害人的合法权益出发，独立发表代理意见，并可与公诉人展开辩论。

第一百四十一条 休庭后，代理律师应告知委托人核对庭审笔录，补充遗漏或修改差错，确认无误后再签名或盖章。

第一百四十二条 被害人及其法定代理人不服一审判决的，代理律师可协助或代理委托人，在其收到判决书后五日内，请求人民检察院抗诉。

第一百四十三条 公诉案件进入二审程序后，律师的代理工作参照一审相关规定进行。

第八章 担任自诉案件当事人的
诉讼代理人或辩护人

第一节 担任自诉案件的诉讼代理人

第一百四十四条 律师可以接受自诉人及其法定代理人的委托，担任其诉讼代理人。接受委托前，应审查案件是否符合法定自诉案件范围和立案条件。

委托手续参照本规范第十三条的规定办理。

第一百四十五条　代理律师应帮助自诉人分析案情，确定被告人和管辖法院，调查、了解有关事实和证据，代写刑事起诉状。起诉状应包括以下内容：

（一）自诉人、被告人的姓名、年龄、民族、籍贯、出生地、文化程度、职业、工作单位、住址等自然情况；

（二）被告人的犯罪事实，包括时间、地点、手段、危害后果等；

（三）被告人行为所触犯的罪名；

（四）具体的诉讼请求；

（五）致送人民法院的名称和具状时间；

（六）证人的姓名、住址；

（七）证据的名称、件数、来源等。

被告人是二人以上的，应按被告人的人数提供起诉状的副本。

第一百四十六条　自诉人同时要求民事赔偿的，代理律师可协助其制作刑事附带民事起诉状，写明被告人犯罪行为所造成的损害，具体的赔偿请求及计算依据。附带民事诉讼代理应办理相应委托手续。

第一百四十七条　律师代理提起自诉时，应携带下列材料和文件：

（一）自诉人身份证件；

（二）刑事起诉状；

（三）证据材料及目录；

（四）授权委托书；

（五）律师事务所介绍信；

（六）律师执业证。

同时提起附带民事诉讼的，应提交刑事附带民事起诉状。民事部分单独起诉的，应单独提交附带民事起诉状。

第一百四十八条　人民法院对自诉案件进行审查后，要求自诉人补充证据或撤回自诉的，律师应协助自诉人作好补充证据工作或与自诉人协商是否撤回自诉。

第一百四十九条　人民法院对自诉案件做出不予立案的，律师可以代理自诉人向人民法院申请复议。

第一百五十条　人民法院决定开庭的，代理律师应作好开庭前准备工作。对于自己无法取得的证据，可申请人民法院依法调查取证。

第一百五十一条　刑事自诉案件，被告人提起反诉的，代理律师可接受自诉人委托，担任其反诉辩护人，但应办理相应委托手续。

第一百五十二条　代理律师应向自诉人告知有关自诉案件开庭的法律规

定，避免因自诉人拒不到庭或擅自中途退庭导致法院按自动撤诉处理的法律后果。自诉人因故不能委托代理律师出庭的，代理律师应按时出庭履行职责。

第一百五十三条 自诉案件开庭审理时，代理律师应协助自诉人充分行使控诉职能，运用证据证明自诉人的指控成立。

第一百五十四条 自诉案件依法可以适用简易程序的，代理律师可以代理自诉人要求人民法院适用简易程序。自诉案件依法不应适用简易程序的，代理律师可以代理自诉人对于法院适用简易程序的决定提出异议．

第一百五十五条 自诉案件法庭辩论结束后，代理律师可以根据委托人授权参加法庭调解。

第一百五十六条 代理律师应协助自诉人在法院宣告判决前决定是否与被告人和解或者撤回自诉。

第一百五十七条 代理律师办理二审自诉案件，参照本节有关规定进行。

第二节　担任自诉案件被告人的辩护人

第一百五十八条 律师可以接受自诉案件被告人的辩护人，委托手续参见本规范第十三条的规定办理。

第一百五十九条 律师担任自诉案件被告人的辩护人，应注意以下事项：

（一）自诉案件被告人有权提起反诉；

（二）自诉人经两次合法传唤无正当理由不到庭或者未经法庭许可中途退庭的，按撤诉处理；

（三）自诉案件可以解调；

（四）自诉人可以同被告人自行和解，或者撤回自诉。

第一百六十条 对于被羁押的自诉案件被告人，辩护律师可代其申请取保候审。具体办法参见本规范第三章第五节的相关规定。

第一百六十一条 自诉案件被告人的辩护人，在一审、二审及简易程序中的活动，参照本规范第五章、第六章及第十章的有关规定进行。

第九章　担任附带民事诉讼
当事人的诉讼代理人

第一节　担任附带民事诉讼原告人的诉讼代理人

第一百六十二条 律师可以接受公诉案件被害人、自诉案件自诉人及其法定代理人的委托，担任附带民事诉讼的诉讼代理人。可以授权委托律师提起附带民事诉讼的人包括因犯罪行为遭受物质损失的被害人（公民、法人和其他组织），已死亡被害人的近亲属，无行为能力或者限制行为能力被害人的法定代理人。委托手续参见本规范第十三条的规定办理。

第一百六十三条　律师接受委托前，应审查下列内容：

（一）作为提起附带民事诉讼前提的刑事诉讼是否已经提起；

（二）附带民事诉讼的被告人是否符合法定条件（附带民事诉讼的被告人除刑事被告人外，还包括未被追究刑事责任的其他共同致害人，未成年刑事被告人的监护人，已被执行死刑的罪犯的遗产继承人，审结前已死亡的被告人的遗产继承人，对刑事被告人的犯罪行为依法应当承担民事赔偿责任的单位和个人等）；

（三）被害人的物质损失是否由被告人的犯罪行为所引起；

（四）附带民事诉讼提起的时间是否在刑事案件立案之后第一审判决宣告之前。

第一百六十四条　代理律师接受委托后，应代理委托人撰写附带民事起诉状，其基本内容包括：

（一）附带民事诉讼原告人、被告人的自然情况；

（二）具体诉讼请求；

（三）基本事实和理由；

（四）致送人民法院的名称和具状时间；

（五）相关的证据材料。

第一百六十五条　对人民法院决定不予立案的附带民事诉讼，可以建议委托人另行提起民事诉讼。

第一百六十六条　代理律师应指导、协助委托人收集证据，展开调查，申请鉴定。

第一百六十七条　在提起附带民事诉讼时，代理律师可以建议或协助委托人申请人民法院对被告人的财产予以扣押或查封。

第一百六十八条　代理律师应注意并告知委托人，经人民法院两次传唤无正当理由拒不到庭，或者未经法庭许可中途退庭，将导致自动撤诉的结果。

第一百六十九条　代理律师在庭审中享有以下权利：

（一）经委托人授权可以对本案合议庭组成人员、书记员、公诉人、鉴定人和翻译人员提出回避申请；

（二）陈述案件事实；

（三）出示、宣读本方证据；

（四）申请法庭通知本方证人出庭作证；

（五）经审判长许可对被告人、证人、鉴定人发问；

（六）对对方证据提出异议；

（七）对对方代理人的不当发问提出异议；

（八）发表代理意见。

第一百七十条　代理律师应指导委托人参加调解，准备调解方案。

第一百七十一条　原告人对于一审判决、裁定中附带民事诉讼部分不服的，代理律师应协助其提起上诉。

第一百七十二条　附带民事诉讼进入二审程序后，律师可以接受附带民事诉讼原告人的委托，担任二审诉讼代理人，具体委托手续参见本规范第十三条的规定。

第一百七十三条　律师代理参加二审附带民事诉讼的，参照一审程序的相关规定办理。

第二节　担任附带民事诉讼被告人的诉讼代理人

第一百七十四条　律师可以接受附带民事诉讼的被告人及其法定代理人的委托，在一审、二审程序中，担任诉讼代理人。委托手续参见本规范第十三条的规定办理。

第一百七十五条　刑事诉讼被告人的辩护律师也可接受委托，同时担任附带民事诉讼被告人的诉讼代理人。

第一百七十六条　代理律师应帮助被告人撰写答辩状，进行调查、取证，申请鉴定，参加庭审，举证质证，进行辩论，发表代理意见。其诉讼权利与附带民事诉讼原告人的律师相同。

第一百七十七条　附带民事诉讼被告人对于一审判决附带民事诉讼部分不服的，代理律师应协助其提起民事诉讼。

第十章　简易程序的辩护与代理

第一百七十八条　适用简易程序审理的公诉案件被告人和自诉案件被告人均可委托律师担任辩护人；适用简易程序审理的公诉案件被害人和自诉案件的自诉人可以委托律师担任诉讼代理人。委托手续参见本规范第十三条的规定办理。

第一百七十九条　律师担任公诉案件、自诉案件被告人的辩护人，或者公诉案件被害人、自诉案件自诉人的诉讼代理人，均应向委托人阐明关于简易程序的法律规定。对于不符合《刑事诉讼法》第一百七十四条适用简易程序审理的案件，可以向人民法院提出异议，请求转为普通程序。

第一百八十条　适用简易程序审理的公诉案件，公诉人不出庭的，在被告人就起诉书指控的犯罪进行陈述和辩护后，辩护律师可以出示相关证据，并发表辩护意见。

第一百八十一条　适用简易程序审理的公诉案件，公诉人出庭时，辩护律师可以与公诉人互相质证，申请法庭通知证人出庭作证；经法庭许可，可以互相进行辩论。

第一百八十二条　适用简易程序的自诉案件，自诉人的代理律师和被告人的辩护律师可以依法陈述，举证质证，发表代理、辩护意见，互相进行辩论。

第一百八十三条　适用简易程序审理的案件，在法庭审理过程中发现以下情形时，辩护律师应建议法庭中止审理，转为普通程序：

（一）公诉案件被告人的行为不构成犯罪的；

（二）公诉案件被告人应被判处三年以上有期徒刑的；

（三）被告人当庭翻供，对于起诉书所指控的犯罪事实予以否认的；

（四）辩护律师准备作无罪辩护的；

（五）事实不清或者证据不充分的；

（六）其他依法不应当或者不适宜简易程序审理的。

第十一章　担任申诉案件的代理人

第一百八十四条　律师可以接受案件当事人及其法定代理人、近亲属的委托，对已经发生法律效力的判决、裁定向人民法院或者人民检察院提出申诉，委托手续参见本规范第十三条的规定。

第一百八十五条　律师有理由认为申诉符合《刑事诉讼法》规定的下列情形之一的，可以依法要求人民法院重新审判，也可依法提请人民检察院抗诉：

（一）有新的证据证明原判决、裁定认定的事实有错误的；

（二）据以定罪量刑的证据不确实、不充分或者证明案件事实的主要证据之间存在矛盾的；

（三）原判决、裁定适用法律有错误的；

（四）审判人员在审理该案件的时候，有贪污受贿，徇私舞弊，枉法裁判行为的。

第一百八十六条　人民法院对申诉案件决定再审的，律师按照原审程序进行辩护或代理，但应另行办理委托手续。

第十二章　附则

第一百八十七条　本规范适用于全国律师承办刑事辩护业务与刑事代理业务，由中华全国律师协会负责解释。

第一百八十八条　全国各省、市、自治区律师协会制订的有关规定与本规范不符的，以本规范为准。

第一百八十九条　本规范经中华全国律师协会第四届常务理事会第三次全体会议通过，自 2000 年 1 月 1 日起实施。1997 年颁布的《律师办理刑事案件规范（试行）》同时停止试行。

附录二　侦查阶段律师辩护策略主要内容表

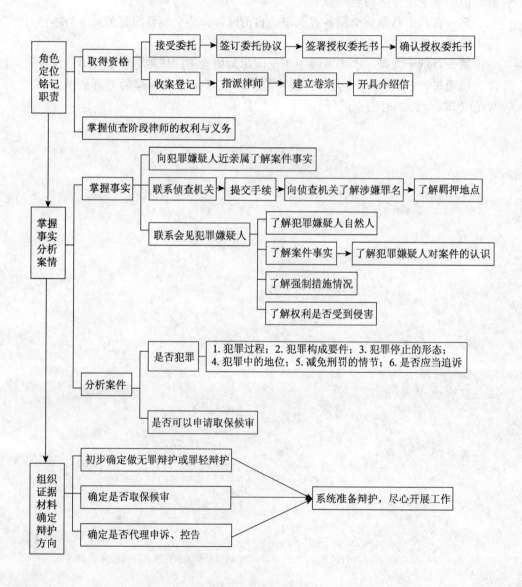

附录三　审查起诉阶段刑事辩护
策略的主要内容表

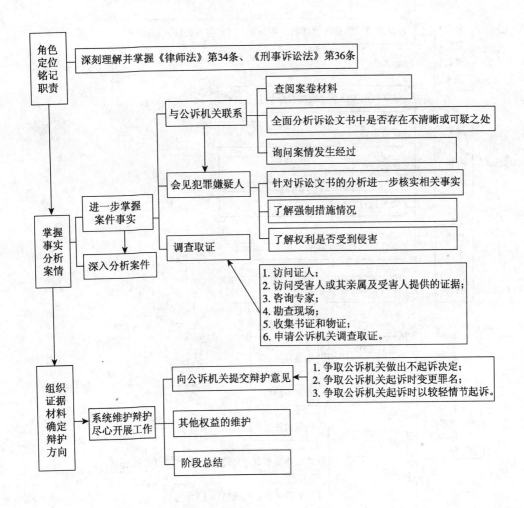

附录四　审判阶段刑事辩护策略的主要内容表

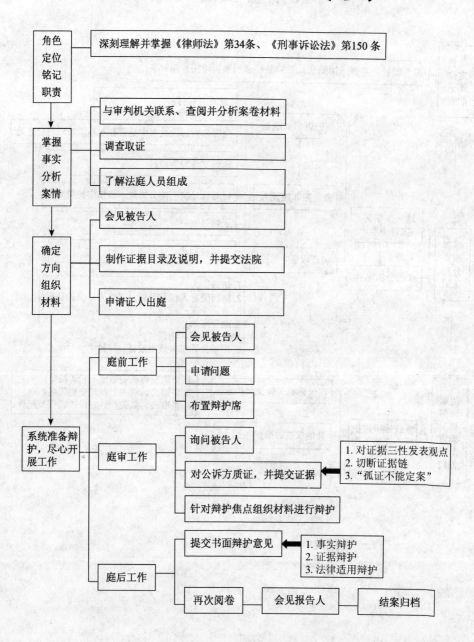